天才與瘋癲之間

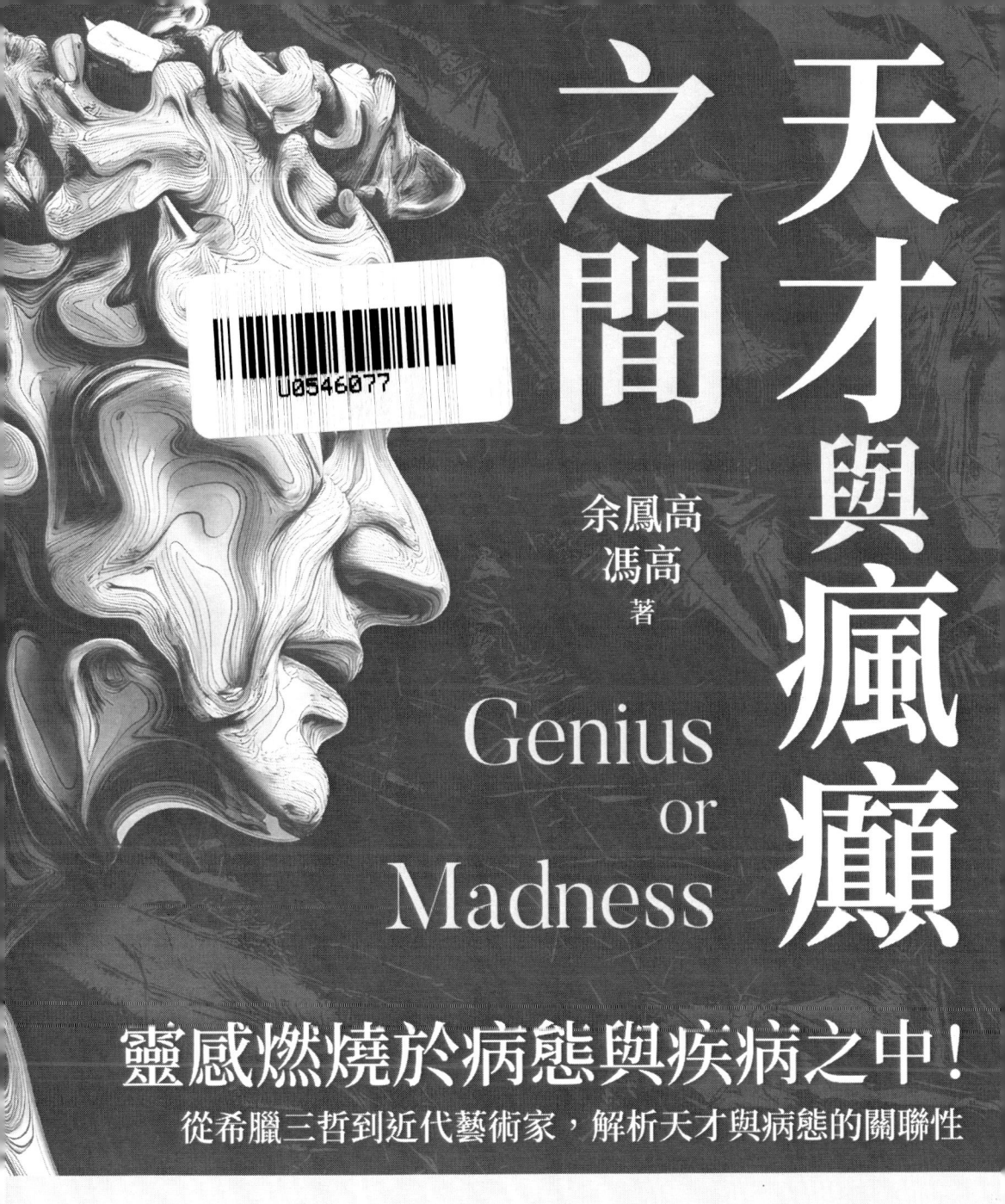

余鳳高
馮高 著

Genius or Madness

靈感燃燒於病態與疾病之中！
從希臘三哲到近代藝術家，解析天才與病態的關聯性

決定「天才」的因素究竟是什麼？
是神靈的恩賜、與生俱來的天賦，還是源自大腦的特質？

本書探索古希臘哲人的理論到現代的科學研究，結合天才人物的實際案例，揭示天才與精神疾病之間的複雜關聯性，帶領讀者深入思考天才的本質與代價。

目 錄

一、愛因斯坦的大腦探究　　005

二、腦容量與資質的關聯性　　017

三、天才的研究、演變與理解　　037

四、從多方面解釋「天才」　　071

五、天才和精神病患　　125

六、天才常見的精神病症　　145

七、典型的天才　　181

八、各具風采的天才們　　219

九、文學中的瘋癲天才　　283

目錄

一、
愛因斯坦的大腦探究

一、愛因斯坦的大腦探究

1955年4月18日1時15分，當阿爾伯特·愛因斯坦（Albert Einstein, 1879–1955）在美國紐澤西州普林斯頓醫院的病床上，於睡眠中去世時，在他的桌上留著一份未寫完的慶祝以色列獨立日賀詞，其中有一段寫道：「我所追求的只是用我綿薄的力量，為真理和正義服務，即使冒險觸犯每一個人，也在所不惜。」

德國物理學家阿爾伯特·愛因斯坦

的確，儘管這個出生於德國符騰堡的猶太人自覺是一個孤獨的旅行者，但是，一種「強烈的社會正義感和社會責任感」使他一貫都能發出支持和平主義、自由主義和猶太民族主義的呼聲；當然還有他提出的相對論和萬有引力論，引發科學和哲學領域掀起一場變革，這些都無可辯駁地說明他是人類歷史上的巨人，一位最富創造性的知識分子，一位世界少有的天才人物。

愛因斯坦死後，屍體被火化了，但大腦被人偷偷地保存了下來。

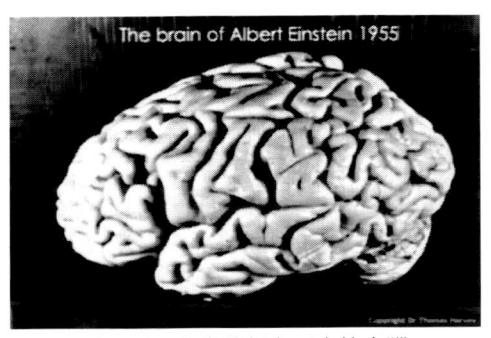

愛因斯坦去世後保存下來的大腦

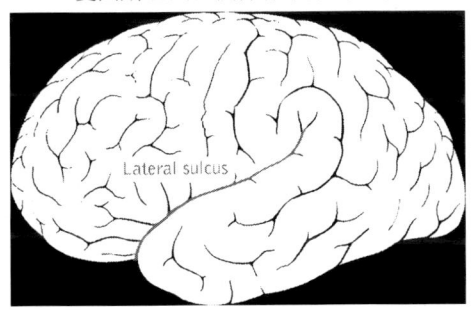

正常大腦中的側溝（側裂）。

　　有關是否該留存這位偉人的大腦，有幾種不同的看法。多數人認為，愛因斯坦自己在生前也許已經預見到對他一生的評價，因而在他親手寫的一份遺囑中表示自己的願望是死後重歸「神祕之土」，將他的屍體火化，然後把骨灰撒在人們不知道的地方，只是並沒有強調需「完整火化」。這也就被人認為他是預設在他死後可以讓他的軀體，特別是他那富有創造性的大腦，為發展人類的智力提供幫助。愛因斯坦的傳記作者卡爾‧澤比格（Carl Seelig）甚至肯定，愛因斯坦是希望他的大腦被用作研究的，因為在去世的前幾個月，愛因斯坦曾寫信給他，表達了希望把自己的身體捐贈於科學事業的想法，只是未能留有明確的指令。但他的遺產遺囑執行人奧托‧納坦（Otto Nathan）卻否定這一說法，認為是否留存大腦得由他兒子作最後決定。最新的看法是卡洛琳‧亞伯拉罕在她2002年出版的《占有天才：愛因斯坦大腦不尋常的艱難旅程》（*Carolyn Abra-*

一、愛因斯坦的大腦探究

ham：*Possessing Genius: The Bizarre Odyssey of Einstein's Brain*）中的解釋：「愛因斯坦不反對研究他的大腦，但不希望公開任何研究發現。」

總之，不管人們的看法如何，大腦被留了下來已成無可更改的事實。那是 18 日早晨負責檢查和解剖其屍體的醫生，普林斯頓醫院的病理學家湯瑪斯‧哈維醫生（Thomas Stoltz Harvey, 1912– ）悄悄地收集的，不但愛因斯坦的家人於第二天讀到《紐約時報》報導他的死亡之後，在為死者裝殮時，才發現屍體的顱骨已被打開、大腦失蹤；連奧托‧納坦也不知道出過這種事，儘管屍檢、解剖時他都在場。哈維卻認為他有權這樣做，在家屬向他提出質疑時，哈維就以在醫院病逝的人，都得對其腦部進行檢查作為搪塞。

哈維將愛因斯坦的大腦切成 240 片，記錄下每片的位置並貼上卷標，保存在他堪薩斯州中南部威奇托城（Wichita）家裡的幾個玻璃瓶中。幾年後，將其中幾片分別送給幾位研究者，包括柏克萊加利福尼亞大學的瑪麗安‧戴蒙德博士（Dr.Marian Diamond）、阿拉巴馬大學的布里特‧安德遜博士（Dr.Britt Andeson）和安大略哈密爾頓麥克馬斯特大學的桑德拉‧威特遜博士（Dr.Sandra Witelson）。以後的歲月中，哈維不管到哪裡，總是要把這大腦帶在身邊。最後他回到了紐澤西，把留著的幾片大腦送給普林斯頓醫院的病理科主任埃利奧特‧克勞斯博士（Dr.Elliot Krause）。

雖然美國的法律沒有先例，必須要哈維將愛因斯坦的大腦交出。但哈維以研究為由，始終不讓大腦離開自己的身邊，極受人們關注，尤其是媒體。七十年代中期，《紐澤西月刊》（*New Jersey Monthly*）的記者史蒂文‧利維（Steven Levy）進行長時間的調查後，於 1978 發表了他的調查報告，報導說大腦仍在哈維當時居住的威奇托城家裡。許多人都認為這是一種居心叵測的行為，有人甚至把哈維看成是一名「盜腦者」，使他的聲譽受到極大的影響，以致不得不放棄在普林斯頓大學的職務。在以後

的四、五十年裡，他曾經到幾家精神病患收容所和科學研究中心工作，還不得不去西部的一座聯邦監獄和一些小機構行醫，四處遷徙，行蹤飄忽。在一次從業資格考試失利、喪失了行醫的身分之後，他甚至流落到進塑膠工廠做一名普通工人，但他仍舊繼續保護著這顆20世紀最偉大的大腦。

　　1980年代中期，在拒絕了各種人類學博物館、野心勃勃的富翁或企業家高價購買的要求後，哈維重新開始對愛因斯坦的大腦進行研究。他把一些切片分送給委內瑞拉、中國、日本、阿根廷等國的科學家；也有一些科學家透過不同途徑跟他聯繫，希望參與研究，他也提供給他們，只是申明僅僅是出借，而不是出售。據稱直至1997年，研究過愛因斯坦大腦的科學家不下於一百人，其中有些人定然有所發現，只因種種原因，也許是遵照卡洛琳·亞伯拉罕說到的愛因斯坦的遺言，未能公開發表研究報告。

　　1997年，高齡八十四歲的哈維經過幾次婚姻破裂之後，正與他六十四歲的女友在紐澤西州過著隱居生活的時候，有一位年輕人來找他。

　　麥可·帕特尼提（Michael Paterniti）原是《外界》雜誌（Outside）的高階編輯，曾在《滾石》（Rolling Stone）、《紐約時報雜誌》（The New York Magazine）、《訊息》（Details）和《紳士》（Esquire）雜誌上發表作品。現在和他的妻子、孩子一起住在緬因州西南部的波特蘭（Portland Maine）。

美國記者麥可·帕特尼提

一、愛因斯坦的大腦探究

帕特尼提注意到，有關愛因斯坦大腦的下落一直是網路上熱烈談論的話題，不但科學家對它相當好奇，愛因斯坦迷們也都在不斷地探尋，人們傳來傳去，為事情增添了不少神祕色彩。英國有位導演還拍攝過一部紀錄片，希望揭開這個謎團，但是仍無法作出定論。一天，帕特尼提在和房東閒聊時，隨意提到了這件事。恰巧這房東認識哈維原本住在堪薩斯州中南部維奇托（Wichita）的一位作家鄰居，於是向他提供了哈維的地址。帕特尼提抱著姑且一試的想法與哈維聯繫，經過多方嘗試之後，教授終於答應和他見一次面。

在與帕特尼提會面時，哈維教授告訴他，他正想去一趟加利福尼亞州。

人們不免感到疑惑：哈維所在的紐澤西州，緊靠大西洋，加利福尼亞則鄰近太平洋，一個在東經74度美國的極東，另一個則在130度的極西，兩地相距四千多公里。為什麼要如此長途跋涉？教授說，愛因斯坦在病中曾對他說起，想做一次橫貫美國的東西之行，但是忙於研究工作，這個願望未能實現。他現在要帶著愛因斯坦的大腦，實現他這個遺願。另外，他還想讓愛因斯坦在柏克萊的孫女伊芙琳·愛因斯坦（Evelyn Einstein）和他一個年邁的老朋友看一看這些腦切片；最後返回紐澤西，將大腦送回偉人1933年起就在那裡工作直至去世的普林斯頓大學，交由普林斯頓醫院保管。

早在哈維教授獲得愛因斯坦的大腦那天起，蘇聯的KGB組織就對它有非分之想，只是未能如願。美國政府也早已得知愛因斯坦的大腦成了哈維的「私有財產」，由於沒有法律依據，不能要求他把大腦「貢獻」出來。因此當發現哈維由三十多歲的帕特尼提駕著一輛別克汽車，要帶著保管了這麼多年的「稀世珍寶」離家出走時，簡直使聯邦調查局大吃一驚，連忙派人祕密跟蹤。哈維不知道，他從東到西走了4,000公里，調查局特務竟也跟蹤了他4,000公里。

在帕特尼提陪同哈維教授十一天的共同旅程中，兩人成了一對好朋友，並順利地完成了教授的任務，而帕特尼提自己也受惠甚多。他的第一個收穫是〈駕車送阿爾伯特先生：與愛因斯坦大腦一起出乘〉(Driving Mr. Albert: A Road Trip with Einstein's Brain)在《哈潑雜誌》(Harper's Magazine)上刊載，後獲1998年的「國家雜誌獎」(National Magazine Award)。此文2000年以《駕車送阿爾伯特先生：與愛因斯坦大腦的一次穿越美國之旅》(Driving Mr. Albert: A Trip Across America with Einstein's Brain)之名由紐約戴爾公司出版。最重要的還是他得知了一些不為人知的事，其中包括一捲解剖愛因斯坦遺體的錄影帶和一封有愛因斯坦的一個兒子簽名的信，此信授予湯瑪斯·哈維對愛因斯坦大腦的所有權。

帕特尼提的《駕車送阿爾伯特先生》書影

大腦送回普林斯頓醫院後，醫院方面很快就收到幾分希望探究的申請報告；隨後陸續有一些研究成果發表出來。其中，在1999年的世界著名英國醫學期刊《柳葉刀》(The Lancet)上，麥克馬斯特大學精神疾病和行為神經科學部桑德拉·威特遜、德布拉·基加和湯瑪斯·哈維 (Sandra F.Witelson, Debra L.Kigar, Thomas Havey) 共同署名發表的論文〈愛因斯坦異乎尋常的大腦〉(The Exceptional Brain of Albert Einstein)尤其引人注目。

一、愛因斯坦的大腦探究

麥克馬斯特大學的桑德·威特遜博士

　　威特遜教授帶領的研究小組將愛因斯坦的大腦和他們大腦收藏庫中的三十五位正常男性及五十位正常女性的大腦進行比較，測定愛因斯坦的大腦左右半球的頂下葉區域異常發達，比普通人這一部分的平均厚度多出一公分，寬度超過15%。他們認為愛因斯坦大腦後上部的頂下葉區發達，為神經細胞提升營養的細胞濃度高，這對人的數學思維、想像力及視覺空間認知會發揮重要作用，因此他的思維獨特、才智超人。

　　威特遜的研究組還發現，愛因斯坦大腦的另一個特異之處是，他的大腦從兩側到下部的腦溝與腦迴，比一般人多得多。他們堅信，這一特點可能為神經細胞提過更多的空間，也為神經細胞之間的連繫創造更好的條件。因此他們得出結論，愛因斯坦大腦的這些特點是獨一無二的。

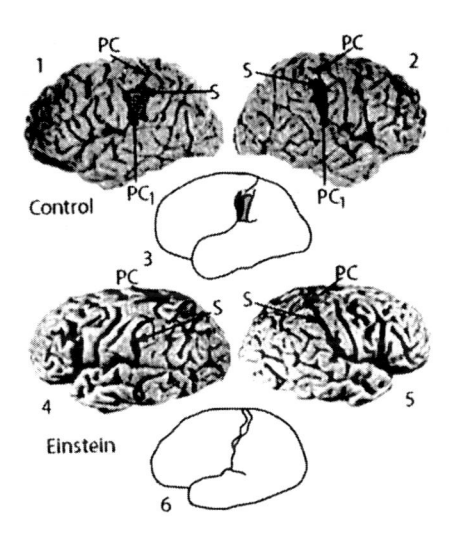

對愛因斯坦大腦的部分研究圖

　　但是，布里特‧安德遜和湯瑪斯‧哈維（Britt Anderson and Thomas Harvey）兩人合作發表於 1996 年《神經科學通訊》（*Neuroscience Letters*）上的論文〈阿爾伯特‧愛因斯坦大腦前區皮層厚度和神經細胞密度的改變〉（*Alterations in cortical thickness and neuronal density in the frontal cortex of Albert Einstein*）對愛因斯坦大腦的描述，說它的重量僅有 1,230 克，甚至少於一般成年男性大腦大約 1,400 克的平均值；皮質中神經細胞的數量也與對照組無大差別。這使人想起最早的一篇論文，瑪麗安‧戴蒙德、阿諾德‧希貝爾、格里爾‧墨非和湯瑪斯‧哈維（Marian C. Diamond, Arnold B. Scheibel, Greer M. Murphy and Thomas Harvey）1985 年發表在《實驗神經病學》（*Experimental Neurology*）期刊上的《一位科學家的大腦：阿爾伯特‧愛因斯坦》（*On the Brain of a Scientist: Albert Einstein*）中說的，他們檢驗四塊愛因斯坦大腦的皮質，與十一位正常人大腦作比較，發現在愛因斯坦大腦的左頂葉，神經細胞與神經膠細胞的比例都要小得多。不過安德遜和哈維的論文強調，愛因斯坦大腦神經細胞的密度較高，認

一、愛因斯坦的大腦探究

為這表明他大腦皮質的訊息傳遞效率較佳，可以解釋愛因斯坦的超卓天才。

有關愛因斯坦大腦的最新研究，羅傑·多布森（Roger Dobson）在2006年6月4日英國《星期天獨立報》（The Independent Sunday）上發表了一篇題為〈窺視愛因斯坦的大腦〉（A Peek into Mind of a Genius）的報導，由美國和阿根廷的科學家們所完成。

文章說道，在最新的研究中，科學家將愛因斯坦和四個差不多年齡的男性大腦進行對比，證明他們之間在結構上有明顯差異，發現他大腦中有些部分比其他人的大，如以前發現的，腦細胞也更多。研究者發現，愛因斯坦大腦的多個神經細胞都含有更多的膠質細胞，顯示他的大腦需要並可運用更多的能量。膠質細胞的作用是為神經細胞提供支持和保護，這樣的結果就會增強處理問題的能力。

研究者發現，愛因斯坦大腦一個區域中的腦溝與腦迴具有不同尋常的模式，這被認為與數學技能有關。它比其他人的大腦寬百分之十五，並表明這種差異可能對連結與數學能力有關的神經細胞有更好的作用。

但是文章最後提到，「研究者們說，愛因斯坦大腦的結構也許並不是獨一無二的，其他人也可能有類似的大腦，只不過從來沒有機會使用罷了。他們說，也許擁有『特殊』大腦和思想的人比想像的要多。他們之所以沒有受到關注，或許是由於社會文化條件的關係，或者是因早年不佳的健康狀況，或妊娠期和幼年期遭遇變故，或童年時成長環境不夠好所抵消（糟蹋掉了）。」

看來，透過研究天才人物愛因斯坦的大腦，對於大腦與天才到底有些什麼直接關係，似乎仍然得不出重要的結論。不久前，加利福尼亞大學實驗室的馬克·利思戈博士和吉姆·艾爾-卡利里博士（Dr Mark Lythgoe & Dr Jim Al-Khalili）兩人一起合作拍攝了一部影片《愛因斯坦的大腦》（*Einstein's Brain*），原來也想透過調查、採訪、拍攝，對這位巨人和天才的大腦做深入研究，來探究大腦對天才的創造性作用。最後，利思戈也只好感嘆說：「雖然科學家和哲學家們做出了最佳的努力，但還是沒有人解釋得了人類頭腦中天才的真正本性，或愛因斯坦驚人的科學創造性的祕密。」

研究仍需繼續。

一、愛因斯坦的大腦探究

二、
腦容量與資質的關聯性

二、腦容量與資質的關聯性

1、大腦研究簡述

有那麼多的人關注愛因斯坦的大腦,又有那麼多的科學家一心希望透過各種途徑,有機會對愛因斯坦的大腦進行切實的研究,是因為人們歷來相信人的大腦與資質有密切關係,甚至認為腦容量的多寡即代表著人的天賦高低。

沒錯,從進化發展史來看,大腦作為進化的產物,人類的大腦不僅是低等脊椎動物的管狀腦所無可比擬的,也明顯不同於其他高等脊椎動物。首先是腦容量增大了。在猴子到人類的進化過程中,黑猩猩的腦容量一般是400毫升,南方古猿是500毫升,晚期猿人就多到1,000毫升,智人和現代人則達1,400毫升,腦容量幾乎增加了三倍。另外,大腦皮層也達到了最大面積和分化,不但技能定位精細得多,而且言語區和手部運動區更是大大地發展了。此外,還出現新的皮層結構部位,即額葉運動區前方廣闊的額前區,等等。就是由於這些進化和發展,使大腦成為人類身體前端神經組織集中的結構,用以整合感覺訊號並指示運動應答,從而使大腦在人生命所必須的本能活動中,發揮極為正向的作用。因此,大腦的重要性是顯而易見的。

在人們實際的思想觀念中,大腦也始終占有至高無上的地位。

不僅是史前時期許多部落中的原始人,甚至現代的某些原始人,都存在顱骨崇拜(skull cult)的風俗,把顱骨從人體骨骼的其餘部分中分開,加以保存和膜拜,相信持有這顱骨的人能夠得到這位死去的顱骨主人的保佑。進入文明時代之後,幾乎每一個科學家、每一個哲學家都把大腦看成是一個最能對人的心理和精神發揮重要作用的器官。

古希臘的數學家和哲學家畢達哥拉斯(Pythagoras,西元前584?-?497/496)認為腦是心靈和理智的住所。被稱為古希臘三大哲學家之一的

柏拉圖（Plato， 428/427–?348/347）也有類似的看法。亞歷山大里亞的解剖學家很相信畢達哥拉斯的這一學說，甚至更進一步賦予大腦特殊的定位，如埃拉西斯特拉圖斯（Erasistratus，活動期約西元前 250 年）是一位醫師和解剖學家，還有人把他視為生理學的創始者。埃拉西斯特拉圖斯以研究神經系統而聞名，已經能夠區別感覺神經和運動神經，他相信人的感覺位於腦膜，運動則位於腦的實體之內。古羅馬的名醫蓋侖（Galen, 129–199）證明埃拉西斯特拉圖斯的看法，認為引導人生活的「生命元氣」（spiritus vitalis，即精神），便是由腦室流入心臟，再由動脈管分布全身的。此後的學者越來越重視大腦的定位，有時認為腦的前部是感情位置，有時認為腦的後部是記憶位置。瑞士生理學家阿爾勃萊希特·馮·哈勒（Albrecht von Haller, 1708–1777）撰寫過百科全書式的八卷鉅著《人體生理學原理》（*Elementa physiologiae corporis humani*, 1757–1766），被認為是實驗生理學之父，此書對身體各部分的生理知識都作了系統性的敘述。他認為感受性是神經的特性，它在腦髓中有一個共同的匯集點。

瑞士生理學家哈勒

二、腦容量與資質的關聯性

湯瑪斯・威利斯（Thomas Willis, 1621-1675）是17世紀英國首屈一指的醫師，曾任牛津大學自然哲學教授，以詳盡研究神經系統及其多種疾病而著名，所著《腦的解剖學，兼述神經及其功能》（*Cerebri Anatome, cui accessit Nervorum descriptio et ussus*, 1664）一書，對神經系統作出了在當時來說是最完整、最精確的描述。他把人的記憶和意志定位在腦的腦溝與腦迴內，把某些情緒定位在大腦的基部，同時對想像和感官知覺也做了相應的定位。

醫生、生理學家和解剖學家關注的是心靈，即精神，哲學家關注的是靈魂。

法國的勒內・笛卡兒（Rene Descartes, 1596-1650）主要是一位哲學家，他的研究被認為象徵著近代心理學的實際開端。笛卡兒認為，靈魂是遍布全身的，但它的中心點則是在腦中的松果體。笛卡兒的想法如下：腦是成雙的，左右各一，並細分為更小的結構，對稱地排列在兩側，松果體深深埋在它的中央。這松果體，笛卡兒相信，一定是靈魂的所在之處。他在1650年寫的《靈魂的感情》（*Les Passions de l'âme*）中說：「這松果體受靈魂的種種影響——把圍繞著它的元氣（spirits）驅向腦的微孔，腦的微孔透過神經再把元氣發射到肌肉。」這就是說，笛卡兒把靈魂的位置定於松果體，其作用是將肉體的刺激傳導給靈魂，並把靈魂的衝動傳導給肉體，讓靈魂與全身發生連繫。

法國哲學家笛卡兒

魯道夫・赫爾曼・洛采（Rudolf Hermann Lotze, 1817–1881）是德國一位學過醫學的哲學家，著有《心理學教科書》、《小宇宙》、《普通生理學》等作品，還為一部《生理學辭典》撰寫了〈生命與活力〉、〈本能〉及〈心靈與心靈的生活〉三章。他在1852年的《醫學心理學》（Medicinische Psychologie）一書中，也談過與笛卡兒類似的看法。

正是在這樣的歷史背景下，產生了加爾對大腦更精細的定位。

弗朗茲・約瑟夫・加爾（Franz Joseph Gall, 1758–1828）生於德國巴登蒂芬布隆附近。他最初在史特拉斯堡學習，隨後前往維也納，在維也納大學由奧地利女王瑪麗亞・特蕾莎的御醫格哈德・范・斯維滕（Gerhard van Sweieten, 1700–1772）任院長的醫學院就讀，於1785年獲博士學位後，開始行醫。

最初，加爾從理論上對大腦進行定位，認為「灰質是神經系統活躍必不可少的工具，白質只是連繫的鏈條而已。」後來，他思索自己從做學生的時候起就形成的一個深刻印象，就是覺得同學們的面貌與他們的心理內涵之間有明顯的關係，如眼睛明亮的人，通常都有極好的記憶。其後，他始終保持這樣的認知，並繼續進行觀察和研究，於是他就對人相學

創立所謂「顱相學」的德國醫生加爾

(physiognomy)產生了興趣。他先是觀察牢獄和瘋人院內的各色人物等，因為這些人的精神已經異常到如此地步，因此可以完全窺見他們的心理特徵。隨後他又去探究他的朋友和熟悉其心理特徵的人的頭顱。不過很快，加爾就對這種方式感到不滿意了，甚至對顱骨學（craniology）都感到不滿足，因為在他看來，「顱骨不過是腦外部表面的忠實模型。」於是加

二、腦容量與資質的關聯性

爾轉向於研究大腦生理學，他收集了大量的顱骨和顱骨模型，逐漸得出他的結論，創立了一門他稱之為「顱相學」(phrenology) 的新學說，一種分析人的頭顱輪廓，來測定人的氣質、智力、才能、性格特徵、宗教信仰甚至犯罪傾向的「學問」。這種學說的主要原理是：大腦是思想的器官；人的智力可以分解為一些獨立的功能；任何發展到一定程度的才能和心理特徵，都可以由大腦及其功能的遺傳發展而定；這些特徵的變化逐漸地會向大腦表面的某些部位施加壓力，並壓迫顱骨，使它發生改變，出現一個個「隆起」；因此，只要碰觸顱骨，對這些「隆起」部分進行仔細研究，就可以探究和分析出人的才能天賦和心理特徵。據此原理，加爾把頭顱表面按「感情官能」和「理智官能」分為三十五個區，前者分「傾向」和「情操」兩類，傾向類包括破壞性、多情性、慈愛性、友情、鄉情、好鬥性、祕密、貪得、建設性等九個區；情操類包括謹慎、認可、自重、仁愛、尊重、堅決、良心、希望、驚異、理想、愉快、模仿等十二個區；後者分「知覺的」和「思考的」兩類，知覺的官能包括個性、外形、大小、重量及抵抗力、顏色、地位、次序、計算、時間、音調、語言等十二個區；思考的官能只有比較、因果兩個區。他認為，天生的罪犯，大多都長有像齧齒類動物一樣的門牙，下巴後傾，又大又平，鬍子很少或者根本沒有鬍子，年輕時就長出皺紋，眉毛濃重，雙眉交錯，或向兩邊挑起，一副殘忍刻毒的相貌，等等。另外，龍勃羅梭還有很多這類說法，如說骨隆突起是貪得無厭官能的象徵，是扒手的特徵。

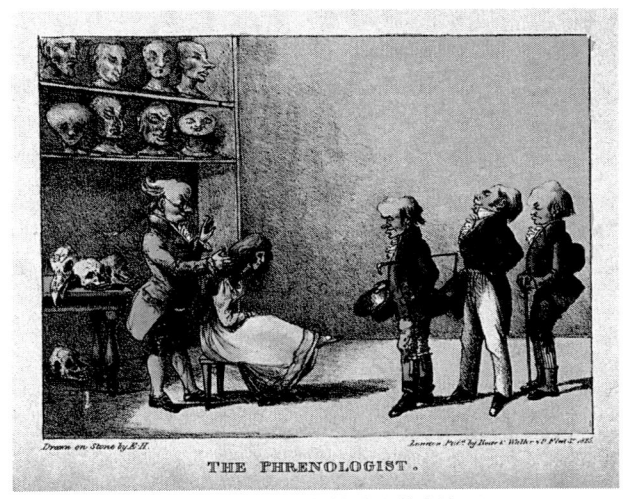

畫作描繪加爾在檢驗人的顱相

　　加爾開始在演講中闡述他的這些原理，引起很大的關注，有一個時期甚至被廣泛接受，使碰觸顱骨「隆起」的方式，很快就在法國、英國和美國流行起來，獲得不少忠實的信徒。其中有一位約翰·卡斯帕·施普茨海姆（Johann Caspar Spurzheim, 1776–1832），在成為他的子弟後，多年間都與他密切合作，不但跟隨加爾演講，還協助加爾寫出他的主要著作《神經系統及腦部的解剖學和生理學，及以人和動物的頭顱形狀，測定其智力和道德的品性之學》（Anatomie et physiologie du système nerveux en général, ……）。只是好景不長。

　　弗朗茲二世（Francis II，1768–1806）原是神聖羅馬帝國的末代皇帝，後任奧地利皇帝和匈牙利、波希米亞的國王，是一個專制主義者。他看到加爾演講顱相學，產生如此轟動，感到十分吃驚，便親筆寫了一封信給司法官，抱怨說「許多人都因這顱相學而喪失了理智（雙關語，又有「丟掉了腦袋」之意，因為腦袋被加爾收集去做研究了——余），它使他們陷入唯物主義，並且與倫理和宗教的首要原則似乎也有牴觸。」

二、腦容量與資質的關聯性

聖羅馬帝國的末代皇帝弗朗茲二世

　　於是，司法官於 1802 年明令禁止加爾繼續講演。三年後，加爾離開了維也納，由施普茨海姆陪同，去德國和臨近幾個國家旅行繼續講演，並於 1807 年到達巴黎後定居了下來，一直到去世。在這裡，他得到許多人的支持，包含因實施「放血療法」而曾名噪一時的法國醫師法蘭索瓦‧布魯塞（Francois-Joseph-Victor Broussais）、實證主義哲學創始人奧古斯特‧孔德（Auguste Comte）和最先從臨床上證明言語中樞位在大腦前部的法國醫生讓-巴蒂斯特‧布約（Jean Baptiste Bouillaud）的支持。看來，「顱相學」永遠不乏有它的信仰者，甚至在今天也有相信它的人。

　　後來的解剖學研究證明，一般來說，顱骨並不如加爾說的，是腦外部表面的忠實模型，而且顱骨或粗或厚的變化，位於兩側眼眶上方的額竇大小以及形狀差異等等，都屬正常的生理情況，主要並不是氣質、智力、才能、性格特徵的外顯現向。因此，加爾遭到科學家，尤其是生理學家們的反對，把他視為一個江湖騙子。但是不僅哲學家中有他的支持者，一般大眾更賞識並讚揚他這虛構的理論。

古希臘帕爾納索斯山低處陡坡德爾菲（Delphi）的神殿正面的題詞，同時也是大哲學家柏拉圖的教導：「認知你自己」。作為歷史悠久的古訓證明，人最難了解的確是人自己本身。

德爾菲阿波羅神廟遺址

任何一個人，最不易了解的是自己，其次才是別人。顱相學好像為人提供了一句打開神祕之門的隱語，使他們相信從人的頭顱上，不僅可以看出他的心理和性格特徵，還可以看出他的氣質、智力、才能，甚至推斷出他是一個天才還者白痴。這雖然有些荒謬，但顱相學也有它的可取之處：顱相學把腦看成是「心靈的器官」，以及它對腦機能的定位，認為腦的各部分都有不同的生理或心理上的機能等等，從整體上來說還是正確的，這激發了生理心理學家們對大腦的進一步研究，從而促進了科學思想的發展。

2、不確切的定論

「由腦觀人」、「大腦發達是天才的表徵」這樣的想法，一直根深蒂固地留存在一般人的心目中。

1917年俄國革命後的領導人弗拉迪米爾·伊里奇·列寧在1924年去

二、腦容量與資質的關聯性

世後,他的大腦也被取出。蘇維埃政府請著名的德國神經科學專家奧斯卡·福格特(Oskar Vogt, 1870–1959)來研究這位偉人的大腦。福格特花費兩年半時間研究,最後於1929年發表了一篇論文,介紹說列寧大腦皮層第三表層上的某些神經細胞非常多又大,認為這確實是一個天才的大腦。

抱有這一看法的還有法國的夏爾-瑪麗-古斯塔夫·勒龐(Charles-Marie-Gustave Le Bon, 1841–1931)。

法國社會心理學家勒龐

勒龐先是學醫,後來專注於心理學研究,是一位以研究群眾心理特徵而著名的社會心理學家。他的著作十分豐富,涉及面向也很廣泛,如《表面死亡和倉促埋葬》(*La mort apparente et des inhumations prématurées*, 1866)、《流行的馬術和其原理》(*L'équitation actuelle et ses principes*, 1892)、《歷史哲學的科學基礎》(*Bases scientifiques d'une philosophie de l'histoire*, 1931)、《人和社會》(*L'homme et les sociétés*, 1881)、《民眾發展的心理學規律》(*Les lois psychologiques de l'évolution des peuples*, 1894)、

《烏合之眾》(Psychologie des foules, 1895)、《社會主義心理學》(Psychologie du socialisme, 1896)、《教育心理學》(Psychologie de l'éducation, 1902)、《政治心理學》(Psychologie politique, 1911)、《看法和信念》(Les opinions et les croyances, 1911)、《法國革命和革命心理學》(La Révolution française et la psychologie des révolutions, 1912)與《歷史哲學的科學基礎》(Bases scientifiques d'une philosophie de l'histoire, 1931)等,其中一些已被視為經典。

勒龐曾對二十六位法國天才人物的顱骨進行細緻的研究,其中包括當時法國文學評論界的泰斗尼古拉斯·布瓦洛(Nicolas-Despréaus Boileau, 1636–1711)、拿破崙帝國的元帥儒爾當伯爵(Count Jourdan, Jean-Baptiste, 1762–1833)和笛卡兒。1882年,勒龐把他的研究論文發表在《科學評論》(Revue Scientifique)上。根據他的研究結論,認為這些名人中大多數人的顱骨,平均容積為1,732立方公分,而現代巴黎人的顱骨容積,平均僅僅只有1,559立方公分。他的對照統計數據表明,在他生活的那個時代,只有百分之十二的巴黎人,顱骨容積有達到1,700立方公分,而在名人中,則有百分之七十三的人超過這個容積。因此,在勒龐看來,頭顱大也確實是天才人物的特徵。

那麼是不是絕對就是這樣呢?

大腦研究的歷史表明,果然不止一位專家的研究深信天才人物的大腦要比普通人的大,但並非都這樣認為。也就是說,對這個問題,還沒有形成一致的確切定論。

差不多與勒龐同時,有兩位德國學者也對幾位著名天才人物的大腦做了詳實研究。

魯道夫·瓦格納(Rudolf Wagner)在1877年發表的題為〈腦容量〉(Das Hirngewicht)的論文中,提到以下幾位生活在德國哥廷根的科學家大腦資料:

二、腦容量與資質的關聯性

彼得・狄利克雷（Peter Gustav Lejeune Dirichlet, 1805-1859），數學家，在數學的許多領域，如數論、分析學以及「狄利克雷問題」等方面，都作出了至今仍與他的名字相連結的出色貢獻。他五十四歲去世，他的腦容量是 1,520 克；

萊昂哈特・福克斯（Leonhard Fuchs, 1501-1566），植物學家和醫生，他的著作《植物誌》以其論述精細且具條理性以及術語準確，被譽為博物學發展史上的里程碑。他死於六十五歲，腦容量 1,499 克；

大名鼎鼎的卡爾・高斯（Carl Friedrich Gauss, 1777-1855），因「高斯定理」而為人所知，與阿基米德和牛頓兩人一起，被並列為歷史上最偉大的數學家。他以七十八歲高齡去世，腦容量為 1,492 克；

還有哲學家赫爾曼（Hermann），死時五十一歲，腦容量 1,358；礦物學家豪斯曼（Hausmann），死時七十七歲，腦容量 1,226 克，等等。

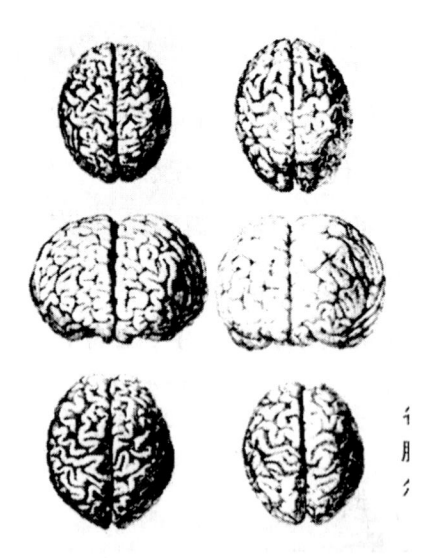

各類人物的大腦比較：
左上為高斯的大腦，左下為狄利克雷的大腦，
右下為赫爾曼的大腦，右上為一德國工人的大腦。

另一位姓畢紹夫（Bischoff）的學者在研究報告〈居住過慕尼黑的大學者腦容量〉（*Hirngewichte bei Münchener Gelehryen*）中提供的資料包括：

喬治・居維葉（Georges Cuvier, 1769–1832），建立比較解剖學和古生物學的法國博物學家，六十三歲，腦容量1,829克；

威廉・薩克萊（William Thackeray, 1811–1863），以《浮華世界》等作品而聞名於世的英國小說家，五十二歲，腦容量1,660克；

弗里德里希・馮・席勒（Friedrich von Schiller, 1759–1805），德國最偉大的劇作家、詩人和文學理論家之一，四十六歲，腦容量1,580克；

尤斯圖斯・馮・李比希（Justus Liebig, 1803–1873），對有機化學早期的系統分類和將化學應用於生物學等方面，作出過重大貢獻的德國化學家，七十歲，腦容量僅1,332克；

畢紹夫的例證中還有幾何學家赫爾曼（Hermann），六十歲，腦容量1,520克；詩人梅爾希奧・邁爾（Melchior Meyer），六十一歲，腦容量1,415克；歷史學家法爾梅賴爾（Fallmerayer）七十一歲，腦容量1,349克；生理學家蒂德曼（Tiedemann），七十九歲，腦容量1,254克；化學家哈萊斯（Harless），四十歲，腦容量1,238克；生埋學家多林格爾（Döllinger），七十一歲，腦容量1,207克等。

從這些統計學資料可以看出，同是大才人物，腦容量卻差距那麼大。而且瓦格納和畢紹夫在論文中還重點研究了十二位德國天才人物的大腦，發現其中八人的腦容積非常大，而另外四個人的腦容積又非常小。這樣的情形不限於德國，實際上具有普遍性。

如正人們在畫像上所看到的，英國大詩人珀西・比希・雪萊（Percy Bysshe Shelly, 1792–1822）的腦袋就非常非常小；有史以來最偉大的詩人之一、義大利的但丁・阿利吉耶里（Dante Alighieri, 1265–1321）的大腦也

二、腦容量與資質的關聯性

不大,容量只有 1,493 克;生於希臘的義大利大詩人和小說家烏戈·福斯科洛 (Ugo Foscolo, 1778–1827) 的大腦更小,容量為 1,426 克。可見同是天才和名人,大腦的大小可能相差十分懸殊。有些人的大腦簡直與普通工人的差不多大,甚至更小,如巴伐利亞王室科學院院長約翰·約瑟夫·馮·多林格爾 (Johann Joseph Ignaz von Dollinger, 1799–1890) 的大腦,和德意志帝國最重要的議員之一、德國民族自由黨的倡導組織者愛德華·拉斯克 (Eduard Lasker, 1829–1884) 的大腦容量僅有 1,300 克。由此可知,腦大並不能作為天才的唯一特徵。

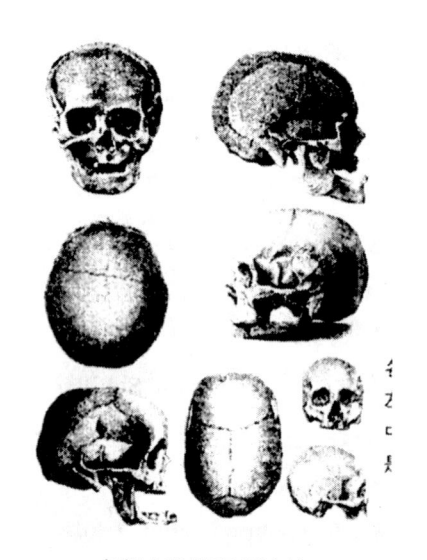

各類人物的頭顱比較:
左上、右上、左中為康德頭顱的正面及側面;右中為伏爾泰的頭顱;
右下的兩個是福斯科洛頭顱的正面及側面。

既然很多人都把大腦看成是衡量天賦的象徵,那麼,保護這天賦的隱藏之處當然就無比重要了。但是許多學者對天才人物的大腦的研究卻揭示出,天才中不少人的這個隱藏之處,彷彿根本還沒有達到一般人的進化程度;有的則發育不正常或者呈現畸形;有的甚至曾經受到過嚴重的襲擊和傷害。但是這些似乎都沒有阻礙和影響到他們施展天賦,他們

仍舊成為一個偉大的天才人物。

羅伯特·布魯斯（Robert Bruce, 1274-1329）從 1306 年起成為蘇格蘭的國王，號羅伯特一世，直至去世。他的天賦自然可能來自遺傳，但他這個王位卻並不是繼承而來，而完全憑著自己的智慧——雖然是遺傳的智慧獲得的。

蘇格蘭國王羅伯特·布魯斯的胸像

羅伯特的祖先是盎格魯-諾曼人的布魯斯家族，12 世紀初來到蘇格蘭，後與蘇格蘭王室聯姻。他的第六代祖父於 1290 年要求取得王位，但是英格蘭國王愛德華一世卻將王位交給了約翰·德·巴利奧爾（John Balliol），後來發現巴利奧爾的姪子科明（John Comyn）可能想繼承王位。1306 年，羅伯特和他的追隨者殺死科明，奪取了王位。愛德華一世把他看成叛亂分子，派兵對他進行鎮壓。在鬥爭中，羅伯特兩次戰敗，他的妻子和眾多支持者被俘，三個兄弟被處決；他本人得以逃脫，避居愛爾蘭北部沿海的拉斯林島。有個流傳很廣的傳說，說有一次羅伯特被英軍

二、腦容量與資質的關聯性

追趕得走投無路後,對鬥爭幾乎完全失去了信心,但看到一隻蜘蛛在織網,雖然一次一次的風風雨雨將它織出的網打破,它仍舊一再不屈不撓地重織新網,於是恢復了希望。最後羅伯特終於在1314年把英格蘭的軍隊打敗,迫使英格蘭承認他為蘇格蘭的合法國王,完全放棄了對蘇格蘭的宗主國要求,取得蘇格蘭的獨立。

像羅伯特·布魯斯這麼樣偉大的軍事家,想必他的大腦定然會顯示出天才的特徵吧?說起來可能令人失望,因為他的頭顱就像生活在十萬年前尚未進化到文明時代的尼安德塔人(Neanderthal):顱骨小、顱腔長、低而寬,後部也偏低,臉部的眉脊又相當突出,根本不像一個天才人物。

伯里克里斯(Pericles,約西元前495-429)雖然從父親那裡繼承了大批地產,成為富人,但他能被視為古代雅典最偉大的政治家,則完全依靠自己的聰明才智。從厄菲阿爾特(Ephialtes)在西元前461年被暗殺,由他接替成為民主派的領袖起,伯里克里斯的天才就得到了發揮。他在科林斯灣的海戰中指揮雅典軍隊,打敗了好戰的亞該亞人,並把蠻族逐出色雷斯的切爾松尼斯半島。他召集希臘城邦聯合會議,商議重建被波斯人焚毀的希臘神廟。他又竭力擴大雅典的殖民體系,為日益增長的雅典人口提供新的土地和資源。他還修築雅典的「長牆」,加強了雅典和比雷埃夫斯港的防衛,使雅典隨時可以成為一個安全島。在衛城的所有建築落成之後,他使雅典娜女神的慶典舉行得一次比一次盛大。伯里克里斯在外交方面也非常出色。他以十分謹慎的態度,使雅典保持道義上的優勢。特別值得提到的是,伯里克里斯不單是軍隊的統帥,而且是國家主要的司法和行政首腦,由於他的傑出貢獻,從西元前461年直到他去世,這段時間被史學家稱為「伯里克里斯時代」,是雅典司法系統發展到最完善的時代,也是雅典民主政制的全盛時期,西方施行至今日的陪審

員制度，就是起於他這個時期。所有這些成就，使伯里克里斯得以連續地，甚至一度被免職之後，仍然能夠當選為首席將軍或稱將軍委員會的主席，具有極高的威望。

里克里斯是否有一個天才的大腦呢？從外形看，也十分令人遺憾。他根本沒有碩大的頭顱，而是既小又長又細，而且頭蓋骨生得也不像常人那樣的對稱，以致不止一位古希臘作家，包括對後世影響最大的歷史學家和傳記作家普魯塔克（Plutarch，約46–119後）在《伯里克里斯傳》(Life of Pericles)中為他取了一個外號，叫「海蔥頭」（ακιρκεφαλος，英語譯作「Squill-head」）。

伯里克里斯

還有一位馬庫斯·克拉克（Marcus Andrew Hislop Clarke, 1846–1881）。他生於倫敦一個律師家庭，幼年時母親就去世。17歲父親死後，他移居澳洲，在牧場打過工，又做過銀行職員和編輯。他年少時曾被一匹馬有力地踢了一腳，使腦部受到重傷，甚至踩碎了他的腦殼。但這並沒有影響他長大後成為一位著名的小說家。他憑著閱讀大量有關流放犯人的資料和參觀監獄的經歷，寫出一部劇情生動曲折、線索錯綜起伏的著名長篇小說《無期徒刑》(For the Term of His Natural Life)，另外還寫有三部長篇、數十篇短篇小說以及大量的報導和評論，對澳洲著名作家亨利·勞森等人產生重大影響。

二、腦容量與資質的關聯性

澳洲作家馬庫斯·克拉克

還可以舉出很多這類例子，如名著《君主論》的作者、著名的義大利政治家和作家尼科洛·馬基維利（Niccolo Machiavelli, 1469–1527）的頭很小，頭骨也有些偏斜。

尼科洛·馬基維利

福斯科洛的頭,顎部極度前凸,多達六十八度。但丁的頭蓋骨也生長畸形,額骨上還長了兩個骨瘤。居維葉的大腦明顯患有水腫。李比希的大腦前額部位有不正常的硬腦膜。福克斯腦迴溝的表面有裂縫。拉斯克的大腦有充血症狀。還有兩位法國的偉大天才,哲學家和浪漫主義的先驅尚-雅克·盧梭(Jean-Jacques Rousseau, 1712–1778)的大腦曾患腦膜炎,且有膨脹性水腫;哲學家和散文大師布萊斯·帕斯卡(Blaise Pascal, 1623–1662)的大腦左半球曾受過嚴重損傷。……

尚-雅克·盧梭　　　　　布萊斯·帕斯卡

這樣看來,儘管不少天才人物確實有一顆遠遠大於常人的大腦,但同樣也有相當多的天才人物大腦不但一點也不比常人的大,反而比一般人的大腦都要小,而且不正常,如有的是發育不正常,有的甚至留有患病的痕跡。可見,大腦或者腦容量大顯然不能作為天才的唯一特徵。

大腦的大小可能是天才成長的一個要素,甚至可能還是天才人物的特徵之一,但是對於天才來說,肯定還有許多其他方面,甚至或許是更重要方面尚有待於去研究和揭示。其中有一些,說起來也許會使人感到吃驚,例如,自古以來就有很多人認為、堅信並論述過病態,尤其是精

> 二、腦容量與資質的關聯性

神病態,是天才的重要特徵;不正常或者畸形、甚至是有病的大腦,反而會導致才能或天才的發展。有關天才的基本答案或者大部分答案,也許可能就在這裡。因此,需要對有史以來有關天才的研究作比較系統性的考察,特別要檢視其中認為天才與病態,尤其與精神疾病的關係,看這樣的認知是否能夠成立。

三、
天才的研究、演變與理解

三、天才的研究、演變與理解

1、歷史

　　好奇心是人類共同的天性。縱使是一個剛出生的嬰兒，一睜開眼睛，眼珠便要轉個不停，往四處張望，探究他所不了解的事物。的確，每個人都喜歡探究事物的存在並探尋其發生的原因。但是當不能找出其真正的原因時，人往往就以虛構的原因來解釋它，以滿足心理的渴求。神話和宗教就是這樣產生的。所以，神話和宗教裡的故事往往既有它現實的基礎，反過來，往往又可以用來解釋現實中的事物存在和發生的緣由。

　　宙斯（Zeus）是古希臘神話和宗教裡的主神。古希臘人相信，不但雷、電、風、雨都是宙斯發出來的，還認為他是城市、財產、異邦人和懇求者的守護神；同時，宙斯又以好色而出名。他多次愛上女神甚至凡人，並以變換形體來滿足自己的情慾。如他化作杜鵑和天鵝，以達到接近赫拉和麗達的目的；他還透過變成公牛，把歐羅巴搶走，等等。這些故事，在古希臘人中家喻戶曉，並信以為真，以致史書記載，在那個時代，一個女子如果未婚或婚外生子，「她只需聲稱宙斯化作天鵝、公牛或金雨覆身於她，或者說她不敢違抗顯現成人形的河神的進攻」，便可以搪塞過她的父親或丈夫。

　　在不能揭示事物發生之真正原因的時代，類似這種神祕的解釋是很自然的。當在同一個學園裡，基本上是一樣的家庭和社會背景，其中一人卻明顯地表現出遠遠超出他人的聰明才智時；或者某一位詩人，完全不像別的枯腸搜索的寫詩者，能一揮而就，便創作出不同凡響的詩篇時，人們會怎麼想呢？顯然，靠父母特別的培育，或者受過技巧的訓練，都是說不通的。除了像品達羅斯（Pindaros，西元前518或522–約前438）所言，還有什麼更令人信服的解釋呢？在《奧林匹斯頌》中，品

達羅斯聲言:「什麼也比不過天賦的才能,可是有些人卻想單憑學到的本領來爭取名譽。如果沒有上天的稟賦,一切也是徒然,還不如默不作聲的好。」在《頌歌》中,這位古希臘最偉大的抒情詩人又再次說道:「詩人的才能是天賦的,沒有天才而強學作詩,喋喋不休,好比烏鴉呱呱叫,叫不出什麼名堂來。」

那麼這「天賦」是誰賦予,又是怎樣「賦予」人的呢?古希臘的兩位哲學家蘇格拉底和柏拉圖的答覆是有神力憑附。蘇格拉底(Socrates,西元前469-399)斷言詩人寫詩並不是憑智慧,而是憑一種「天才的靈感」;因此,他們創作的時候,「就像那種占卜或卜課的人似的,說了很多很好的東西,但並不懂得究竟是什麼意思。」(朱光潛譯)柏拉圖(Plato,西元前428/27- 前348/47)明確提出是「有神力憑附著」,還強調說是詩人受神力的控制下、失去理智、陷入瘋狂狀態之時的作為。亞里斯多德(Aristotle,西元前384- 前322)是柏拉圖的學生,雖然也相信詩創作是「天才的事業」,但不同意老師的看法,說這天生的才賦是來自於外界神力的作用;而認為要歸功於詩人本身的「天性」,使有關天才的認知,擺脫這種神祕不可捉摸的神力說,開始引入唯物的觀念。

蘇格拉底

三、天才的研究、演變與理解

羅馬在軍事上征服了希臘，但是在文明上，從來都不能與希臘媲美：在羅馬，處處都可以看到希臘文明的痕跡。賀拉斯（Quintus Flaccus Horatius 或 Horace，西元前 65– 前 8）以他的主要詩作《歌集》顯示出，他是羅馬最大的詩人，也是希臘抒情詩人的繼承者。有關詩的創作，賀拉斯也在相當程度上受到蘇格拉底、柏拉圖，尤其是亞里斯多德的影響。賀拉斯在他給皮索父子的詩體信簡，通稱為〈詩藝〉（The Art of Poetry）的著作中，也像這幾位希臘哲學家那樣肯定天才對於詩人的作用。賀拉斯聲稱詩人是神的「代言人」，「詩神把天才，把完美的表達能力，賜給了希臘人」；「神的意志是透過詩歌傳達的」。他在一首諷刺詩中甚至提出：「除非他有天生的才華，非凡的心靈，／高尚的吐屬，才不愧有詩人之命。」

但在這個前提下，賀拉斯認為，即使對一個天才詩人來說，磨練技巧仍然是十分重要的。他指出：要創作出一首好詩，「苦學而沒有豐富的天才，有天才而沒有訓練，都歸無用；兩者應該相互為用，相互結合。」由於他對天才和訓練有比較全面的認知，所以他看不慣某些只是以「天才」自居、完全不願學習的詩人，諷刺他們不但不肯磨練自己的技巧，「居然不剪指甲不修容貌，／流連於幽僻之地，迴避浴場的塵囂。」他諷刺這些所謂的「詩人」，「彷彿只要他永遠不請理髮匠代勞，／給他剃光三劑妙藥治不好的頭腦，／他就必定贏得詩人的光榮和雅號。」（繆靈珠譯）

繪畫描繪賀拉斯在朗讀他的詩作

　　那麼是外界神力的作用，使一個人成為一個天才，還是一個人自身的什麼因素？天才與技藝的關係又是如何？自古至今，有關天才問題的研究，總不能不涉及這幾位古希臘哲學家已經論述到的這兩個問題。一般情況是，早期的研究比較輕信於神力的神祕作用，後來科學越發達，對人體越有正確的認知，於是越能夠從人本身去認知天才的發生機制，擺脫對神力的迷信。

　　《論崇高》(De Sublimitate)的作者，對於天才和訓練或技巧的關係，看法大致與賀拉斯一樣。

　　只因現存《論崇高》的最早手抄本索引上寫的是「狄奧尼西奧斯或朗基努斯」，使這部未完成著作到底是誰寫的問題一直出現不同的看法：長期以來都相信是西元3世紀的希臘哲學家朗基努斯，但又有認為是西元1世紀時的一位無名作家，以致只好以「偽朗基努斯」（Pseudo Longinus）稱之；比較明確的是，這是那個署名朗基努斯的人對西元1世紀的西西

三、天才的研究、演變與理解

里修辭學家凱基利烏斯（Caecilius）的一篇作品有所回應。後世研究相信作者是卡西烏斯・朗基努斯（Cassius Longinus，約 213–273）。

卡西烏斯・朗基努斯是偉大的哲學和宗教天才人物柏羅丁（Plotinus，205–270）所建立的新柏拉圖主義學派的修辭學家和哲學家。他先是在雅典講學，後來成為羅馬所屬殖民地帕爾米拉（Palmyra）的女王芝諾比亞（Zenobia）的諮詢官（counsellor）。

現存最早的朗基努斯《論崇高》手抄本是西元 10 世紀的，但一直被學者們忽視，直到 1554 年，才由弗朗西斯・羅伯特羅（Francis Robertello）在瑞士的巴塞爾編輯出版。

在美學或文學評論中，「崇高」是指偉大的作品所特有的崇高思想、感情和精神。朗基努斯（Longinus）對崇高下的定義是「優美的語言」、「偉大精神的表達」和能激起「狂喜」的力量，並堅信崇高這一文藝最高境界是先天賦予的，崇高的基礎就是天才。朗基努斯認為，崇高的主要來源有五：儘管次要的三個──藻飾技術的運用、高雅的措辭和結構的堂皇卓越，可以從技巧得到助力，但第一個，即最重要的「莊嚴偉大的思想」，和第二個「強烈而激動的情感」，這兩個崇高的條件，「主要是依靠天賦的」。（錢學熙譯）朗基努斯甚至推崇天賦的崇高，不但使天才人物不同和超越於一般常人，還能將他們提升到「近乎神的偉大心靈境界」。

但值得注意的是朗基努斯不像蘇格拉底、柏拉圖那樣，對天才的「天賦」作用說得那麼絕對。他只說天才「主要是依靠天賦」，所以他還有另一面的說法。朗基努斯特地在《論崇高》第一篇〈緒論〉的第二章，專門以「崇高的技巧」為題，談了技巧對天才的助力作用。

朗基努斯不同意「崇高的天才是天生的，不能傳授，而天分就是唯一能產生崇高的技術」的看法。因為在他看來，「雖然自然是萬物的主因

和原型,但是決定程度強弱、機緣是否適當,乃至訓練和使用的準則,乃是科學方法的能事。況且,激昂的情緒,若不以理性控制,任其盲目衝動,隨波逐流,有若無舵之舟,定必更加危險。」他特別提出:「天才常常需要刺激,也常常需要束縛。」(繆靈珠譯)所以就有賴於訓練和技巧的作用了。

《論崇高》可說是一篇天才的頌歌,它除了論述崇高的產生來自於天賦、是天才所專有之外,還涉及天才與社會環境、天才與技巧等問題,對後來文藝復興、啟蒙主義、浪漫主義藝術家的天才觀都產生相當大的影響。

一般來說,中世紀是一個宗教撲滅人性的黑暗時代,人的自覺性、創造性是難以被承認的。所以有一部重要的美學著作稱這是「一個沒有『美的藝術』的形式美、沒有自覺的思想和行動的時代。」在這個時代裡,相信一切崇高、偉大、美的東西,都只有創造萬物的上帝才擁有;因此,正確認知天才的產生是完全不可想像的,因為縱使認為天才來自於上帝的賦予,也不能相信這些天才人物具有創造力,儘管實際上像其他任何一個時代一樣,那時也出現了不少天才人物。直到度過中世紀的漫漫長夜,在文藝復興時期人文主義興起、人的個性和人的價值獲得尊重,人性及其成就成為研究對象之後,天才的研究才得以重新被提起。理所當然,有很長一段時期裡都會深深烙上上帝作用的影響。

阿爾勃萊希特・丟勒(Albrecht Dürer, 1472–1528)是文藝復興時代德國最重要的油畫家,他與同時代的李奧納多・達文西(Leonardo da Vinci, 1452–1519)一樣,具有多方面的才能。丟勒認為天才具有「天生的特殊才能」,這種才能是不可捉摸、無窮無盡的,而且他的影響也是歷久不衰的。平庸的人絕不會意識到,即使在一張粗糙的小小草圖中,這些「奇妙的天才」也會出色地表現出來。例如一個畫家,有「天生的靈感附

三、天才的研究、演變與理解

身」,他就可以用不到半天的時間,完成別人用一年時間所做的工作。天才人物不僅屬於他那個時代,他的著作常常是前後許多世紀都無法比擬的。丟勒強調,無疑是「上帝賦予某些人偉大的天才!」這不但與達文西相信藝術天才「可以說是上帝的兒子」一樣,也與比他晚兩百多年的德國啟蒙運動時期文學大師戈特霍爾德・萊辛(Gotthold Ephraim Lessing, 1729-1781)說的一樣:天才「不是來自這個真實的世界」,而「肯定屬於另外一個世界」。

文藝復興時代最重要的畫家丟勒

雖然德尼・狄德羅(Denis Diderot, 1731-1784)也相信「天才有如神靈」,「是純粹的天賦」,但並不認為是有神靈憑附。作為一位理性主義者,這位法國哲學家堅信人的天才也與人體中的其他功能一樣,是「結構決定功能」,也就是由於生理結構,具體地說,主要是內分泌中某種結構的作用。徹底摒棄了前人對天才發生的神祕觀念。

可是什麼樣的表現才算天才呢?狄德羅回答說:「廣博的才智、豐富的想像力、活躍的心靈,這就是天才。」他認為正因為有這樣的才智、

心靈和想像力,才使天才人物具有不同於一般常人的特點:他們「極端敏感」,「對一切都有強烈的感受」,「能接受大量的新印象」。但狄德羅提出,天才人物都「很少遵循論證的邏輯性」,而且會去「打碎」束縛他的所謂「標準」和「法則」,犯下一些「光輝的錯誤」;而正是這一點,才使天才人物能夠始終「走在世紀的前面」,將批評他的人「遠遠拋在後面」。(桂裕芳譯)

狄德羅為《百科全書》寫的〈天才〉條目雖然不是很長,卻全面論述了什麼是天才、天才的特徵、天才發生的範圍以及天才與社會環境的關係等問題,可算是最先在天才研究方面提出理論體系的人。

在觀察天才人物的時候,人們不能不想到一個問題,就是天才與普通人最大的不同之處是什麼?三位德國大哲學家和大作家認為,這最大的不同就是創造性——天才人物具有一般人所無可比擬的創造性。

伊曼努爾·康德(Immanuel Kant, 1724-1804)作為啟蒙運動最重要的思想家和歷史上最偉大的哲學家之一,本身就是一個偉大的天才,對於一直困擾人的天才問題自然不會不感到興趣。康德雖然沒有為天才寫過專題論文,但他在他最具創造性的著作之一《判斷力批判》中分析「審美的判斷力」時,有相當篇幅論述到天才的問題。

康德說,「天才就是那天賦的才能,」即是「天生的心靈稟賦」。他這裡說的「天賦」是指「自然賦予它以法則」,即「是大自然在創作者的主體裡面給予了法則」。排除了神祕的「神力憑附」說。康德這裡所謂的「主體」是指天才人物身體裡某種發揮作用的因素,認為是它,使天才人物與生俱來就具有與眾不同的「想像力和悟性」這一獨特能力。為了闡明自己的天才觀,康德特別總結出四個特點來規範天才人物,其中的前三點分別可以稱之為天才的獨創性、天才的典範性和天才的非理性,尤其是第一點創造性,或者叫「獨創性」,康德是這樣說的:

三、天才的研究、演變與理解

天才（一）……對於它產生出的東西不提供任何特定的規範，它不是一種能夠按照任何規範來學習的才能；因而獨創性必須是它的第一特性；（二）……天才的諸作品必須同時是典範，……它自身不是由模仿產生，而它對於別人卻須能成為批判或法則的準繩。（三）……它是一個作品的創作者，這作品有賴於作者的天才，作者自己並不知曉諸觀念是怎樣在他內心裡產生成的，也不受他自己控制，以便可以由他隨意或按照規畫設想出來，並且在規範形式裡傳達給別人，使他們能夠創造出同樣的作品來。

康德強調獨創性是構成天才的本質部分，它與模仿是完全對立的，因為，他說：「人不能巧妙地學會做好詩，儘管對於詩藝有許多詳盡的詩法著作和優秀的典範。」同樣，即使有「最好的才能，學問，作為學問，仍究竟不能算做天才。」康德所謂的「典範」指的是雖然天才本身不是由模仿產生，「對於別人卻須能成為批判或法則的準繩。」康德在解釋天才本人「並不知曉諸觀念怎樣在他內心產生」這種非理性時的觀點，舉例來說，不論是荷馬還是德國洛可可時期的大詩人馬丁·克里斯托夫·維蘭德（Martin Christoph Wieland, 1733-1813）這樣的天才，他們連自己也說不出「他們幻想豐富同時思想富饒的觀念，是怎樣從他們的頭腦裡生出來並且集合到一起的。因為他們自己也不知道，因而也不能教給別人。」（以上譯文的譯者分別為宗白華和鄧曉芒）康德對天才這些特點的論述，對後人有所啟示，為他們的研究提供了思考的途徑，這使康德在天才研究史上具有相當重要的地位。

1、歷史

啟蒙運動重要哲學家康德

德國詩人約翰・沃爾夫岡・馮・歌德（Johann Wolfgang von Goethe, 1749-1832）被公認是世界文學的巨人、偉大的天才。他在自傳《詩與真》和晚年與助手兼摯友約翰・彼得・愛克曼的談話中對天才的論述，以自己親身的藝術感受來切入，使人感到親切而具體。

由於時代的限制，歌德對天才的認知雖然還不能完全跨出「神力」說的窠臼，但他對什麼是天才的認知，甚至與最新的科學研究都非常一致。

在歌德看來，天才的象徵也是創造性，即他所說的「創造力」。他說：天才就是「成就見得上帝和大自然的偉大事業的那種創造力」（朱光潛譯）。歌德的這一看法，與近代以來的研究所公認的見解很接近，這見解認為天才應具有高度獨創性和創造性，這種性質應該透過他自己直接做出的實際成就所反映出來，而非由於他的出身。從創造力這一基本觀點出發，歌德提出：

一、一個人是否具有天才的創造力，「不能只憑他的作品或事業的數量」來衡量，而是要看它是否產生持久的影響。他批評有些詩人，詩集

三、天才的研究、演變與理解

一卷接著一卷地出版，但這些詩既無生命，又無永續性，因此他認為，實際上，「這種人應該被看作最沒有創造力的」。相反，如著名小說《威克菲德的牧師》的作者、英國的奧利弗・哥爾德斯密斯，他寫的詩，主要只有〈荒村〉，「數量上不值得一提」，但歌德強調，「我還是要說他是最富有創造力的，正是因為他的少量詩作有內在生命，而且還會持久。」

二、由於天才的象徵就是創造力，所以歌德相信某一個人是否天才，「與所操的是哪一行一業無關」，重要的是看是否具有「發生長遠影響的創造力」。歌德相信，並不是只有詩人、藝術家才可能是天才，像洛倫茲・奧肯（Lorenz, 1779-1851）和亞歷山大・馮・洪堡德（Alexander von Humbolt, 1769-1859）這兩位德國自然科學家和腓特烈大帝、彼得大帝、拿破崙這三位政治、軍事家，都無愧是天才，「關鍵在於有一種思想、一種發明或所成就的事業是活的而且還要活下去。」

三、歌德認為創造力有來自於上界的和來自於塵世的兩種。前者如每種最高級的創造、每種最重要的發明或每種產生重大影響的偉大思想，在他看來，「都不是人力所能達到的，都是超越一切塵世力量之上的。人應該把它看作來自上界、……看作純是上帝的嬰兒……」；後者是「服從塵世影響、人可以更多地憑自身力量來控制的」創造力。歌德這裡所謂的「憑自己的力量來控制」，實際上就像前人說的，涉及到了技巧對天才的助力作用了。

歌德的這些觀點，雖然不是作為專門的理論，而是隨談閒筆，仍閃爍著智慧的光芒。另外，歌德還以自己和他人的實際事例論述了健康和青春對天才創造力的影響，也很有啟發性。

德國詩人約翰・沃爾夫岡・馮・歌德

格奧爾格・威廉・弗里德里希・黑格爾（Georg Wilhelm Friedrich Hegel, 1770–1831）作為近代哲學體系的偉大奠基者之一，雖然被認為是一個絕對唯心主義者，但在當時對有關天才的問題爭論不休時，他的辯證法使他沒有陷入片面性，而能夠做出比較切實的判斷。

黑格爾認為：「天才是真正能創造藝術作品的那種一般的本領，以及在培養和運用這種本領中表現的活力。」（朱光潛譯）黑格爾這裡所謂的「活力」，也就是康德和歌德說的「獨創性」和「創造力」。黑格爾認為這種活力是一種「與生俱來的資稟」，但他同時強調指出，僅僅依靠這種先天「與生俱來的資稟」，是不能達到天才的創造的，還得在後天「再加上教育、文化修養和勤勉」。

對天才所必須具備的先天和後天方面，黑格爾是這樣解釋的。

黑格爾說，任何一個真正的天才藝術家，內心「都有一種天生的自然推動力」。這是天才藝術家無需費力便能以他獨特的感受和知覺方式，非將自己的情感思想馬上表現為藝術形象不可的「一種直接的需求」，如音樂家以樂曲來將他胸中鼓動的最深刻東西表現為一段曲調，畫家將他

三、天才的研究、演變與理解

的情感馬上變成形狀和顏色,詩人將他的情感馬上變成表象等。但是黑格爾指出,藝術家的這種能力不僅是一種想像力、幻想力和感覺力,「而且還是一種實踐性的感覺力,即實際完成作品的能力。」因此,各門藝術的藝術家都「需要廣泛的學習、堅持不懈的努力以及透過訓練得來的多方面熟練」。這兩方面在真正藝術家的身上是結合一起的。這也就是先天才賦和後天技巧的結合,兩者是「攜手前進的」:「天才和才能愈卓越、愈豐富,他學習掌握創作所必須的技巧也就愈不費力」;而這種經過充分練習所達到的「高度的熟練」「仍然是一種天生的資稟;否則只靠學來的熟練絕不能產生有生命的藝術作品。」

德國哲學家弗里德里希·黑格爾

黑格爾不但以他自己獨特的語言把先天的稟賦和後天的努力或技巧解釋得相當透澈,還論述了天才的民族性、天才與想像、天才與靈感等問題;他有關天才藝術家之自然推動力的看法,與美國心理學家亞伯拉罕·馬斯洛(Abraham Harold Maslow, 1908-1970)在論動機和人性所能達到的境界時,所說的「高峰經驗」差不多,卻比後者早出一、二百年。

與康德、歌德、黑格爾一樣,另一位德國大哲學家叔本華也把「創

造性」看成是天才的象徵。但是他像義大利的龍勃羅梭一樣，著重揭示天才與精神疾病的關係。

義大利的切薩雷・龍勃羅梭（Cesare Lombroso, 1835–1909）從進入維也納大學和帕維亞大學學習起，就對病理學產生濃厚的興趣；先後在帕多瓦、維也納和巴黎從事精神病學的研究，於 1862 年成為帕維亞（Pavia）大學精神病學教授，隨後任佩薩羅（Pesaro）精神病院院長，都靈（Turin）大學的法醫學和精神病學教授。在六十多年的歲月裡，他寫出了大量著作，其中如《天才與瘋癲》（Genio e follia, 1877）《犯罪的人》（L'Uomo delinquente, 1876）、《天才之人》（L'Uomo di genio, 1888）、《犯罪的女人》（La Donna delinquente, 1893）、《犯罪，原因和補救》（Le Crime et remèdes, 1899）在西方產生了極大的影響，被認為「犯罪學之父」。

龍勃羅梭對天才，尤其是天才和精神疾病的關係，做過深入的研究。其多達四百頁的學術著作《天才之人》，對有文獻記載的文學、藝術和其他許多領域中數以百計的天才人物進行深究，不但基於此考察了天才的特徵，還研究了天才的成因，列述氣象、氣候、種族、遺傳和疾病等各種因素對天才成長的影響。龍勃羅梭此書的主要論點認為瘋癲是天才人物的主要特徵。他可謂 19 世紀中最先檢驗天才與瘋癲之連繫的學者。

龍勃羅梭說：「事實是，不只眾多天才人物在他們一生的某個時期，都是有妄想幻覺的人或者精神錯亂的人，甚至像（義大利哲學家）維柯（Giambattista Vico）那樣偉大的人一生都在發狂，還有多少大思想家，他們的一生都表明出他們是偏執狂或妄想狂。」龍勃羅梭特別舉了叔本華的例子，說他「向我們表現出是一個十足瘋狂的天才。」他以叔本華的妄想狂症狀說：「他總是住在低層，以防發生火災；不放心讓理髮師為他理髮；把金幣藏到墨水瓶裡，把信壓在床單下。他害怕拿起剃刀；害怕不屬他

三、天才的研究、演變與理解

自己的杯子會傳染某種疾病……」叔本華的一位傳記作者證明說:「堅信『天才和瘋狂相互為鄰』的叔本華本人並不反對龍勃羅梭把他列入天才與瘋癲者之列。」

義大利精神病學和犯罪學家切薩雷·龍勃羅梭

德國重要哲學家阿圖爾·叔本華(Arthur Schopenhauer, 1788–1860)是反理性主義的唯意志論者,又是「生命」哲學的先驅者。他對天才的問題非常關注,不但在他最主要的著作《作為意志和表象的世界》中有重要的論述,還專門寫了〈論天才〉的論文。

叔本華對天才的論述相當全面,論述了天才的本質和能力,指出天才具有「雙重智力」,還涉及天才與想像力、天才與面相、天才與時代、天才與遺傳,特別是他對天才與非理性,即天才與瘋狂的關係的論述,是叔本華最深刻、最有見地的觀點。這是叔本華與龍勃羅梭對天才研究的重要貢獻。

叔本華聲稱:天才「常表現一些真有點接近於瘋癲的弱點,天才的能力和瘋癲有著相互為鄰的一條邊界,甚至相互交錯」。他不但說到亞里斯多德、柏拉圖有關天才與瘋狂的論述,說到「天才與瘋癲直接為鄰

的事實可由天才人物如盧梭、拜倫、(十八世紀義大利詩人)阿爾菲耶里(Vittorio Alfieri)的傳記得到證明」；他還以自己的親身見聞為例，說「經常在參觀瘋人院時，發現個別患者具有不可忽視的特殊稟賦，在他們的瘋癲中可以明顯地看到他們的天才，不過瘋癲在這裡總是占有絕對的上風而已。」

雖然叔本華奉柏拉圖〈斐多篇〉中的「沒有某種特定的瘋癲，就成不了詩人」的論述為經典，但不像柏拉圖那樣，認為天才是由於有「神力憑附」。在叔本華看來，天才的發生，完全是因天才人物本身的生理結構，即他所言「『天才』異於常人的特質」的關係。對於這個問題，叔本華有他自己的解釋。

叔本華說，在生理學中有所謂「由於不足的異常」和「因為位置變動的異常」兩種，天才的本質就是在於「智力的異常剩餘」，這「異常剩餘」表現在，如果一個普通人是由三分之一的智力和三分之二的意志所組成，那麼天才則是由三分之二的智力和三分之一的意志所構成。在這種情況下，

智力忽然擺脫意志的羈絆而自由奔放，也就是說智力不再為意志服務，而且也不是陷於不活動或鬆弛狀態，在短暫間能夠完全獨立自發地活動。這時的智力有最大的純粹性，猶如反映世界的一面明鏡。因為那時的智力已完全脫離自己的根源──意志，而集中於一個意識，形成「表象的世界」，在這一剎那間，所謂不朽作品之「魂」便附於其上。

叔本華說，這就是所謂「天才的激發」或「靈感的來臨」。相反，在刻意思考的場合下，因為「智力受意志領導，由意志指定方向，智力完全不得自由」，就不可能出現什麼「靈感」或「天才」。但是這樣一來，「每當人的智力超出通常的限度，作為一種反常現象就已有瘋癲的傾向了。」所以叔本華認為，主要是「天才特有的意志和智力的分離」，才使「天才與瘋癲非常接近」，這是「問題的癥結」所在。

三、天才的研究、演變與理解

德國哲學家阿圖爾・叔本華

在天才研究史上，英國的弗朗西斯・高爾頓 (Sir Francis Galton, 1822-1911) 是一個重要人物。高爾頓不但在什麼是天才的問題上，特別指出：一個天才人物，應具有由傑出的實際成就反映出來的高度創造性；在具體研究上，他一反以往先驗的哲學思辯方法，而運用有相當可信度的統計學數據，來證明天才是可以遺傳的，並據此創立了他名之為「優生學」(eugenics) 的一門學科。他的這種統計學研究方法，往後經常被人用於對天才人物的研究和其他研究上。

從 20 世紀初開始，美國的心理學家劉易斯・馬迪森・特曼 (Lewis Madison Terman, 1877-1956) 就對天才的問題進行了長達數十年的研究，其對有關天才的一個重要指標——智商的看法，曾產生相當大的影響。

德國的恩斯特・克雷奇默 (Ernst Kretschmer, 1888-1964) 1913 年從圖賓根大學完成哲學和醫學學業並畢業後，第二年，即以發表一篇躁鬱症妄想的論文，開始他精神病學的研究生涯。這方面進一步的進展是他最有名的著作《體格和性格》(Körperbau und Charakter, 1921；英譯 Physique and Character) 與 1926 年成為馬爾堡大學精神病學和神經病學

教授之後的《天才人物的心理學》(*The Psychology of Men Genius*, 1929)。前書認定某些精神疾病在特定的體型中較為常見,如身材細長的人大多具有內向的氣質,這類人也容易罹患精神分裂症;而粗矮豐滿型的人則有躁鬱症性情,等等。

在《天才人物的心理學》中,克雷奇預設天才具有遺傳性。他從精神病學研究出發,一方面指出躁鬱症不僅常見於天才人物,也常見於天才人物的其他家庭成員;同時還肯定躁鬱症與天才人物的創造性之間的關係。不過克雷奇默並不是籠統地肯定這種關係。他說,狂躁症有如是創造期,憂鬱症則有如是孕育期,只不過嚴重的憂鬱症是反創造的,只有比較溫和的憂鬱症才有助於創造性。因此,克雷奇默的結論是:「天才的心靈……並不是放縱無約束的、絕對的能量,而是嚴格服從血液化學和內分泌腺的生理學規律的。」

在中國,歷來也承認天才的存在,如認定李白為「詩聖」即是。北齊的顏之推在他的《顏氏家訓》中說:「但成學士,自足為人,必乏天才,勿強操筆也。」就與品達羅斯的觀點差不多。魯迅也承認天才,他在《墳‧未有天才之前》一文中明確提到:「天才大半是天賦的。」雖然他也強調後天的重要性。崇尚浪漫主義的創造社作家郁達夫更服膺於歐洲浪漫派的天才觀。魯迅在他 1907 年的〈摩羅詩力說〉中說到「性解」時,特地在這個詞的後面用括號註明英語「Genius」,也就是「天才」。日本著名的魯迅研究專家伊藤虎丸指出:魯迅在這裡「使用的『性解』(Genius)或『天才』一詞,其語義還含有它本來具有的『魔』(神魔)之意。是……屬於『文藝復興人理想』的『天才』的譜系,它具有『獨創的、創造的、建設的、行動的性格』。」而創造社所說的天才,「則代表著具有早熟的性格和富有靈感的『敏銳感覺』,從而能先於一般群眾而敏銳察覺到時代的苦悶的先進人物」。(孫猛等譯)

三、天才的研究、演變與理解

回顧天才研究的歷史只能讓人感到這是一個人們普遍關心、引發人們濃厚興趣的問題，重要的是要進一步深入考察：怎樣的人才算得上是真正的天才？而這天才又是怎樣發生的？

2、天才和「潛在天才」

的確，許多天才都有豐滿的腦容量，但有些天才的腦容量並不豐滿，而有些普通人儘管有豐滿的腦容量，又無論如何也算不上是個天才。這就如許多學者說的，天才最重要的象徵是富於創造性：有些天才人物從小就顯示出這種創造性，有些則要到晚熟後才顯示出來，另外還有一些人，小時候看起來像是富有超人的才性，似乎長大後定然是個天才人物，但最後終究也沒有顯示出這種極大的創造性來，因而仍舊算不上是一個天才人物。

小提琴家的兒子沃爾夫岡·阿瑪迪斯·莫札特（Wolfgang Amadeus Mozart, 1756–1791）從小就顯示出卓越的音樂天才，3歲即能辨認撥絃琴鍵上奏出的和弦，4歲能彈短小樂曲，5歲還會作曲，信筆把曲譜塗寫到紙上。不到6歲，他父親把他和與他同樣富有音樂才華的姐姐瑪麗婭·安娜帶往慕尼黑，在巴伐利亞宮廷演奏；數個月後，又去維也納，在奧地利帝國的皇宮以及貴族宅邸表演；後來還發展到在公共場合和教堂即興作曲演出。就在1762年的10月13日，莫札特穿上一件鑲金絲花邊的淡紫色外套，由父母帶著來到申布倫宮（Schonborn，亦譯「美泉宮」），坐到鋼琴前演出，受到瑪麗亞·特蕾莎女王的觀見。1767年或68年的9月，莫札特又由家人陪同再次去維也納，並在宮中指揮了自己的一部作品。在這裡生活的十五個月中，莫札特接受德國醫生、現代催眠術的先驅弗朗茲·安東·梅斯梅爾（Franz Anton Mesmer）的邀請，用德語寫了一

部獨幕歌唱劇《巴斯蒂安與巴斯蒂安娜》(*Bastien and Bastienne*),於當月在梅斯梅爾的花園裡進行首場演出。第二年,少年作曲家即被任命為薩爾茨堡宮廷名譽指揮⋯⋯

1770 年 1 月,14 歲的莫札特就創作出作品

僅僅以此來說明莫札特是一個成就卓著的天才是不夠的。

音樂能力是最具獨立性、也是最富先天性的智慧,它只需很少的外界刺激便能顯示出來。一個人如果先天具有一副好嗓音,情感激發之時,隨便哼哼,也可能哼出一段旋律相當優美或者異常深沉的曲子。不像文學,非得要有相當的生活累積,才可能寫出一篇生動的小說或者一首好詩。這就是為什麼在音樂領域最容易看得到少年天賦的原因。在古典音樂家中,不少都像莫札特那樣,在少年時就天賦外顯。德國作曲家、鋼琴家和指揮家費利克斯・孟德爾頌(Felix Mendelssohn, 1809–1847)甚至比莫札特還早成為一名演奏能手,童年即作有大量樂曲,包括五部歌劇、十一部絃樂與交響曲、協奏曲、奏鳴曲和賦格曲。現代小提琴大師、美國的耶胡迪・梅紐因(Sir Yehudi Menuhin, 1916–1999)四歲開始學琴,七歲公開演奏孟德爾頌的協奏曲,引起轟動,十多歲廣泛巡迴

三、天才的研究、演變與理解

演出,以其嫻熟的技巧獲得讚賞。

例子還可以一直舉下去,但僅這些已經足夠使人在心目中覺得,天才都是一個個超人,他們天資卓絕、悟性過人、才能非凡、成就輝煌,同時還可以看到他們往往又個性特異、行為怪癖,常常像是一個瘋癲的精神病患。莫札特就是一個循環性情感疾患者(cyclothyme)。而所有這些,又都是先天與生俱來的。因此,這些人對人們而言,就充滿神祕之感,必欲一究其風采,探求其生理、心理的奧祕;甚至對天才本身,即什麼是「天才」,或者說什麼樣的人才稱得上是「天才」的問題,也有諸多討論。

沒錯,說「天才」首先是指超常的智力,或者具有超常智力的人,這在學術界是比較一致的看法。但是怎麼看待這所謂的「超常智力」,卻有不同的理解。特曼的看法可作為一種代表性的意見。

劉易斯・馬迪森・特曼(Lewis Madison Terman, 1877–1956)是美國的一位心理學家,他於1902年畢業於印第安那大學,1905年獲克拉克大學哲學博士學位;1910年起在加利福尼亞的史丹佛大學任教,六年後升為教育學教授,就在這年,作為對法國人比奈－西蒙智力測驗的修訂和補充(Stanford Revision of the Binet-Simon Intelligence Tests),他發表了專著《智力測驗》(*The Measurement of Intelligence*)。隨後,從1922年至1942年,他持續擔任史丹佛大學的心理學系主任至退休。另外著名的著作還有《學齡兒童的智力》(*The Intelligence of School Children*, 1919)、《天才的基因研究》(*Genetic Studies of Genius*, 1925–1930)和與人合著的《性與人格》(*Sex and Personality*, 1936)等。

美國心理學家劉易斯‧馬迪森‧特曼

阿爾弗雷德‧比奈（Alfred Binet，1857-1911）被認為是他那個時代法國最偉大的心理學家。早在1889年，比奈就與友人一起，在索邦建立了法國第一所心理實驗室，六年後又創辦了法國第一種心理學期刊《心理學年報》（L'année psychologique），進行兒童研究和實驗教學。他還用標準化測驗記錄個體差異的方法，研究了許多作家、藝術家、數學家和棋手等智力卓著的人物，並經常觀察他們的體型、筆跡等特徵，以作為正式測驗的補充資訊。根據這些經驗，他撰寫成他的重要著作《智力的實驗研究》（L'étude expérimentale de l'intelligence），於1903年出版。隨後，他在1905年與友人一起，第一次設計編出了測試學校兒童智力的量表，後來於1908年和1911年又作了修訂，產生很大的影響。比奈相信，兒童的智慧會隨著他生理上的成熟而增加，因此必須為不同的年齡制定常規，這個年齡常規就被稱為「心理年齡」。

三、天才的研究、演變與理解

法國偉大的心理學家阿爾弗雷德·比奈

特曼和他的合作者在修訂比奈的量表時,把表中的比例改稱為智商(intelligence quotient,IQ),這個公式數十年來一直都是標準公式。特曼的智商是以經過標準化測驗測出的「智力年齡」除以「生理年齡」,再乘以100,來表示一個人智力水準的數值:IQ——智商為100的人,被認為智力均常;IQ在100以上者被視為天才,低於70以下被認為智力發育不全。特曼認為這IQ要相對穩定。不過對他的這個看法,也有人提出質疑,如《實驗心理學史》的作者、當代美國心理學史專家埃德溫·G·波林(Edwin G. Boring)就覺得,這「似乎是說一個成人的智力可由兒童早期,也許甚至在初生時就可以預測出來。」

但特曼的確是這樣認定的。特曼相信,按照他的測驗計算,既可以確定天才,也可以確定白痴。

在第一次世界大戰期間,特曼設計出第一個著名的團體智力測驗,以防止低能、不合格的人混進部隊。這測驗被認為是成功的,影響所及,當時普遍的觀點都相信,人的智力是先天生就的,「除了青少年期成熟時所有的自然變化之外,智力程度上的巨大變化是不會發生的。」特

曼在1921年又發起一個研究天才的綜合長期計畫,對加利福尼亞州1,528名 IQ 在 140 以上的高智商兒童,或者說是有高天賦的兒童進行了醫學、人類學、心理學方面的檢查,並描述他們的興趣、學業成績、讀書和遊戲範圍。這項研究使特曼和他的合作者寫出了三卷本的鉅著《天才的基因研究》。研究所取得的數據證明,天才兒童往往比一般兒童更健康、更穩定。特曼原本還計劃將研究進行到 2010 年,可惜他在進行了三十五年後便去世,計畫自然只好中止。

特曼以他的研究所形成的天才觀,不僅得到某些同行的認同,《近代心理學歷史導引》的作者、美國心理學史家加德納‧墨菲和約瑟夫‧柯瓦奇從歷史的角度也幫助證明:「按照早期的看法,智力完全是我們『生來就有的』,它是人性的一個固定特徵,而每一個人的智力水準是一個就像胎記那樣的固定特徵,它反映著一定的基因結合所能產生的東西。」(林方等譯)只是,是否僅僅單憑智商就能夠肯定什麼人是不是天才呢?現在越來越多的人都傾向於認為,標準化智力測驗中成績突出者,只是代表著智商高,這只不過是一種潛力,而不是成就。或者說,他們只能算「潛在天才」,還不能說這類人就已經可以被看作是真正的天才人物了。

根據有關智商測驗的統計學研究,95%的人智商都在 70～130 之間,15%的人智商在 85～115 之間,人們認為特曼把智商在 140 以上的兒童稱為「天才」,即使他們只約占全人口的千分之四,這個標準仍定得太低了,應該只占千分之一、甚至更少才差不多。更重要的是,如今比較一致的看法是,天才不能只看智商,而應該具有由傑出的實際成就反映出來的高度創造性,並能以超常的智力,而不是由於家系背景的關係,在藝術、科學或其他方面,作出無論在他生前或者死後都具有極高價值的創造的人物。特曼與朋友(M. A. Merrill)一起於 1937 年對比奈的量表進行最新的修訂時也說:「一個人的工作能否證明可以尊稱為『天

三、天才的研究、演變與理解

才』，除了 IQ 之外，還需要許多其他因素來決定——如特殊技能、能力、動機和其他個性因素。」天才研究的歷史中，很多學者都表達了這樣的看法。本身也是天才、啟蒙運動最重要的思想家伊曼努爾·康德（Immanuel Kant, 1724-1804）以他偉大哲學家和思想家的思維，相信「天才是天生的心靈稟賦」，「天才就是天賦的才能」，而這「稟賦」和「才能」得要由其實際成就展現出來。康德在一本研究「人作為自由行動的生物」其自身之所作所為的著作《實用人類學》中，論述人的「認知能力的獨創性和天才」時，就強調「天才」應具有實際且偉大的「獨創精神」，例如他說，具有發明和發現的才能自然可以被稱為天才。

不過人們總是只把這一稱號給予一位藝術家，也就是一位懂得製造出某種東西的人，而不給僅僅是了解和知道許多事情的人；此外，也不給予一位只會模仿的藝術家，而給予一個首創性地生產出他的作品的藝術家；最後，也只給與一個使他的作品成為正規化的、值得大家模仿的榜樣的藝術家。所以一個人的天才就是（康德在《判斷力批判》中說的——余）「才能的正規化的獨創性」。但人們也把一個對此具有稟賦的人物稱之為天才，這樣一來，這個詞不光用來指一個人的自然天賦，也用來指這個人本身。在許多領域都成為天才，這就是一個博大的天才（如李奧納多·達文西）。」（鄧曉芒譯）

法國思想家、啟蒙主義的代表人物德尼·狄德羅（Denis Diderot, 1713-1784）說得好：「想為天才下定義的人，對他的感受多於對他的認知。應該由天才來介紹他自己。」這用在高爾頓身上是最合適不過的了，這位英國人類學家所開創的觀點——天才應具有由傑出的實際成就反映出來的高度創造性，近百年來更為流行。的確，對高爾頓來說，研究天才不但是他的興趣所在，也有他的優異條件。

弗朗西斯·高爾頓（Sir Francis Galton, 1822-1911）出身於英國伯明翰

一個在動產、實業方面都大有資本的公誼會世家，從小就顯露出學術上的前景：四歲那年，他就能做加減乘除法，能讀懂任何英語讀物，能流利地講拉丁文，還能說幾句法語。有專家說，如果讓他接受智力測驗，他的智商或許可達200，屬於最高智力者中的一位，可以和19世紀偉大的德國自然哲學家約翰·彌爾、德國大詩人約翰·沃爾夫岡·歌德和德國大數學家兼哲學家戈特弗里德·威廉·萊布尼茲等人媲美。

不論是最初入愛德華國王學校，還是在伯明翰總醫院作一名醫學生，或隨後進倫敦國王學院和劍橋大學三一學院接受正規教育，高爾頓都一次次顯示出他超常的才賦。一方面他興趣廣泛，氣象學、地理學、指紋學和心理學等都無不喜歡，他所發表的九部專著和大約二百篇論文，內容涉及指紋的應用、微分學、雙胞胎、輸血、犯罪行為、不先進國家旅行技術和氣象學等各種問題；另一方面，他成績突出，就學時就獲得過解剖學、化學、法醫學的最高獎。分別於三十一歲和三十六歲時，被選為皇家地理學會會員和皇家學會會員，他的研究在許多方面都為後人開闢了新的領域，表明他實實在在算得上是一個天才。

高爾頓是徹底把變異、選擇和適應的原理，應用於人類個體和種族研究的第一人。

以往的工作已經表現出高爾頓以後具有畢生獻身於統計學和遺傳學的基本優勢，他自己的經歷更加深了他研究遺傳和天才的熱情。

1853年8月，高爾頓與路易絲·巴特勒結婚。路易絲的父親喬治·巴特勒原是劍橋大學高年級數學考試一等獎得主，後來還擔任了創立於1571年的著名學府哈羅公學的校長，最後又成為彼得保羅大學校長，自不待言，是一位頗有成就的人物。作為他的子女，不僅路易絲是個聰明伶俐的少女，她的四個兄弟無一不是富有才智的人，他們都曾獲得第一等的學位，而且個個都成為公立學校的校長或律師。這使高爾頓覺得，

三、天才的研究、演變與理解

這一家族的智力可有力支持他以前曾經思考過的、把動植物的遺傳應用到人的設想；他的表兄查爾斯·達爾文在其著作《人與動物的情感表達》中，相信人的身體得之於動物祖先的遺傳，提出了動物和人之間是否有連續性的問題。高爾頓由此立即連繫到心理的遺傳。於是，他便重新開始思考智力遺傳、雙生、優生這些方面的問題。正如高爾頓在他一部著作的「序言」中所言：「我從思考我的同時代人在中學、院校和晚年的氣質和成就開始，發現才能似乎常常都是繼承而來的。後來我對各個歷史時期大約四百多名傑出人物的血緣關係進行了一次粗略的調查，結果如我的看法一樣，除了有限的尚需進行研究外，完全可以確定天才來自遺傳這一理論。於是我開始蒐集了大量周密選擇過的傳記資料。」

不過不同於特曼，高爾頓研究的不是那些僅僅具有高智商的「潛在天才」——兒童，而是已經顯示出傑出的成就和創造性的真正天才。

高爾頓相信，量的測量是成熟科學的一項象徵，於是他採用比利時統計學家兼社會學家阿道夫·凱特爾（Adolphe Quetelet, 1796–1874）將統計學和機率論應用於社會現象的常態定律，把天才產生的次數化作天才程度的測量來研究。

高爾頓就以這種量的方法，來研究經過他精心選擇，在智力、才能和身材、眼睛顏色以及疾病等方面都富有特徵的貴族、軍人、詩人、作家、畫家、牧師、音樂家、裁判官、政治家、科學家和划槳能手、摔角運動員等著名人物的家庭，確立一份以字母分級的量表，一方面由剛出於「中才」之上的A，上溯到G和G以上的X各級；另一方面由位置於「中才」以下的a，下降至「白痴及愚笨」，如f、g及x。這樣，經過四十年嚴肅認真的統計和研究後，他寫出了被認為是「關於各家天才遺傳的一種審慎傳記研究」《遺傳的天才》（*Hereditary Genius*, 1869），和《英國科學家》（*English Men of Science*, 1874）、《人類才能及其發展的研究》（*Inquiries into Human Faculty and its Development*, 1883)等幾部重要著作，得出的結論是，智力的特徵和體力的特徵同樣遺傳自祖先，而其信念之強足以形成他個人的宗教哲學；證明無論是天才或者是白痴，都是先天遺傳的。

高爾頓曾經深入研究過二百八十六名裁判官的親密家系，發現這些人，九人當中就有一人是另一個裁判官的父親、兒子或兄弟，並且都是些「精力旺盛、機敏伶俐、注重實際、樂於助人的人」；而同是這些裁判官的另一些近親，又都是醫生、主教、詩人、小說家或最高等的陸軍軍官。關係比較間接的親屬，有卓越成就的比例就較低。他對一百名皇家學會會員所作的類似研究，也獲得同樣的發現。根據這樣的研究，特別是這些統計學資料，高爾頓肯定了聰明才智的遺傳作用，相信在每一個例證中，那些人物不僅繼承了天才，像他們一系列前輩人物所顯示的那樣，而且還繼承了前輩的才華的特定形態，認為優越的智力才能往往以一種特別的形式，例如在科學、法律、藝術或者實業方面重現於家庭中。在家庭中，後裔具有智力才幹的比例超過以數學或然率所計算的比例。高爾頓用如下公式來表示這一比例：

父母兩人對後代的遺傳是按比例二分之一或繼承總數的（0.5）；祖父母是四分之一，或$(0.5)^2$；曾祖父母是八分之一，或$(0.5)^3$，依次類推。因而祖先遺傳的總和，是$\{(0.5)+(0.5)^2+(0.5)^3$等等$\}$的級數表示，總體為1。

例如，高爾頓說，比起任意選取的一般人，同等數量的優秀者常有更多的優秀親屬，而且一位傑出的法學家或者律師往往出身於一個不普通的顯赫家庭，尤其是法律方面的顯赫家庭。如一個能幹的裁判官，他的兒子就要比普通人成功的機會大五百倍……。考慮到可能有人會不同意他的這個結論，說那是因為他有一個成功的父親幫助他獲得成功。於是高爾頓反駁說：他的統計資料還表明，正如裁判官有一個能幹的兒

三、天才的研究、演變與理解

子一樣,他也常有一個能幹的父親,難道能夠說這個孩子會有很多機會去教育和栽培他的父親嗎!於是就把反對者的口封住了。當然,天才是極其稀少的,高爾頓舉出數據是,一百萬或一百多萬人中,大約只有二百五十人的智力稱得上屬「優秀」,而只有一人稱得上是「傑出」,另一方面則大約有二百五十人是屬於毫無希望的低能或白痴。

英國心理學家和優生學的創始人弗朗西斯·高爾頓

有如高爾頓從查爾斯·達爾文的著作中得到了啟發,達爾文也受益於高爾頓的著作。達爾文在他劃時代的著作《人類的由來與性選擇》(1871)中承認:「透過高爾頓(Galton)先生令人欽佩的工作,我們現在知道,天才也傾向於遺傳,所謂天才就是高度才能異常複雜的結合;另一方面,同樣地,瘋狂以及退化的心理能力肯定也在一些家族中得到遺傳。」事實上,達爾文最初讀了高爾頓的《遺傳的天才》後就曾寫信給高爾頓,說:「在一定意義上講,你已經使一個持異議者改變其信念,因為我一直堅信除了資質最低下的人們之外,一般說來,人的稟賦不相上下,只是由於熱情與勤奮程度不同而成就各異。」

現在,天才的遺傳已經受到更多的人的關注和重視,相信沒有先天的稟賦,後天的「熱情和勤奮」只能發揮有限的作用,難以達到天才所能成就的創造高度,甚至根本無法達成。但是光有遺傳的、「潛在的」天賦,仍然算不上是一個真正意義上的天才。以「潛在的」音樂天才來說,美國哈佛大學教授艾倫・溫諾(Ellen Winner)在《創造的世界——藝術心理學》(Invented World: The Psychology of the Arts, 1982)中指出:「幼年的非凡悟性,父母的培養訓練,以及本人自發地刻苦學習,這三者對於一個作曲家或演奏家的成長是具有決定性的意義。」「儘管神童們的音樂才能出現得很早,但沒有嚴格的管教和正規的訓練,它是不會成熟的。」

1840 年 5 月 27 日,當「小提琴之王」尼科洛・帕格尼尼(Niccolò Paganini, 1782–1840)在法國尼斯去世的時候,著名的匈牙利音樂家弗朗茲・李斯特懷著無限悲痛的心情在訃告上寫道:「我毫不猶豫地說,再也不會有第二個帕格尼尼了。」李斯特的話也許過於絕對,但是就帕格尼尼所從事的領域來說,把他看成是歷史上絕無僅有的天才,是一點也不過分的,至少至今還沒有一個人達到像他這麼高的成就。

對於帕格尼尼的天才,當年的《巴黎評論》(Revue de Paris)曾這樣敘述他在巴黎的一次演出:

> 帕格尼尼是藝術領域中一個絕無僅有的現象,……他有著非常發達、非常靈巧的手指、手掌和腕關節。他的手像閃電一樣在樂器上飛速地移動著,而他的樂器就像是漂浮在空中,能夠自己找到自己應有的位置。……對帕格尼尼的琴弓與提琴最好的比喻是把它們比之於魔棍,比之於一根能使整個世界處於其控制之下的魔杖。

確實,帕格尼尼的演奏天才,只能使人想像是一支魔杖在揮動。不妨以他自己寫的〈無窮動〉(Moto Perpètuo)為例。這是一支非常難懂的曲子,直到今天,就連最優秀的小提琴家也極少人能夠演奏此曲;即使

三、天才的研究、演變與理解

能演奏，也得花三分三十秒鐘。而帕格尼尼，只需三分鐘就夠了。這就代表著帕格尼尼每分鐘必須奏出 126 個節拍，即 1,008 個音符，這難度是多麼高啊！更重要的是帕格尼尼以完美的音色把曲子闡述得十分明瞭，正如德國小提琴大師路德維希·斯波爾（Ludwig Spohr）所言：「他連拉得極快的時候都非常和諧！」帕格尼尼還喜歡以奇特的方式來炫耀技巧，他常在音樂會上才華橫溢地即興演奏，有時故意弄斷一、二根琴弦，然後用剩下的琴弦繼續演奏；他還經常僅僅靠下巴而不是用左手支撐，就讓小提琴牢固地保持恰當的姿勢，熟練自如地進行演奏，而且演奏時，能夠毫不費力地把拇指往後翻到不尋常的地步，並不需活動整隻左手，就使它各個指頭的第一指骨做出奇妙的屈曲動作，輕易、準確又敏捷⋯⋯這使他的巴黎私人醫生弗朗西斯科·本納蒂（Francesco Bennati）驚嘆不已，說：「一定是造物主讓他在實踐中完成這種構造特性。」

說得對。小提琴是最難以駕馭的樂器之一，帕格尼尼卻以他無與倫比的技巧，打破了音樂史上的一條「準定律」：不朽的偉大只有作曲家才能獲得。作為一個著名的例外，帕格尼尼不是因為創作出多少名揚樂壇的小提琴曲，而是由於他的演奏，才贏得永久的稱頌。他是以他在實踐中學習、培養和訓練，才使自己先天的才賦獲得充分發展。

從五歲起，當帕格尼尼的父親發現他的兒子具有不平凡的音樂才賦後，就把他關在房間裡，也有人說是關在地牢裡，逼著他開始練習演奏，每天連續十個小時以上。只有在六歲那年，有一次因麻疹或猩紅熱之類的疾病出現「強直性昏厥」、幾乎死去才中斷過幾天。隨後尼科洛即師從劇院管絃樂隊的小提琴手安東尼奧·塞爾維托（Antonio Cervetto）和熱那亞首屈一指的小提琴家賈科莫·科斯塔（Giacomo Costa），正式學習小提琴。後來，他又去義大利北部的帕爾馬向小提琴大師亞歷山德洛·羅拉（Alessandro Rolla）求教。此後，不管在什麼時候，儘管他生活放蕩

不羈，也從未停止過探索技巧。在他去世的時候，人們發現他個人竟擁有二十二把極有價值的樂器：其中七把小提琴、兩把中提琴及兩把大提琴，都出自安東尼奧‧斯特拉迪瓦里（Antonio Stradivari，1644-1737）之手，後者被人們公認是最著名的義大利小提琴製造家，使小提琴製作工藝達到臻於完善的地步。另外，有兩把小提琴是來自於義大利著名小提琴製造家族阿馬蒂家族（Amati family）；四把是來自於另一個義大利著名小提琴製造家族瓜奈里家族（Guarneri family）；特別有一把他最喜歡的，是瓜奈里家族中最偉大的小提琴製造家瓜奈里‧德‧耶穌（Guarneri del Gesù, 1687-1745）於 1742 年製作的。從這也可以看出，帕格尼尼甚至對他所使用的小提琴也那麼在意，他是多麼希望自己的技藝，在各方面都達到完美啊！

「小提琴之王」尼科洛‧帕格尼尼

帕格尼尼的事例充分說明了一個「潛在天才」是怎樣成為真正的天才的。莫札特也是以他在所有音樂體裁中創作出的偉大作品，證明他從一個神童成長為所有作曲家中最高的全才，和西方音樂史上最偉大的作曲家之一。

三、天才的研究、演變與理解

四、
從多方面解釋「天才」

四、從多方面解釋「天才」

有一句不知出處的「名言」曾經一直被廣泛應用，說「天才就是勤奮」、「天才是百分之一的天分加上百分之九十九的汗水」。固然，天才也離不開勤奮，光有天賦而不勤奮，只能算「潛在的天才」，而不是真正的天才；可又有誰見過沒有先天的稟賦、僅是依靠勤奮而成為真正天才的呢？

如今，實事求是的學術之風使「天才」的問題可以作為研究的一個領域，有了比較寬廣的自由度，而且在報刊上不時也可以讀到有關歷史上或現實中具有天生特異稟賦的人物介紹。這就為研究天才的發生打開了一條門徑。

那麼，天才到底是怎麼產生的呢？從天才的研究歷史來看，有關天才發生的認知，經歷了一條從臆測到科學的途徑，歸納起來，主要的有代表性的觀點大致有四種。

1、「神力」說

尤維納利斯（Juvenal，55 至 60? – 約 127）是古羅馬最有影響力的一位諷刺詩人，以所寫的十六首文辭優美、充滿警句的「諷刺詩」而聞名，這些詩篇不但受到義大利的喬萬尼·薄伽丘、法國的尼古拉斯·布瓦洛和英國的喬治·拜倫等著名詩人所模仿，詩中的那些警句，兩千年來還一直被人引用，如他的著名警句：Mens sana in corpore sano（健全的精神寓於健全的軀體），歷來就被很多人奉為至理名言。不過，它也受到一些人的質疑。身為醫生的俄國作家安東·契訶夫在他的《手記》中就說道：有一對夫婦，到了臨死的時候，開始懷疑起自己畢生奉為生活準則的這個學說，暗暗自問：「所謂 Mens sana in corpore sano 之說，或許是謊話吧？」

「健全的精神寓於健全的軀體」到底是一句經得起實踐檢驗的真理，還是一句令人懷疑的妄言？歷史上就有很多患病的、甚至殘疾的人，他的精神不但十分健全，甚至可以說比一般的健康人都更完美。如果說古希臘兩部最偉大史詩《伊里亞德》和《奧德賽》的作者荷馬是盲人，可能只是傳說；那麼英國大詩人約翰·彌爾頓（John Milton, 1608-1674）聞名於世的長詩《失樂園》、《復樂園》、《力士參孫》都作於他雙目失明之後，則完全是事實；而且雅典政治家、公認是古希臘最偉大的演說家狄摩西尼（Demosthenes，西元前384- 西元前322），原本也是一個體質纖弱、天生口吃的人。類似的例子還有很多很多，這使日本當代文藝理論家、玉川大學的教授濱田正秀相信，與健康的肉體相比，「精神健康更顯得可貴」；並進而宣稱：「病弱的肉體中寓有健全的精神，才稱得上是天才。」

英國大詩人約翰·彌爾頓

當然，像這樣肯定「病弱的肉體中寓有健全的精神，才稱得上是天才」，把天才與疾病連繫在一起，或者說天才來源於疾病，並不是由濱田正秀首創，也不是今日才提出來的，而是一個自古以來就被廣泛認定的觀念。

四、從多方面解釋「天才」

是的，在有關創造性的研究中，尤其是像詩歌、音樂等精神創造、藝術創造，古今中外，歷代的哲學家、思想家與文學家幾乎都無一例外地強調先天才性的決定性作用。中國三國時代曹操的長子曹丕（187–226）在他那可謂中國文學批評史上的經典之作《典論・論文》中強調，這種作用是天才人物所獨具的：「至於引氣不齊，巧拙有素，雖在父兄，不能以移子弟。」即是先天而非遺傳。古希臘三大哲學家蘇格拉底（Socrates，西元前469–前399）、柏拉圖（Plato，西元前428/427?–?348/347）、亞里斯多德（Aristotle，西元前384–322）同樣異口同聲地宣稱：「「詩人的才能是天賦的」、「如果沒有上天的稟賦，一切努力也是徒然」、「荷馬的本領並不是一種技藝，而是一種靈感」、「詩的起源彷彿有兩個原因，都是出於人的天性」。

可是天才人物所獨有的這種天賦才性是怎麼獲得或者怎麼形成的呢？遺傳有時自然可以作為一種解釋，但遺傳無法解釋第一個天才的才性，也解釋不了並無才性的祖輩為何會有天才的後裔。於是，最早出現的是一種神力作用的理論，這理論可以蘇格拉底和柏拉圖這兩位古典哲學家的論述為代表。

蘇格拉底說，天才詩人的「本領並不是一種技藝，而是一種靈感」；這靈感是怎麼來的呢？蘇格拉底認定，那是因為「有一種神力在驅遣」。蘇格拉底沒有自己主動撰寫什麼著作，他的一些言論都是由他的學生們記下來的。在柏拉圖《對話錄》的〈斐多篇〉裡，柏拉圖提到蘇格拉底說過這麼一段話：

……有一種迷狂是神靈的稟賦，人類的許多最重要的福利都是從它來的。就拿得爾福的女預言家和多多那的女巫們來說吧，她們就是在迷狂狀態中替希臘造了許多福澤，無論在公的方面或私的方面。若是在她們清醒的時候，她們就沒有什麼貢獻。再比方說西比爾女仙們以及一般

受神靈感召而能預言的人們，對於許多人們都預先指出未來的路徑，免得他們走錯。像這類事情是人人都知道的，用不著多舉了。（朱光潛譯）

上述的「得爾福」和「多多那」，原文為 Delphi 和 Dodona，現譯「德爾菲」和「多多納」，是古希臘阿波羅神廟所在地和位於伊庇魯斯的宙斯神殿，兩處都被認為是神諭的釋出地。德爾菲的女預言家是一個五十多歲的女人，多多納的女巫就是女祭司，還有傳說中的女預言家西比爾（Sibyl），據說都在迷狂狀態中占卜吉凶，以自己清醒時就不明白的語言給人「指出未來的路徑」，「替希臘造了許多福澤」。

德爾菲的女預言家畫像

在這段話裡，朱光潛先生譯為「迷狂」的這個詞，希臘文的原文是 μανικε。大英百科全書公司 1980 年出版的五十四卷本《西方鉅著》（*Great Books of the Western World*）第七卷，柏拉圖卷的《對話錄》裡，把它譯為 madness；朱光潛先生的譯本將它譯為 mania。因此，這個 μανικε 的意思應該是帶有精神病學術用語意含的「瘋狂」或者「瘋癲」，而不是完全中

四、從多方面解釋「天才」

性的「迷狂」。蘇格拉底不但說到預言家、祭司這類人，是在迷狂，即瘋狂或癲狂狀態中為人占卜吉凶，指引迷津，還明確肯定她們的這種才性是出之於神力的作用：

有一件事實是值得印證的，古代制定名字的人們不把迷狂（mania）看成恥辱，或是可以拿來罵人。若不然，他們就不會拿這名字加到預知未來那個最體面的技術上面，把它叫做「迷狂術」（manike）。他們所以這樣定名，是因為把迷狂看成一件美事，是由神靈感召的。……

這就使人毫無疑問地感到，蘇格拉底相信像這些能夠預知未來的天才人物，是由於她們所侍奉的神使她們失去了理智，在瘋癲且精神恍惚狀態下，憑附到她們身上，才獲得這種天才稟賦的。

柏拉圖自己對於天才，也持這樣的看法。在《對話錄》的〈伊安篇〉中，他這樣說到天才詩人創作的本領：

凡是高明的詩人，無論在史詩或抒情詩方面，都不是憑技藝來做成他們的優美詩歌，而是因為他們得到靈感，有神力憑附著。科里班特巫師們在舞蹈時，心理都受到一種迷狂支配；抒情詩人們在做詩時也是如此。他們一旦受到音樂和韻節力量的支配，就感到酒神的狂歡，由於這種靈感的影響，他們正如酒神的女信徒們受酒神憑附，可以從河水中汲取乳蜜，這是他們在神志清醒時所不能做的事。抒情詩人的心靈也正像這樣，……因為詩人是一種輕飄的、長著羽翼的神明的東西，不得到靈感，不失去平常理智而陷入迷狂，就沒有能力創造，就不能做詩或代神說話。詩人們對於他們所寫的那些題材，說出那麼多的優美詞句，並非憑技藝的規範，而是依詩神的驅遣。……假如詩人可以憑技藝的規範去製作，這種情形就不會有，……神對於詩人們像對於占卜家和預言家一樣，奪去他們的平常理智，用他們作代言人，正因為要使聽眾知道，詩人並非借自己的力量在無知無覺中說出那些珍貴的詞句，而是由神憑附著來向人說話。」

古希臘哲學家柏拉圖　　　　　古希臘哲學家蘇格拉底

　　蘇格拉底和柏拉圖兩人的意思一樣，都強調「詩人只是神的代言人」，因此，他所寫的詩，「本質上不是人的而是神的，不是人的製作而是神的詔語」；作詩的時候，不但不存在什麼技巧的問題，就連詩人自己也不知道他究竟寫了些什麼，不是如蘇格拉底說的，「像那種占卦或卜課的人似的，說了很多很好的東西，但並不懂得究竟是什麼意思」；就是如柏拉圖說的，像「科里班特巫師們在舞蹈時，心理都受到迷狂支配」，「在不知不覺中說出那些珍貴的辭句」。

　　那麼，一個人是在什麼樣的情況下，才能得到神的「憑附」，或者受「詩神的驅遣」，成為一個天才詩人呢？

　　蘇格拉底和柏拉圖生活的古希臘時代，人們的心目中普遍存在有「萬物有靈論」的觀念，相信每一個水泉都有一個仙女，某一座森林都有一個山精；奧林帕斯山的宗教明顯地帶有神人同形同性的色彩，希臘神話中的許多神都與人間的男女來往，甚至發生性關係；而且現實中的女子也可以以神與她親近來解釋自己的婚外情，而不受丈夫的指責。有九

四、從多方面解釋「天才」

位掌管文科學術乃至科學的繆斯的存在，更是詩人、哲學家和其他人一致的信念。如果不是「莫須有」，今日的人簡直無法理解「不信神」怎麼可以成為蘇格拉底的一條罪狀。權威的《大英百科全書》寫道：

> 蘇格拉底顯然是一位性格令人難以理解但卻極為虔誠的人。他認為，包含著關於天上諸神種種荒唐而猥褻的神話故事，其實純粹是詩人的虛構之說。但他又認為，就實際行為而言，一方面，他自己可以對作為世界統治者的天神懷有強烈的信仰，另一方面，這種信仰的禮拜方式又可以遵循「城邦的老規矩」行事，把這兩者結合起來是很容易的。在他看來，「神的存在」不僅可以用上天安排的自然界森羅萬象的秩序以及他自己內心中無處不在的對神的信仰來證實，還可以透過夢、徵兆和預言所給予的警告和啟示而表現出來。人的靈魂帶有神性，而且正如柏拉圖在〈斐多篇〉中所提出的，蘇格拉底相信靈魂不朽。

蘇格拉底、柏拉圖更是對神的存在懷有虔誠的信念。他們都相信天才的產生於「神聖的瘋狂」，認為「神對詩人們像對占卜家和預言家一樣，奪去他們的平常理智，用他們作代言人」。這就是說，神是在詩人陷入瘋狂之時，將自己的「神力」依附到他的身上，讓他來作自己的代言人。

這當然是一個無法重現、更無法證明的命題，但卻可以找到大量被認為可信的記述來為作它的佐證。

從原始時代起，直至近代文明社會，仍有很多人相信祭司、巫師、薩滿等人具有超自然的力量，他們不但會治病，還能占卜未來。這些人的這種天賦才能是怎麼來的呢？這是方志學家和人類學家們十分感興趣的事，如對於薩滿，他們的著作中就有很多詳細的記載和描述。

薩滿（shaman）可以說是人類所知的奧祕經驗中最古老的一種，這是許多民族類似宗教體系中被認為能與世外世界溝通的人，他不但主持社

群的祭祀,還會占卜、治病、預見未來、尋找失落的人和物,據說甚至能護送死者的靈魂前往世外世界。他的這種才能,像天才人物一樣,一般是世襲遺傳的,如果沒有遺傳的機遇,要想獲得,只有經歷一番類似於瀕臨死亡的過程之後才有可能。如:有這一需求的人必得獨自居住、定時禁食和祈禱;隨後往往要以自我摧殘來折磨肉體,有時還要越過大火、洞穿木板、沉入水底;這樣,隨著熱情劇增,在他們病態無意識的精神恍惚中,才可能有神鬼附身。美國著名的人類學家羅伯特·F·墨菲(Robert F. Murphy, 1924–)在他的《社會人類學引論》中提到這些人情況常常是:

採取自我鞭笞的方式以誘發意識的極端狀態來感受幻覺。有些人不吃不喝靜坐在樹木殘枝上,另一些人割下一節手指以引起精靈的同情。在折磨中,追求者一般陷入像是著迷的狀態,正是此刻一個精靈會對他說話並把自己認作是此人的保護人。在著迷期間,精靈也用據信具有內在力量和一致性的符咒保護其他崇拜對象的準備來教導見幻象的人。

20世紀最傑出的醫學史家、瑞士出生的亨利·E·西格里斯特(Henry E Sigerest)在出版於1951年的鉅著《醫學史》(*A History of Medicine*)中,也曾根據史料描述俄羅斯遠東地區科里亞克民族(Koryak)的原住民薩滿,在經過種種自我摧殘之後,處於這樣的瀕死狀態:

即將成為薩滿的人會交替出現極度疲憊衰竭和突然全身發作痙攣狀態。他們會不飲不食,一動不動地在那裡躺二、三天。最後,他們又躺到荒原野地裡,在那裡忍受飢餓和寒冷,以準備接受(神鬼的)召喚。

四、從多方面解釋「天才」

1908年俄羅斯帝國的阿勒泰薩滿

當代美國著名人類學家馬文・哈里斯（Marvin Harris）在他的《文化人類學》一書中，還曾引用里約熱內盧國立博物館出版的1943年第3期《人類學雜誌》所收錄文章中，對一名薩滿取得超自然力量過程的詳細描述，並強調薩滿在透過一系列的追求後，最後「開始身體僵硬，全身出汗，呼吸沉重，接著便失去了神志」，終於陷入「變態」、「著魔」的「失神狀態」之時，才獲得這種力量的。

中國鄉間有一些女巫，被認為會施行「招魂術」。她們在親人報出死者死亡的年齡和日期以及墳墓的地址和朝向之後，據說也能將死者的靈魂招至他的子女跟前，述說在他死後家中的種種際遇和事故，使聽者無不信以為真。而這些人大都也是在某次病得幾乎死去、陷入沉迷、重新轉好活過來之後，才據說是因有神鬼附身，使她獲得這種妖術的。

柏拉圖在〈伊安篇〉中說到的「科里班特巫師」，情況也很相似。

「科里班特的巫師」（Corybantian reveller）是古代東方和希臘－羅馬世界所崇拜的眾神之母的眾侍者之一。「眾神之母」（Great Mother of the Gods），又稱賽比利（Cybele），是古代東方和希臘－羅馬文化區傳說中的一個半神半妖、野性十足的精靈。她愛上了司草木之神阿提斯（Attis），阿提斯是由童貞女性娜娜（Nana）因懷裡放了石榴而受孕生下的兒子，是位年輕貌美的牧羊人。對賽比利或阿提斯的崇拜，儀式中的一項主要內容是狂歡、狂舞，在這種場面中，巫師們甚至一般的觀眾，「心理都受到一種迷狂支配」，失去了理性，相信或被認為他自己「有神力憑附」。

傳說中的「眾神之母」賽比利

天才的發生，如天才詩人作詩，情況也與這些巫師受狂迷所支配一樣，以致德國最有影響力的思想家之一弗里德里希·尼采（Friedrich Nietzsche, 1844–1900）在他 1878 年的格言式作品《人性的，太人性》中，乾脆就把詩和藝術的創作說成是「作為招魂女巫的藝術」。尼采在他的第一

四、從多方面解釋「天才」

部著作《悲劇從音樂精神中誕生》(1872年)中,是如此描述這種天才／藝術的發生:在這部著作中,尼采以太陽神阿波羅和酒神戴歐尼修斯來作為藝術的起源、本質和功用,甚至是人生意義的象徵。他指出,酒神狀態是一種癲狂狀態。像是古希臘的酒神節一樣,在古代,從羅馬到巴比倫,幾乎在所有地區,都存在酒神節。「這些節日的核心都是癲狂的性放縱」:「人輕歌曼舞,儼然是一更高共同體的成員,他陶然忘步忘言,飄飄然乘風飛揚。他的神志表明他著了魔。……超自然的奇蹟也在人身上出現:此刻他覺得自己就是神,他如此欣喜若狂、居高臨下地變幻,正如他夢見的眾神的變幻一樣。」

酒神的興奮能夠向一整批群眾傳導這種藝術才能:看到自己被一群精靈所環繞,並且知道自己與它們內在地成為一體。……這裡,個人透過逗留於一個異己的天性而捨棄了自己。而且,這種現象如同傳染病一樣蔓延,成群結隊的人們都感到自己以這種方式發生了魔變。……

魔變是一切戲劇藝術的前提。在這種魔變狀態中,酒神的醉心者把自己看成是(半人半羊的森林之神)薩提爾,而作為薩提爾他又看見了神,也就是說,他在他的變化中看到一個身外的新幻象,它是他的狀況的日神式的完成。戲劇隨著這一幻象而產生了。(周國平譯)

尼采在這裡是企圖以心理學的原理來闡明這種靈感爆發的情景。

德國最有醫學素養的思想家之一,尼采

1、「神力」說

不僅是尼采,相信天才確實有神力或者魔力依附的,大有人在。由於生活飄逸不羈、創作神速而被稱為「詩仙」的唐代詩人的李白(701-762)「五歲誦六甲」,不到十二歲即憑想像寫出一篇洋洋千言的〈大獵賦〉,大有司馬相如的風格,以致被懷疑是對這位西漢辭賦大家〈子虛賦〉的仿作。從此,這個少年便被認為有神思及奇才。此後,自他二十五、六歲出蜀開始,「一生好入名山遊」,「浪跡天下,以詩酒自適」,並喜歡隱居山林、求仙訪道和煉丹服藥,希冀成為一個超脫塵俗的隱士神仙。他好像隨時都能夠招來靈感,一揮而就。他的詩,雖然散失不少,但從至今尚存的九百多首來看,大多都為內容豐富多彩、可以傳頌千古的名篇。如被人轉述或改編得最多的是論述其創作《清平調》一事,此事就非常富有傳奇色彩:唐玄宗言:「朕對妃子,賞名花,有名曲無新詞,李愛卿為朕填來,讓李龜年歌之。」剛說罷,李白便應了一聲:「臣下這就作來。」立即就草成《清平調》三首:「雲想衣裳花想容,春風拂面露華濃。若非群玉山頭見,會向瑤臺月下逢。一枝紅豔露凝香,雲雨巫山枉斷腸。借問漢宮誰得似,可憐飛燕倚新妝。名花傾國兩相歡,長得君王帶笑看。解釋春風無限恨,沉香亭北倚闌干。」可謂千古絕唱。李白的這種天才,使人們不相信他是一個凡人。《新唐書》記載說,李白未盛名時去見詩人賀知章,「知章見其文,嘆曰:『子,謫仙人也!』」意思是,世上有這樣的人,除非是被謫降到人間的神仙。至於想像的故事,那就更多了。如說他的母親在生他的前一天晚上,曾經做過一個夢,夢見天上的長庚星,也就是太白金星,突然從空中往下墜,鑽進了她的懷抱中。第二天清早天一亮,母親醒過來後不一會兒,就生下了他,於是就取名為「白」,字「太白」。不但是有關李白的「生」的傳說,還有他「死」的傳說。雖然一般相信他是在家中病逝的,但廣泛流傳的觀點是他的死也很奇特,如一種說法稱他在今日安徽的當塗醉酒泛舟時,誤認江

四、從多方面解釋「天才」

中之月是天上之月，他要俯下身去捉這月亮，不幸溺水而亡；另一種說法是，他確實曾捉月溺水，但並未因此身亡；「謫仙人」入水是為了騎鯨升天，人們相信他的確是騎著巨鯨飛到天上成仙了。

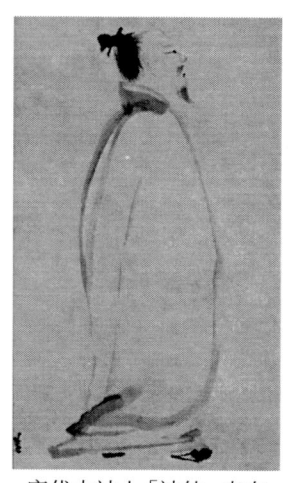

唐代大詩人「詩仙」李白

除去一般的常人，甚至一些醫學家，對天才也有這樣的看法。奧地利女王瑪麗亞・特蕾莎的御醫、兼任維也納大學醫學院院長的醫學權格哈德・范・斯維滕（Gerhard van Swieten, 1700–1772）曾寫到，說他曾親眼見到一個女人在瘋癲發作的時候，所說的話全是極其熟練又極為卓越的詩句，雖然健康的時候她未曾表現出一絲一毫的詩才。1839 年在巴黎出版的一部專著《瘋癲史研究》（*Trélat: Recherches historiques sur la folie*）對這種瘋癲的天才說得更為奇異，竟說在瘋狂或精神錯亂中，

一個無知無識的農夫會寫出拉丁文的詩篇；另一個會突然說出一句成語典故，這成語他以前從來沒有學過，其中的字，在病體恢復之後他是一個也不理解。（在瘋狂或精神錯亂中，）一個婦女會一首一首地唱她全然不知的拉丁文讚美詩和詩篇；一個頭部受傷的兒童會用德文演繹三段論法，而他不再病時，這種語言他就一句都不會說了。

奥地利女王御醫格哈德・范・斯維滕

由於這些生動事例的誘惑，使許多人難以擺脫對天才有「神力憑附」的信念。

2、「體液」說

「靈感」對於天才詩人創作的重要作用，不僅在古代的希臘、羅馬，就算在今日，也是一個相當流行的看法；而且一直來，還堅信這些天才人物總是帶有幾分瘋狂，以致有些自以為賦有天生才性的人，也往往不修邊幅、行為古怪、縱情酒色，裝出一副狂狷的模樣。但是在蘇格拉底和柏拉圖之後的亞里斯多德（Aristotle，西元前384–前322），雖然與他們一樣，相信天才與瘋狂有密切的關係，但對這天才會如何在瘋狂中發生，卻與他們的看法不同。

在他的美學著作《詩學》中，亞里斯多德聲稱：「詩的藝術與其說是瘋狂之人的事業，無寧說是有天才之人的事業。」據此書中文譯者羅念

四、從多方面解釋「天才」

生的注釋說:「一般校訂者把這句話解作:『因此詩人要有天才,或者有幾分瘋狂』……」表明亞里斯多德相信瘋狂對於一個天才詩人來說,是不可或缺的。不過亞里斯多德不像柏拉圖,他沒有把這天才的發生看作是在瘋狂中有神力憑附,而認為是「出於人的天性」,因為在他看來,「那些自始即有天賦的人,逐漸予以發展」之後,到後來便能「興之所至,出口成詩。」那麼亞里斯多德這裡所謂的「天性」指的什麼呢?

亞里斯多德出身於醫生世家,他父親任馬其頓國王阿敏塔斯三世的御醫,是以醫神阿斯克勒庇俄斯為名的學會的會員。醫學是古希臘某些家庭的世襲領域,子承父業也是當時的慣例,因此亞里斯多德從幼年時代起,便學習過行醫的基礎知識,並開始閱讀西方醫學之父、希臘最著名的醫生希波克拉底(Hippocrates,約西元前460-前377)的著作,使自己日後在醫學的基礎學科生物學研究中顯示出極高的才華。

古希臘哲學家亞里斯多德

亞里斯多德被認為是一位古代知識的集大成者,他的知識體系博大精深,包含了當時的絕大多數科學和多門藝術,涉及物理學、化學、生物學、動物學、植物學、心理學、政治學、倫理學、邏輯學、形而上學,還有歷史、文學理論、修辭學等;當然,他同時也是一位哲學家。

在他死後的數百年間，還沒有一個人像他那樣對知識有如此系統性的考察和全面性的掌握。

希臘醫學發展到以希波克拉底為代表的柯斯（Cos）學派的時期，可以說是達到了登峰造極的地步，「他們」，威廉·C·丹皮爾在《科學史及其與哲學和宗教的關係》中就這一學派指出，「他們堅決主張進行精微的觀察和周密地解釋症候」，「因而具有現代精神。」由此可見，家庭的醫學背景，使亞里斯多德與柏拉圖相比，較少受「萬物有靈論」思想的影響，而較多地接受由「具有現代精神」的希波克拉底學派所奠定的希臘醫學和生物學的概念和實踐。雖然從他的著作中來看，亞里斯多德常常從抽象出發，相信自然界的任何行為都有一個「最後因」，但是提到對某些事物的具體看法時，很多方面仍然是從物質面考量。希波克拉底承襲畢達哥拉斯學派的觀念，認為世界上一切的本質都可以在熱和冷、溼和燥這四種不同而相反的本源中找到；正是這四種性質的兩兩結合，才形成土、水、氣、火四種元素，再經由土、水、氣、火這四種元素按不同比例，組成不同的物質。亞里斯多德還相信希波克拉底學派的理論，認為人的軀體，也是由四種元素——他們稱之為「體液」（Humours）組成的。

被西方稱為「醫學之父」的希波克拉底

四、從多方面解釋「天才」

在希波克拉底（事實上當然不是他一個人所著）《論人類的自然性》的第四章中這樣說：

人的身體內有血液、黏液、黃膽、黑膽；這些元素構成了人的體質，透過這些元素便有痛苦的感覺或享有健康。這些元素的比例、能量和體積配合得當，並且是完善地混合在一起時，人就有完全的健康。當某一元素過多或缺乏時，或一元素單獨處於身體一處，或與其他元素不相配時，便感到痛苦。當一種元素離開其他元素而孤立時，不僅僅是它原來的地方要鬧病，就連它所停留的地方也要鬧病；因為過多了，就造成痛苦和疾病。事實上，當一種元素流出體外的量超過應當流出的量時，這個空虛處便釀成疾病。另一方面，假如體內發生這種空虛，即當某一元素移動或離開其他元素時，依上面所說的，人一定感到雙重的痛苦：一在該元素所離開的地方，一在元素所流向的地方。

希波克拉底「體液」學說的基礎是：相信構成人體的血液、黏液、黃膽汁、黑膽汁這四種體液，分別與火、水、氣、土有關，同時還受到各個星球作用的影響；人體的健康是由於體液的結合和諧（crasis），患病則是由於體液不調（dycrasis）；而且這些體液的組合不僅影響到肉體的健康或患病，還影響著人的精神，包括人的氣質、情感、行為和個性特質。如其中的血液過盛，此人就屬於多血質氣質，若是黏液、黃膽汁、黑膽汁這三種體液過盛，那麼他們便分別屬於黏液質氣質、膽汁質氣質和憂鬱質氣質。多血質氣質的人一般都性格快活、樂觀、溫柔、仁愛；他們滿懷希望，貪求享受，但為人輕信，遇到挫折也容易灰心失望、鬱鬱寡歡，這種氣質常常由王子和戀愛的幸運兒所具有。黏液質氣質的人，特點是平靜、冷漠，不易激動，怯弱膽小，愚鈍呆笨，倔強執拗，好色淫逸，其中受到金星影響，被認為由婦女、兒童和淫蕩子所具有，受到月亮影響的，則是屬於傻子和蠢子所具有。膽汁質氣質的人驕橫急躁、魯莽易怒、氣量狹窄、妒嫉任性、報復計較，其中受到太陽影響的，由統

治者和任性女子所具有，受到火星影響的則屬士兵、酒鬼和愛喧鬧的人所具有。憂鬱質氣質的人總是鬱鬱不樂、心情沮喪、冥思妄想、情緒反覆、喜怒無常、尖酸刻薄，甚至往往患躁狂憂鬱性精神疾病。

畫作描繪四種「體液」的性格特徵

亞里斯多德就承襲了這一「體液」理論，認為是這四種「體液」的組合，決定人的天性，使某些人具有天才的特質。在〈論靈魂〉和〈問題〉等文中，亞里斯多德舉例說道，與「大部分詩人」一樣，恩培多克勒（Empedocles，西元前 490- 前 430）、蘇格拉底、柏拉圖等人之所以成為天才詩人和哲學家，就是因為他們體內那像酒一樣迅速流動的「黑膽汁」在發揮作用。亞里斯多德相信，黑膽汁不僅會使人經常顯得不安穩、容易激動、喜怒無常，甚至有一種精神錯亂的傾向，但它同時也是激發一切天才人物天性的火種；體內有適量黑膽汁的人是天才，而黑膽汁過多的人則是瘋子，所以隨著黑膽汁組合的變化，天才便常常陷入瘋癲狀態。由此，亞里斯多德就有理由得出這樣的結論：「所有在哲學、政治、

四、從多方面解釋「天才」

詩歌和藝術上有非凡天才的人，都明顯是憂鬱症患者。」這就是說，在亞里斯多德看來，天才勢必與瘋癲密切相關，但是天才的發生並不是人在瘋狂之時有神力依附，而是處於人體內體液組合的作用。

希波克拉底和亞里斯多德有關體液對人的天性，包括引發天才或瘋癲的作用，影響十分深遠。著名的希臘傳記作家普魯塔克（Plutarch）在寫作《希臘羅馬名人比較列傳》時，就常常按照這一學說的量尺來選擇和猜測他筆下的政治天才，他可以說是第一個從這一學說獲益的人。到了文藝復興時期，這一學說就變得更為流行了。

馬爾西利奧·費奇諾（Marsilio Ficino, 1433–1499）是義大利文藝復興時期的哲學家。他先是在佛羅倫斯研究亞里斯多德的哲學和醫學；在接觸了柏拉圖的著作和新柏拉圖主義者作品的拉丁文譯本之後，他用整個後半生致力於柏拉圖和柏拉圖學派的著作的翻譯、解釋和宣傳工作，是把柏拉圖著作全部譯成西方語言的第一人。費奇諾吸取了柏拉圖和亞里斯多德兩人對天才認知的精華。他承認瘋癲在天才人物身上的普遍性，但排除了神力作用的臆測，而相信有一些人，如亞里斯多德說的，由於體內那憂鬱質的氣質，使他性格憂鬱、情緒沮喪，並不時爆發成躁狂憂鬱性精神疾病。他曾以自己這一項有關天才的認知，同時參考了當時盛行的占星術，對佛羅倫斯著名的麥地奇家族的兒童們的才性進行思量。他看到喬凡尼·德·麥地奇（Giovanni de Medici, 1475–1521）在年幼時被鎖在不同的大教堂和小修道院裡，心情顯得憂鬱而反覆無常，但仍表現出非凡的才性，七歲被任命為男修道院院長，十一歲那年接管了聖本尼迪克在羅馬東南面卡西諾山建立的、義大利最著名的隱修院，並在十三歲時成為教廷內閣閣員，是有史以來最年輕的內閣閣員，於是便預言說，小喬凡尼將來有一天必然會做教皇。果然，喬凡尼於 1513 年在教皇儒略二世死後，被選為教皇，稱列奧十世。因此，美國耶魯大學藝術

學院的 D·雅布羅·赫什曼（D. Jablow Hershman）和耶魯－紐哈芬醫院的精神病學家朱利安·利布（Julian Lieb）在他們 1988 年出版的《天才的奧祕 躁鬱症和創造性的生活》(*The Key to Genius, Manic-Depression and the Creative Life*) 一書中稱讚費奇諾「把亞里斯多德的憂鬱症天才的概念與柏拉圖的瘋狂靈感的思想結合起來，因而是將天才和今天被認為是憂鬱性精神疾病連繫起來的第一人。」

「體液」學說在文藝復興時期的影響，在劇作家們的創作中清楚可見。那時，劇作家克里斯托弗·馬洛（Christopher Marlowe, 1564–1593）和本·瓊森（Ben Jonson, 1572–1637）興致勃勃地以「體液」理論創作出了他們一系列的所謂「體液喜劇」（Comedy of humours），批評家約翰·德萊頓（John Dryden, 1631–1700）也借用這個理論來分析戲劇中的人物性格；特別是文藝復興時期偉大的人文主義代表威廉·莎士比亞（William Shakespeare, 1564–1616），他的那些不朽悲劇中的人物，就都是以這「體液」理論為根據來塑造的。正是基於體液組合對天才和個性的影響，莎士比亞才在《羅密歐與朱麗葉》中把「智慧的瘋狂」這兩個似乎矛盾的概念連繫在一起，在《威尼斯商人》中指出「腦子可以為血液制定出法律，但熱烈的脾性會越過冷酷的法令」，在《仲夏夜之夢》中說「瘋子、情人和詩人」一樣地「都富於混亂的思想和成形的幻覺」。在《哈姆雷特》中，莎士比亞對天才的發生，更是大幅談論，如什麼「神經有了毛病」，是「病態的結果」，甚至特別借哈姆雷特之口，進行了這樣的病理分析：

……由於品性上有某些醜惡的瘢痣：或者是天生的——這就不能怪本人，因為天性不能由自己選擇；或者是某種脾氣發展到反常地步，衝破了理性的約束和防衛……

簡直就像是在解釋為什麼體液會引得人陷入瘋癲。

時間過去了幾百年，但是由希波克拉底學派開創的、認為天才決定

四、從多方面解釋「天才」

於人的生理構成的理論，至今仍在整體上得到相關學者的廣泛認同，儘管在具體方面可能還會有某些不同的解釋。

16、17世紀，甚至到18世紀上半，理性主義都非常盛行。這是從畢達哥拉斯的「一切都是數」和亞里斯多德的演繹邏輯學繼承下來的一種理論，相信實在本身具有內在的邏輯結構。法國的醫生和哲學家朱里安·奧弗魯·德·拉美特利（Julien Offroy de La Mettrie, 1709–1751）就從這理性主義出發，對精神現象作出解釋，為心理學上的行為主義發展奠定了基礎。

拉美特利從自己和病人身上觀察到，心靈狀態對肉體狀態有緊密的依賴性。這種觀察使他相信，精神現象與頭腦和神經系統中的有機變化有直接的連繫；人的生命和感覺能力是完全附屬於構成整個人體的元件，心靈不過是有身體的一種功能，尤其是腦的功能。因此，在他看來，一個人就好像是一部機器，並據此寫出了《人是機器》（*L'homme machine*, 1748）這麼一部著作。

在《人是機器》中，拉美特利寫道：

> 有多少種體質，便有多少種精神，不同的性格，和不同的風俗。……只有醫學才能借改變軀體而改變精神、風俗和習慣。這是真的，是黑膽、黃膽、黏液和血液這些體液按照其性質、多寡和不同方式的配合，使每一個人不同於另一個人。（顧壽觀譯）

看得出來，拉美特利這裡說的就是希波克拉底的「體液」學說，是指由於體液的組合，才既是會使一個天才變得愚蠢，又是會使一個病癒的白痴成為一個非凡的天才。

另一位著名的理性主義者、法國哲學家德尼·狄德羅（Denis Diderot, 1713–1784）對天才有很多精闢的論述。

在他作於 1961 年和 1774 年間的小說《拉摩的姪兒》(*La Neveu de Rameau*)中，狄德羅以 17 世紀法國古典主義悲劇作家尚‧拉辛(Jean Racine)為例，熱烈讚揚天才人物縱使在一千年後還仍然「是大地上所有地方的人們崇敬的對象」；並表示同意「沒有一個偉大的心靈不帶一粒瘋狂的種子」的觀點。

法國哲學家德尼‧狄德羅

《拉摩的姪兒》雖說是一部小說，但書中的主角卻確有其人，他是法國作曲家、絃樂演奏家讓‧菲利普‧拉摩(Jean-Philippe Rameau, 1683–1764)的姪兒。他生於 1716 年 1 月 30 日，是耶穌會學校的學生，他非常懶惰，只對音樂有興趣。二十歲時他去當兵，兩年後離開，進了修道院，後來又還俗了。向他叔叔求援遭拒絕後，他就到處流浪，以教授歌唱和鋼絃琴為生；然後回到巴黎，有幸招收到一些上流社會的少女做學生。讓‧法蘭索瓦頭腦有些不正常，情緒也反覆無常，曾因在舞臺上辱罵歌劇院經理而被關進主教法庭；在咖啡廳裡，他的男低音常與摔杯子或敲桌子的聲響交織在一起。後來終於得到幫助，在 1756 年出版了《六

四、從多方面解釋「天才」

組各種特點曲調的新鋼絃琴曲》等作品後,於第二年雇來全巴黎的女性手搖風琴演奏者,為他的婚禮助興。他對新娘說:「妳就是美德的化身。」可是婚姻僅持續了四年,他又過起流浪生活。此後,他寫過兩本書,賣掉他的提琴以乞討為生,使人們對他感到十分厭惡,最後死於一所修道院。

《拉摩的姪兒》法蘭索瓦·拉摩

一位了解法蘭索瓦·拉摩的人說:「這個人物是我所認識的最不同凡響的人。他生來就自然稟賦著遠遠不止一方面的才華……」拉摩的姪兒的非凡才華,使他對音樂有一套精闢的見解,並能像有神靈啟示似地將歌唱的美表現得淋漓盡致。總之,他是個既有一定的天才、又帶有相當精神病態的人。

作為一位理性主義者,狄德羅自然不相信柏拉圖那天才起於神力憑附的思想。他甚至曾經因為發表《給有眼人讀的論盲人的書簡》、宣揚唯物主義的無神論,而遭到三個月的監禁。狄德羅涉獵過醫學和生理學,尤其對感覺器官、神經、大腦做過認真而切實的研究,寫出了《生理學

基礎》(1774–1780) 一書，被認為「創立了現代心理生理學」。狄德羅的這本書裡有一句名言——「結構決定功能」，這話的內涵，借用研究狄德羅思想的法國學者亨利·列斐伏爾 (Henri Lefebvre) 的話來說，是指一個人的生理結構能夠「決定人的官能和需求」。在這本《生理學基礎》中，狄德羅還提到，世界上沒有一個人生理上是完美和極為健康的，好像是直接針對尤維納利斯「健全的思想寓於健全的軀體」這句格言而發的。在理解了狄德羅的這兩個看法之後，對他有關天才發生的觀點，大致也就可以猜到幾分了。

他和數學家達朗貝爾 (Jean Le Rond d'Alembert) 共同主編了一部《百科全書》，在為其中「天才」這一條目作撰寫準備的一段筆記中，狄德羅寫道：

> 有天才的人：詩人、哲學家、畫家、音樂家，都有一種我無以名之的特殊的、隱密的、難以下定義的心靈特性；缺乏這種特性，就創作不出極其偉大、極其美麗的東西來。是想像力嗎？不是。我見過一些美麗而豐富的想像力，它似乎大有可為，然而卻毫無成就，或成就甚少。是判斷力嗎？不是。判斷力強的人寫出的作品鬆散無力而又乏味，這是屢見不鮮的。是風趣嗎？不是。風趣的人說話漂亮，做的事卻微不足道。是熱情、機靈、甚至狂熱嗎？不是。熱情的人激動了半天，什麼有價值的也做不出來。是敏感嗎？不是。我見過一些人，他們的心靈動輒就被深深地打動，聽見崇高的故事，就不能自制，興奮、沉醉、瘋狂起來；聽見動人的詞句，就要落淚，然而無論是說話還是寫作，都像孩子一樣結結巴巴。是情趣嗎？不是。情趣與其說創造美，不如說彌補缺陷；這是可以或多或少地培養的才能，而不是天賦。是頭腦和臟腑的某種構造，內分泌的某種結構嗎？我同意，不過有一個條件，那就是必須承認，無論是我還是任何人，對這一點都沒有確切的概念，此外還得添上觀察力。……（桂裕芳譯）

四、從多方面解釋「天才」

　　從這段話可以看出,在狄德羅心目中,一切什麼想像力、判斷力或者風趣、熱情、情趣等,與天才的關係都不是最主要的,而認為天才是「天賦」的「一種我無以名之的特殊的、隱密的、難以下定義的心靈特性」;並特別強調是由於「頭腦和臟腑的某種構造,內分泌的某種結構」的緣故才發生的。至於他所說的「觀察力」,則是指這種天賦可以「不必費力,不必專心致志就能發揮作用;它不注意瞧,卻一覽無遺;它無師自通,不下功夫就知識淵博;它記不住任何現象,但現象卻使它深受觸動;現象留給它的,是其他人所沒有的一種感覺;這是一種稀有的機器,它說,這事能成……果然就成;那事不能成……果然不成;這個對那個錯……果然一一應驗。無論在大事或小事中,它都顯現出來。」——這段話可以被看作是發表於1757年《百科全書》第7卷中「天才」這個正式條目裡與此相關詳細論述的提要,但恰恰前面那段沒有被寫進這個正式條目,使人覺得狄德羅彷彿還對七年前的監禁心有餘悸似的。而可貴的正是前面這段對天才與想像力、判斷力或者風趣、熱情、情趣等特質的關係,並像希波克拉底的「體液」學說那樣,從生理學出發,指出天才的發生是起於人體的構造和結構,或者說是起於這些構造和結構的變化;至於不必費力,不必專心致志,就能怎麼怎麼,則不過是指天才人物人盡皆知的才性而已。

3、「熱情」說

　　從18世紀後期到19世紀中期這段時間裡,一股與個性、主觀、非理性、想像、情感等融為一體的巨大勢力,橫掃整個歐洲的文明,就是浪漫主義運動。在這個主要產生於文學和音樂、繪畫等藝術領域裡的反權威、反傳統、反對古典模式的偉大運動中,湧現出一大批最卓越的作

家、藝術家。自不待言，他們大多都是天才人物。

英國哲學家伯特蘭・羅素指稱浪漫主義的主要特點是「善感性」（la sensibilité），並解釋說「這個詞的意思是指容易觸發感情⋯⋯的一種性情。」對於這種感情，法國浪漫主義女作家喬治・桑（George Sand, 1804-1876）認為，那是「非理性的」感情。德國浪漫主義首領約翰・沃爾夫岡・歌德索性極端而論，提出「浪漫主義是病態的」。對於這種「病態的」、「非理性的」特點的起因，英國學者查爾斯・H・黑爾福德在《華茲華斯的時代》中說，是因為「敏感的想像力異乎尋常發達」的緣故；另一位學者利里安・弗斯特為英國梅休因公司出版「批評術語」叢書所寫的小冊子《浪漫主義》裡則更直接地提出「超乎尋常的憂鬱氣質」這麼一個明顯具有病理學內涵的用語。這使人最簡潔地明白了，就是這種憂鬱氣質和敏感天性，決定了某些人之所以成為天才和浪漫主義者，而不可能成為別種類型的人。

1998 年，美國有兩位精神病學家特地為非專業人士寫了一本被譽為「精神病學聖經」的書（Allen France & Michael B. First: A Layman's Guide to the Psychiatrist's Bible）。此書提到憂鬱或憂鬱症（melancholy）的主要症狀是「感到悲傷、憂鬱、悶悶不樂、神情沮喪。任何芝麻點的小事都會使他嚎啕大哭⋯⋯」最後會導致「認知扭曲」，最嚴重的時候甚至會「想辦法自取性命」。這種憂鬱症，不論是間歇性的嚴重憂鬱症，還是長期持續的精神憂鬱症，都屬於精神疾病裡的一種。18、19 世紀的浪漫主義者自然不可能像 20 世紀的生理學家和醫學家們那樣，認知到此病的發病機制是由於腦內神經介質的功能紊亂；他們只相信這種精神疾患對他們作為詩人和藝術家具有至關重要的意義。

美國耶魯大學藝術學院的藝術家兼小說家 D・雅布羅・赫什曼（D. Jablow Hershman）和耶魯－紐哈芬醫院的精神病學家朱利安・利布（Julian

四、從多方面解釋「天才」

Lieb)在出版於1988年的專著《天才的奧祕》(The Key to Genius)中總結浪漫主義的天才觀是:「沒有躁鬱症那無窮而無法忍受的情感力量,就不會有天才。」浪漫主義作家、藝術家當然已經從他們浪漫主義朋友那種病態的情緒中,覺察到了浪漫主義天才這一天性的特點。所以喬治·桑說:「天才和瘋狂之間的距離還不到一根髮絲。」喬治·桑所表述的熱情、敏感、憂鬱、瘋狂在天才人物身上的這種關係,不但浪漫主義的先驅,英國詩人約翰·德萊頓和亞歷山大·蒲柏都在詩中寫過:「天才都和瘋狂結下了不解之緣,／兩者之間很難劃出一條清楚的界線。」「大智與瘋癲,誠如親與鄰;隔牆如紙薄,莫將畛域分。」甚至在古希臘時代,這一特點也已為人所熟知。亞里斯多德早就說過:「在哲學、政治、詩歌或藝術方面超群出眾的人,似乎都是性情憂鬱的。」西塞羅(Cicero)把這句話濃縮為「所有的天才都是憂鬱的」。德國浪漫主義領袖、詩人歌德也曾經這樣說到他的親身感受:「在我遇到幸福、心情愉快的時候,我的詩才的火焰非常微弱。相反地,當我被災禍逼迫時,詩的火焰炎炎燃燒——優美的詩文,像彩虹一樣在雨後陰暗的地方出現。唯其如此,文學的天才都喜好憂鬱的因素。」比浪漫主義早三百年、拒絕思考超驗事物的法國天主教徒米歇爾·德·蒙田(Michel de Montaigne, 1533–1592)也有過同樣的感觸。這位大散文家在一篇題為〈雷蒙·塞邦贊〉隨筆中寫道:

> 心靈的激動是不是也會擾亂和挫傷心靈本身?心靈的力量在於靈活、尖銳、敏捷,然而是不是也因靈活、尖銳、敏捷而使心靈困擾,陷入瘋狂?是不是最精微的智慧產生最精微的瘋狂?猶如大愛之後產生大恨,健壯的人易患致命的病;因而,我們的靈魂激動愈少愈強烈,養成最出奇、最畸形的怪癖;旋踵之間給予可以從一個狀態轉入另一個狀態,我們從失去理性的人的行動中可以看出,我們用腦過度必然產生瘋狂。……柏拉圖說憂鬱的人是最可塑造和最傑出的人,因而也是易陷入瘋狂的人。多少英雄志士都是毀在他們自身的力量和聰明上。塔索是

義大利最明事理、最聰敏的詩人之一,作品透剔晶瑩,古意盎然,長期來其他詩人都難望其項背,就因為他天才橫溢,思想活躍,最後成了瘋子。……(馬振騁等譯)

法國大散文家蒙田

這就是為什麼美國哲學家喬治‧桑塔亞那要在他的名著《理性生活》中,說「極高的智慧必定是野性的」了。

浪漫主義者在自己和同類的大才人物身上,對瘋狂實在見得太多了,也太過了解了。那是他們先天固有的本性所導致的。

出生於藝術家家庭的波蘭作曲家和鋼琴家弗里德里克‧蕭邦(Frédéric Chopin, 1810–1849)還在襁褓裡的時候,便能對母親和姐姐的鋼琴聲產生一種奇特的敏感反應。隨後,他六歲即能將他聽到的聲響再現出來,並自己編造曲調;七歲開始學琴,一年後,他第一次在一場慈善音樂會上公開演出;三年後甚至在首都華沙為沙皇亞歷山大即興演奏,從而被眾人視為一名「神童」。不僅僅是演奏,蕭邦七歲那年就曾寫出了一首〈G小調波蘭舞曲〉並印刷出版;不久後,他的一首進行曲得到康斯坦丁大

四、從多方面解釋「天才」

公的賞識,並被改編為軍樂隊曲在閱兵式上演奏。此後就不用說了,他的演奏,包括應邀到杜樂麗宮為法國國王路易-菲利普演出,還有創作,使他被歸入不朽的音樂大師之列。沒有人會懷疑他是一位人類歷史上少有的天才。

德拉克羅瓦繪製的蕭邦像

這是一位浪漫主義的藝術天才,從外形到心靈都散發出浪漫主義的光芒。

蕭邦天生有兩隻纖細的雙手和一對憂鬱的眼睛,並一向講究衣著、風度優雅,綻出一抹甜美的微笑,顯示出一副貴族的浪漫氣派。這一切,與取男人名字、穿一身黑的男性服裝、打扮成女人模樣,還要像男人那樣習慣抽菸而又放蕩不羈的喬治‧桑,似乎完全是兩種不同的個性。是熱情和敏感的天性使他們在浪漫主義的情緒下結合在一起。

差不多一個世紀前,法國醫學家法蘭索瓦‧索瓦熱(Francois Boissier de Sauvages)就曾提出熱情會導致瘋癲的作用:

我們頭腦的錯亂是我們盲目屈從我們的欲望、我們不能控制和平息我們情感的結果。由此導致了迷狂、厭惡、不良嗜好,傷感引起的憂

鬱、遭拒絕後的暴怒，狂飲暴食、意志消沉以及引起最糟糕的疾病——瘋癲的各種惡習。

浪漫主義藝術家的情形正是這樣。蕭邦和喬治・桑從 1836 年認識並相愛，直到 1848 年；在這以後，關係雖然決裂，兩人仍然懷著浪漫主義的熾情互相思念。1849 年 10 月 17 日，蕭邦躺在病榻上奄奄一息之時，還在對一位朋友喃喃地渴念說：「喬治・桑對我說過，我只在她的懷抱中死去。」他的這位情婦則始終為他曾經為她帶來的痛苦辯解，說「當一顆可憐的心受到戕害的時候，它是意識不到自己的狂亂的」；並一直記得「他直到生命的最後時刻都在呼喚我、懷念我」。

德拉克羅瓦畫的喬治・桑像

帶給喬治・桑痛苦的便是蕭邦的熱情、敏感和狂亂，一個對天才人物來說簡直是無法擺脫、甚至是難以自拔的熱情、敏感和狂亂。

熱情和敏感作為蕭邦的天性，人們從他小時候的演奏中便感覺到，他不但對大自然具有敏銳的感受，並能以異常纖巧的彈奏把這感受傳達到鋼琴上；專家認為，蕭邦這敏感性還能使他具有窺識人類心靈奧祕的睿智和洞察鋼琴神奇新聲響的特殊能力。是他的天才使他產生這種熱情

四、從多方面解釋「天才」

和敏感呢？還是他的這種熱情和敏感觸發起他的這種天才？

蕭邦的浪漫主義朋友、匈牙利鋼琴家弗朗茲·李斯特曾經這樣說到其天才的熱情和狂亂：

蕭邦是……一個最易受熱情支配的充滿活力的人。……每天早晨，他都要重新開始一項艱鉅的工作：設法壓制他粗暴的怨怒、他強烈的憎恨、他無盡的關愛、他揪心的痛苦、他極度的激動，透過一種使他深陷其內的迷狂狀態，暫時停滯這些情緒，……來尋求一種痛苦的快樂。

如果說李斯特在這裡對蕭邦這種由熱情引起的狂亂只是作了籠統的歸納，那麼喬治·桑則是以自己的親身體驗，詳細地記述了她這位天才情人的憂鬱熱情和癲狂狀態。

1838年是這兩位情人認識兩年之後，感情達到最熾熱的時刻。秋天，他們以健康不佳為藉口，帶著女作家的十五歲兒子和八歲女兒去地中海西部的旅遊勝地馬約卡島過冬。住在島上的巴爾德莫薩隱修院。雖有愛情的歡樂和呵護，但是生活上，儘管喬治·桑竭盡全力親自操勞，仍使他的情人感到不便。於是鋼琴家與生俱來的激動情緒所引起的憂鬱症便嚴重爆發了。喬治·桑在她的自傳《我的生活史》(*Histoire de ma vie*)中抱怨說：

沒有哪個人的脾氣像他那麼變化無常；沒有哪個人的精神像他那麼疑心重重、那麼狂熱興奮；沒有哪個人會像他那樣隨時隨地火冒三丈；也沒有哪個人的願望像他那樣無法滿足。……他的精神被活生生地剝下了一層皮，一片玫瑰花的葉子碰一碰，一隻蒼蠅叮一叮，都會使他流血不止。（王聿蔚譯）

值得注意的是，這些僅僅是由一些非常細微的小事激起的脾氣，都不是偶爾發生，而是持續性的。「他會整天整天地、甚至一連幾個星期為一個毫不相干的人所做的蠢事，或者為實際生活中所碰到的、一點點

微不足道的挫折而感到氣惱。而令人奇怪的是，真正的痛苦對於他的折磨，甚至還比不上微小的苦難帶給他的煩惱更加強烈。」喬治‧桑特別指出，蕭邦的這種怪脾氣可不是由於現實中的某些重大事件導致的，而是「他生性如此，不管遇到什麼事情都是這樣。」是他天性和氣質中的激烈情緒和憂鬱症造成的，現實中的小事只是爆發這種憂鬱症的導火線。女作家還進一步像一位精神病學家那樣總結說：「所有神經系統發育得過了頭的人，都有這樣的經歷和命運。」意思是，不僅是蕭邦，所有浪漫主義者都是這樣。說得太對了！

除了這些之外，蕭邦的這種天性，表現得最突出的是由於他的熱情和敏感所引起的癲狂症，特別是瘋狂的幻覺。

常常在晚上，喬治‧桑和孩子們去外面散步或買日用品，蕭邦一個人留在家裡時，就不時會產生各式各樣病態的幻覺：「在他的眼裡，院子裡到處都是幽靈，陰森恐怖」；看到喬治‧桑他們回來後，他會「大叫一聲站起來，以非常奇怪的聲調，神色恍惚地說：『啊！我心裡非常清楚，你們已經死了呀！』」

當他的神志清醒過來，看到我們站立在他的面前，便想起我們經歷過的種種危險，他的心裡很難受。但是接著他又直言不諱地說，他在家裡等我們的時候，便已經在夢幻中看到了我們承受過的這一切，不過他分辨不出這究竟是現實還是夢境，他讓自己平靜下來，便動手彈起琴來，好像這麼一來就可以鬆一口氣似的，於是他確信自己也已經死了。他看到自己沉溺在湖水之中……

四、從多方面解釋「天才」

匈牙利鋼琴家李斯特

蕭邦就是這麼一個熱情、敏感和憂鬱的人。但喬治·桑說:「就是在這段日子裡」,在他躁鬱症發作的日子裡,這位作曲家「譜寫出了他那最美妙的短小篇章,……這是一批不朽的傑作」。了解音樂史的人都知道,蕭邦這個時候創作的〈夜曲〉、〈降 B 小調奏鳴曲〉等著名作品,至今仍始終是藝術的瑰寶。讓人不得不相信,正是這種熱情,引發出一個天才的創造性,並將瘋癲和天才連結了起來。

德國浪漫主義詩人和劇作家海因里希·馮·克萊斯特 (Heinrich von Kleist, 1777-1811) 也是這麼一個瘋狂的天才。

這是德國浪漫主義誕生的兩位重要劇作家中,最傑出的一位,一個最出類拔萃的天才。他這天才,使浪漫主義前輩詩人約翰·路德維希·烏蘭德 (Johann Ludwig Uhland) 在聽了他朗讀其劇作《羅貝爾·居伊斯卡》(*Robert Guiskard*) 之後斷言說,即使埃斯庫洛斯、索福克勒斯和莎士比亞的精神魂魄聯合起來寫一部悲劇,一定也不過與它差不多,只要全劇都能像他所聽到的一樣好。但是克萊斯特的性格,他的傳記作者說,就像歌德小說《少年維特的煩惱》中的主角維特,「心靈上總有一種陰鬱的不

滿，氣質冷淡，為人孤僻傲世，想像活躍，慣於沉思窮究，抓住苦惱不放，性情浮躁淩厲。」他強烈的熱情使他在德勒斯登與一位因失戀而悲傷的少女見面時，就勸告她讓他拿一把手槍把他們射死；他後來還經常用這樣的話來勸告其他男女朋友。請不要懷疑他說這話的真誠，因為在他看來，因愛而死是無比美好的。

德國浪漫主義詩人克萊斯特

克萊斯特出版於 1808 年的《彭忒西勒亞》(*Penthesilea*)是一部關於阿瑪宗國女王熱戀阿基里斯的悲劇，此劇冷酷的情節和熾熱的情感，使劇作家在德國詩人當中占有特殊的地位。劇中，女主角彭忒西勒亞有這麼幾句臺詞：「有許多女人，摟著情人的脖子，往往說／這樣的話：『我愛他，愛得那麼凶，／為了愛，幾乎可以吃掉他』：／但事後誰要照著做，那真是傻瓜！」……丹麥文學史家格奧爾格·布蘭兌斯在論述「德國浪漫派」時評論說：「在這裡跟在《克特卿》中一樣：凡是在別的女人身上不過一句空話的事情，在這兩部作品中都變成了現實。許多女人說，她們為了愛想把情人吃掉，但是彭忒西勒亞卻真的做到了。」這是因為布蘭兌斯說，「克萊斯特把他自己的性情賦予了阿瑪宗國的女王」，因此，克萊斯特的一位朋友親眼看到，克萊斯特在寫完彭忒西勒亞的死之後曾經

四、從多方面解釋「天才」

坐在那裡哭泣。他問克萊斯特是怎麼回事，劇作家回答說：「我最內在的自己就在這裡面。」克萊斯特對愛與死，的確是像彭忒西勒亞那樣認知，而且也是那樣做的。

1811 年，克萊斯特經他的朋友亞當・米勒的介紹，認識了福格爾夫人，亨里埃特・福格爾（Henriette Vogel）。她也是一個賦有才華的女性，也像他一樣有火熱的情感。他稱呼她為「我的小耶特」、「我的小天使」、「我生命的太陽」；她回應他是「我的維特」、「我的塔索」、「我的護衛」。但這種過於強烈的愛情，使兩人的理智都受到了傷害。她也像他一樣，患有憂鬱症，只是她把它看得過於嚴重了，以為患的是不治之症。因此她提醒他說，她曾經答應過她，不論什麼時候，只要她提出要求，他都會盡最大的友情為她效勞。他回答說，他隨時準備實現他的諾言。於是她說：「那麼，殺掉我吧。我太痛苦了，再也活不下去了。⋯⋯當然，你是做不到的⋯⋯」

克萊斯特可是具有彭忒西勒亞那種性情的人。於是，在當年的 11 月 20 日，他和亨里埃特一同驅車前往波茨坦附近萬塞湖（The Wannsee）畔的一家小旅店。他們整天打趣嬉戲，很有興致，一直等到下午，兩人一起走到湖畔的一個蔽靜處，三十四歲的克萊斯特以準確無誤的兩槍，先射穿了情人的左胸，然後射中自己的頭顱。這位浪漫主義的天才和他同樣賦有浪漫性情的女人，事先就寫信給米勒的妻子，說在這樣的時刻僅是寫信給她、不給其他的人，是因為在他倆「千百次快樂的時刻，都要想起」她，而且想像「如果妳看見我們一起在這綠房間或紅房間裡，妳一定會滿懷好意地發笑。」並聲稱，他們「竟然相愛到這樣親密，最好的證明就是我們現在正準備一起死去」，現在，「我們的靈魂像兩個飄飄欲仙的飛行家」，「展開肩頭的長翼在陽光裡翱翔」，「去作偉大的發現之旅⋯⋯」

這就是熱情到了顛峰、達到瘋狂的浪漫主義。

許多浪漫主義藝術家不僅在理論上讚賞熱烈、憂鬱的情緒，相信它是陷入躁狂、發揮創造力的前提；他們還身體力行，設法讓自己「進入」這種瘋狂境界。

伯特蘭‧羅素寫道：

> 浪漫主義者的性情從小說來研究最好不過了。他們喜歡奇異的東西：幽靈鬼怪、凋零的古堡、昔日盛大的家族最後一批哀愁的末裔、催眠術士和異術法師、沒落的暴君和東地中海的海盜。菲爾丁和斯摩萊特寫的是滿可能實際發生的情境裡的普通人物，反抗浪漫主義的那些現實主義作家都如此。但是對浪漫主義者來說，這類主題太平凡乏味了；他們只能從宏偉、渺遠和恐怖的事物領受靈感。

英國哲學家伯特蘭‧羅素

可是有什麼辦法能「從宏偉、渺遠和恐怖的事物領受靈感」呢？

查爾斯‧蘭姆這樣告誡比他年輕兩歲的朋友塞繆爾‧泰勒‧柯勒律治（Samuel Taylor Coleridge, 1772-1834）說：「除非發瘋，柯勒律治，別指望從想像中會體驗到宏偉和蠻荒。」浪漫主義者大多都懂得這條捷徑。

四、從多方面解釋「天才」

被認為是德國浪漫派卓越領袖的弗里德里希・施勒格爾（Friedrich von Schlegel, 1772-1829）有一次劇本寫作失敗後說：「我要在吸過鴉片之後再來寫它。」英國浪漫主義詩人喬治・拜倫聲言：「人處在理性的時刻得馬上醉酒，只有沉迷才是最好的生活。」不過對於柯勒律治來說，他不需要蘭姆的教導。他喝酒、服用各種藥物，甚至不惜飢、渴和患病，來平息他的理性，麻痺他的意識，以激發靈感的產生。浪漫主義者相信，透過種種辦法壓制理性，使自己處於近於瘋狂的無意識狀態下出現幻覺，是藝術家創作的最佳狀態。因此，據記載，經常「坐到桌子跟前，一邊吸鴉片一邊寫作」，就成了柯勒律治的寫作習慣。他這方面的某次最生動、最著名的實踐曾被記入了文學史。

德國浪漫作家弗里德里希・施勒格爾

1797 年秋的一天，柯勒律治與他的浪漫主義朋友、詩人威廉・華茲華斯及其妹妹在鄉間散步回家後，就服下了鴉片。然後，他隨手翻開一本書，那是他人的遊記，由英國遊記編纂者塞繆爾・珀切斯（Samuel Purchas, 1577-1626）於 1625 年編集出版的四卷本，名為《朝聖》（*Pilgrimage*）。柯勒律治在《朝聖》中讀到中國元朝的第一代皇帝元世祖「忽必

烈汗下令在此建立宮殿,並在其中修築富麗堂皇的花園,於是把十英哩的肥沃土地圈進了圍牆」時,鴉片發揮了作用,使他沉入了睡鄉。在夢中,詩人追求的景物果然從意識底層呈現出來了。他在夢中隨手將這種種幻象記了下來,足足有二、三百行詩句。這些景象竟是那麼地清晰,甚至在醒來之後詩人仍然記憶猶新。可當他正在朦朧中把這些記憶筆錄下來的時候,大約寫了五十行,據他自己說,就「被一位有事從珀洛克(Porlock)來的人打斷了」;而等到這位來客離開、他意識清醒之後,再回到寫字檯前準備繼續記錄時,卻再也什麼都記不起來了。後來,受到大詩人喬治·拜倫的慫恿,柯勒律治才在 1816 年發表了當時記下的一部分,這就是今天人們讀到的、被詩人稱為「片段」(A Fragment)的五十四行〈忽必烈汗〉(*Kubla Khan*)。格奧爾格·布蘭兌斯敘述說:「在〈忽必烈汗〉這種在夢中靈感觸發下寫成的東方狂想曲裡,我們聽到了柯勒律治的笛聲和歌聲,如同最甜美的夜鶯那樣悠揚悅耳。」這雖然是未完成的「片段」,也不影響它被公認是英國文學和世界文學中的瑰寶。

英國浪漫主義詩人柯勒律治

四、從多方面解釋「天才」

在西方是如此，中國的浪漫主義作家也一樣，創造社的郁達夫就相信：「文藝是天才的創造物，不可以規矩來測量的；……天才的作品都是 abnormal eccentric（古怪反常的），甚至有 unreasonable（非理性）的地方，以常人的眼光來看，終究是不能了解的。」

熱情、瘋狂、天才就這麼生動地交叉、糾纏在一起！

4、「壓抑」說

文明是社會進化的象徵，在知識、技能、文學、藝術、信仰、道德、法律、風俗以及一切由社會成員個人所獲得的任何能力和習慣上展現出來的進化方式和進化階段，都象徵了人類的物質文明和公德心。物質文明的進化使人類在保護自己不受自然界侵犯方面取得日益壯大的成就，這成就越高，從整體上來說，為社會成員帶來的利益也會越大，兩者成正比發展。但公德心的進化，情況卻完全不同。由於公德心的進化要求每一個社會成員也要能以進化了的文明方式，在思想、情感、觀念、行為諸方面都表現得與整個社會的價值觀念相適應，因而隱藏在社會成員個人思想、情感、觀念、行為後面的感官情慾和心靈情慾，即心理的能量就不得不陷入無法獲得充分滿足和自由抒發的境地，相反地，定然會在某些方面或在某種程度上受到阻礙，甚至要作出重大的犧牲。所以，與物質文明的進化一定會給人帶來感官上的享受差異，公德心的進化，在教人擺脫愚昧的同時，反而會給人在精神上帶來更大的困惑和痛苦。這就是為什麼那些過慣了平庸物質生活的人，遠比追求精神享受的知識菁英在心靈上更容易得到滿足的主要原因。當個體的人與社會、國家、人際關係的整體人類環境不一致時，是讓個人服從社會環境、適應社會環境，還是讓社會環境適應個人、遷就個人？在這個長期存在、

4、「壓抑」說

永遠無法避免的矛盾衝突中,個人始終是受損害的失敗者。為求個人的生存、種族的繁衍,在與人類社會環境的衝突中,人除了克制自己,長期處於受壓抑的痛苦和呻吟之中,還有什麼別的辦法使自己的能量獲得釋放嗎?

「心理分析」學說的創始人、奧地利的西格蒙特·佛洛伊德(Sigmund Freud, 1856–1939)回答說:「避免痛苦最有趣的方式是對自己的有機體施加影響。」在《文明與缺憾》(*Civilization and its Discontents*)中,佛洛伊德提到幾種可達這一目的的方法。

「致醉作用」。當有些異樣物質出現在人體組織和血液中時,會直接引起快感,這些物質還可以改變人體感覺能力的條件,使人感受不到不快的衝動。佛洛伊德說道:「我們至少知道一種病症即狂躁症,在沒有施用任何致醉藥物時,就出現了與醉狀相同情況。」

「轉移力比多(libido)」。佛洛伊德解釋說:「我們的神經器官是允許這種轉移的;透過這種轉移,力比多的作用就獲得了很大的靈活性。現在的任務是用上述方法使力比多本能的目的發生變化,讓它們不再受到來自外部世界的挫折。這就要藉助於本能的昇華。」(傅雅芳等譯)如藝術家從創作和塑造幻想中的東西得到快樂,科學家在解決問題和發現真理中感到快樂,就屬於是這類轉移力比多的昇華。但是佛洛伊德告誡說,這種釋放能量的方法有一個弱點,就是不能廣泛應用,「它只適用於某些人,它的先決條件是具有特殊的性格和能力;從實績角度說,它是高層次的。」換句話說,它只「適用於」某些高層次的人才。

「割斷與現實的連繫」。佛洛伊德認為,既然把現實看作是一切痛苦的根源,為求得到幸福,就必須斷絕與現實的一切連繫,其辦法就是「試圖再創造現實世界,建立另一個世界來取代原來的世界。」在這個世界裡,現實中最不堪忍受的東西消除了,取而代之的是人所希望的東

四、從多方面解釋「天才」

西。但是這樣做，因為「絕對輕蔑現實」，便注定會「在某一方面表現得像一個患有妄想狂的人」，甚至完全陷入「瘋狂」。

佛洛伊德

佛洛伊德雖然是就普遍的人類而言，但所說的情形更符合比一般常人更富敏感性、更具熱情的作家、藝術家等天才人物。應用異物致醉是柯勒律治、施勒格爾、拜倫等浪漫主義藝術天才慣用的手法；從白日夢妄想到妄想狂發瘋也常見於許多天才作家和藝術家的生活。越是富有敏感和熱情的天才，越是容易陷入這一境地，並往往在這個時候顯露出靈感的閃光、創造的萌芽。說起來，其實這種現象早就為人所知，雖然由於時代的局限，完全不明白它發生的生理機制是什麼。

還在一千五百年前，中國南朝梁時的文學理論家劉勰在《文心雕龍·才略》中解釋東漢辭賦家馮衍的天才時提到：「敬通雅好辭說，而坎壈盛世；〈顯志〉、〈自序〉亦蚌病成珠矣。」這話的意思是心靈受到外界的刺激，有如一隻河蚌，因掉進了沙塵等異物，在鬱積、衝突中，才結出一粒粒珍珠。錢鍾書先生 1980 年去日本早稻田大學講學時考證，劉勰之所言可以說是古今中外很多文論家們的共同看法。不但北齊的文學家劉晝

說過「蚌蛤結痾而銜明月之珠」，外國的作家、學者也大有這樣的說法，如被認為 19 世紀奧地利最偉大悲劇作家的弗朗茲・格里爾帕策就曾說：「詩好比害病不作聲的貝殼動物所產生的珠子」；法國著名作家古斯塔夫・福樓拜也說：「珠子是牡蠣生病所結成，作者的文筆卻是由更深沉的痛苦所流露」；德國詩人亨利希・海涅同樣也說：「詩之於人，是否像珠子之於可憐的牡蠣，是使它苦痛的病料」；近代的英國詩人阿爾弗萊特・愛德華・豪斯曼也提到相同的比喻：「詩是一種分泌，不論是自然的分泌，像松杉的樹脂，還是病態的，像牡蠣的珠子」……說的都是藝術家體內的能量，也就是佛洛伊德所謂「力比多」從壓抑—到釋放—到創作的事。

戰國時代的屈原（約西元前 339– 前 278）是一位詩人，又是一位政治家。從屈原的事蹟來看，可以這樣說，正是他那政治家的遭遇，即在政治上受壓抑，才促使他成為這麼一位偉大的詩人。

屈原以其卓越的才華，二十七歲時就擔任楚國的「左徒」這麼個高官。按他的傳記作者司馬遷的說法，屈原「博聞強志，明於治亂，嫻於辭令。入則與王圖議國事，以出號令；出則接遇賓客，應付諸侯，王甚任之。」只是在與內政上的保守人士和外交上的親秦派的衝突中，受到以稚子子蘭為代表的貴族集團所排擠，被昏庸懦弱的懷王放逐。懷王的長子頃襄王繼位後，以其弟子蘭為令尹，掌軍政大權。令尹對秦完全採取妥協投降的政策，再次誣陷屈原。於是，頃襄王怒而遷屈原於江南。

屈原是一個富有雄心的人，他一心想要改革政治，聯齊抗秦，振興楚國，爭霸中原。但因「眾女嫉余之蛾眉兮，謠諑謂余以善淫」，「變白以為黑兮，倒上以為下」，致使「荃不察余之中情兮，反信讒而齌怒。」受到這樣的打擊，並被放逐，流離輾轉漢北、江南、長沙等地十二年。就在這心理壓抑異常沉重的歲月裡，這位天才人物一方面漸漸陷入罹患精神疾病的境地，同時也就在他意識恍惚中，噴發出創作的靈感。

四、從多方面解釋「天才」

在西漢史學家司馬遷為屈原作傳的時候,就曾提到屈原是在「憂愁幽思」、「疾痛慘怛」的情感迷妄中寫出《離騷》的。隨後,東漢文學家王逸在他對《楚辭》所作的、最早的完整注釋《楚辭章句》中,更詳盡地描述說:

屈原放逐,憂心愁悴,徬徨川澤,經歷陵陸,嗟號昊旻,仰天嘆息。見楚有先王之廟,及古賢聖怪物行事。周流罷倦,休息其下,仰見圖畫,因書其壁,呵而問之,以瀉愁思。

都表述了這位詩人在激烈的精神衝突下釋放能量的創作狀態。楚辭學專家黃靈庚教授在1988年的「中國楚辭學會年會」上強調了王逸所說屈原在「被讒邪」、「放江南之野」之時,因「憂心煩亂,不知所愬」而作《離騷》,「憂心罔極,故復作《九章》」;並指出他〈涉江〉中的「迷不知吾所知」,「意猶迷惑,不知所之」;〈哀郢〉中的「眇不知其所蹠」,「遠視眇然,足不知當所踐蹠」,都是屬於這種癲狂狀態的表露。黃靈庚先生還應用現代心理學的研究成果,具體細緻地分析了大詩人這一瀕臨癲狂的精神疾病症狀,肯定他在幻覺、幻視、幻聽狀態中創作出他的不朽詩篇。

陳洪綬繪屈原像

從屈原的作品來看,《離騷》內容充滿虛無縹緲的幻夢,尤其是後半篇描寫自我往觀四方的追尋過程,倏忽變化、不可捉摸。詩篇不但寫到

詩人在流竄漢北途中望著北山涕泣沾襟，對著流水嘆息痴呆，寫到自己神思恍惚，在白日夢中「狂顧難行」；詩人甚至想入非非，一而再、再而三地遣役媒理，大膽地向古代神女求婚，如郭沫若曾經指出的，「心悸亢進的症候，在他的詩裡是屢見的」。屈原在強烈的意識衝突中，常感到「恍兮惚兮其中有象，恍兮惚兮其中有物」，便正是這種恍惚的精神狀態。

「開春發歲兮，白日出之悠悠。／吾將蕩志而愉樂兮，遵江夏而娛憂。」可見是對美景的感受與心中潛伏的憂鬱發生激烈碰撞，使他產生視覺的迷狂。「蘭芷變而不芳兮，荃蕙化而為茅。／何昔日之芳草兮，今直為此蕭艾也。」他在「觀南人之變態」時，感到同一種芳草，既幻化為正直、忠貞的人士，又幻化為反覆無常的小人。完全是一種幻視。

《離騷》中敘述了屈原曾就去或是留在楚國的問題，不僅向「靈氛」、「巫咸」，同時還向「女嬃」求教。詩人寫到他感知女嬃「孰云察余之中情」，「夫何煢獨而不予聽」；「女嬃之嬋媛兮，申申其詈予」，就是說，他聽到女嬃一字一句的申申詈罵。一、兩千年裡，許多學者曾對《離騷》裡的女嬃究竟是誰作過種種猜測，都不能有令人滿意的解答，這是肯定的。因為這只是精神病患天才屈原幻聽中才有的聲音，而不是現實生活中真的有一位女嬃在對他說話。

不少文學理論家都說過，病態對作家是不幸的，但對文學卻不啻是一件幸事。往往正是在精神病態中，作家的能量獲得釋放，才迸發出創作的靈感。屈原便正是在這種精神病態中，創作出《離騷》這部離奇瑰瑋的浪漫主義詩篇。對藝術家的創作來說，情況也一樣。

法國後期印象派著名畫家保羅·高更（Eugene-Henri-Paul Gauguin, 1846–1903）也是在絕望地掙扎於原始的野性和文明人理性的約束之間，於壓抑中迸發出天才火花的。

四、從多方面解釋「天才」

高更的母系背景常引起一些研究者的關注。身為畫家的外祖母，生於秘魯的克里奧爾人（Creole）弗洛拉‧特里斯坦，是一個狂放不羈的女性。高更很為有這樣的血統感到驕傲，總愛稱自己是「幼稚而粗魯的野蠻人」。法國象徵主義運動領袖、詩人斯特凡‧馬拉美對他的界定，說他是「原始人的最高典型」，可說是更為確切地揭示出了他的本性。

高更先天就孕育著藝術的才華。還在小學裡念書的時候，人們便發現他總是與人格格不入，而愛獨自鬱鬱寡歡地待在一處；要不，就喜歡躺在胡桃樹下沉思，或者用他「修長的、神經質的雙手，在樹上刻下許多圖案」。因此鄰居和老師都相信這孩子「絕不是平庸之輩」，「日後必成為一個藝術家。」

正是這種藝術天賦，使高更後來在教父居斯塔夫‧阿羅薩（Gustave Arosa）處看了他所收藏的柯洛、德拉克羅瓦、米勒等人的畫作後，激發出強烈的興趣，於1883年決定「每天畫畫」；兩年後甚至下定決心不顧一切，放棄年收入高達四萬法郎的股票經紀人的工作，先是業餘、然後就專門從事繪畫創作。認識印象派畫家卡米耶‧畢沙羅後，高更有信心並想在印象派的畫家群中獲得認同。

印象派畫家高更

但印象主義是一個反傳統的流派,它力圖客觀描繪視覺現實中的瞬間片刻,表現變化中光與色的效果,多年來一直不為人們所理解。畫家們作品賣不出去,生活潦倒不堪。畢沙羅曾在給友人的一封信中說:「告訴高更,在我三十年繪畫生涯以後⋯⋯我正囊空如洗。讓年輕一代記住吧。」畢沙羅的一個孩子可說是死於飢餓。另一位畫家克洛德・莫內,他的模特兒在飢寒交迫中因患病而不治而死。高更也一樣,約翰・雷華德在《印象派畫史》中寫道:「高更很快就感到幻滅。什麼畫也賣不掉,靠他的積蓄過活,他眼看著錢迅速地減少下去。他的妻子滿懷不樂並且極度地絕望,她想不通他的丈夫放著一個富裕的商人不做,而寧做一個不成功的畫家。」

印象派畫家高更的自畫像

高更的妻子梅特・索菲・蓋德(Mette Sophie Gad),出生於中產階級,是個過慣平穩生活的丹麥女子,非常注重實際層面。她雖然愛高更,但更愛富裕的生活。她所想的只是希望高更做一個好丈夫、好父親,想不通他為什麼要發狂似地購置那些當時被報刊攻擊得一無是處的印象派繪畫,而且自己也發瘋似地投入到這項工作中;她也反對丈夫把女模特兒帶進家來,懷疑這兩人單獨在一起不知會做出什麼對不起她的事來。她

四、從多方面解釋「天才」

根本不能理解潛藏在高更心中對藝術的狂熱。梅特・索菲的家人和親戚也一樣,認為高更是一個沒出息的男人,總是表現出對他十分厭惡,不但時時向他投以責備的目光,還常諷刺挖苦他。這使高更內心受到極大的壓抑,感到非常痛苦。高更在給友人的一封信中傾吐說:「六個月來,我沒能說一句話,我完全被孤立了。家裡人都把我看成是不會賺錢的怪物,他們就是這麼看人的。……梅特對我也不好,總是站在與我對立的一邊。她完全為哀愁和虛榮心所腐蝕。就因為我現在不是一個有錢的經紀人,而是一個窮畫家,就得忍受她的種種責備……我真是受夠了。」這一切,讓高更對他當時所寄居的環境——丹麥的哥本哈根,甚至整個丹麥都產生憎恨情緒,而決心拋棄一切,離開這個環境回巴黎。

高更和妻子梅特

可是到了巴黎,高更發現自己所有的希望都破滅了。他的作品,照樣沒有人賞識;他的朋友們,本身的情況也與他一樣,因此,不但在經濟上幫不了他的忙,甚至想請他們幫助安排一份工作都做不到。飢餓和

絕望使高更體力不支，情緒沮喪。一本記述高更的傳記著作《超越自然》描述說：「這一切使他在一年之間的性情完全改變了，他變得憤世嫉俗、神經質和暴躁。」一位醫生甚至「認為他患了狂妄症。」

高更確實在生活和藝術、現實和理想的衝突中陷入了瘋狂，但這瘋狂正是藝術家釋放能量的一條途徑。

高更的天性傾向於自然和原始。法國印象主義先驅皮耶-奧古斯特·雷諾瓦有一句名言：哪怕是自家花園裡的鮮花，也可能激發我們去追求原始和野蠻的風格。對高更來說，情況正是如此。早在1881年，法國著名藝術評論家若里斯-卡爾·于斯曼就已經從高更那幅〈裸體習作〉中看出他這方面的天才，稱頌這幅「獨創一格」的畫「顯示著一個當代畫家無可爭辯的特質」。高更自己也說得很對：「原始藝術從精神出發並利用大自然。而所謂精煉的藝術卻從感覺出發，並為大自然服務。大自然是前者的僕人和後者的女主人。」這使他從心靈深處嚮往原始和野性，而義無反顧地脫離文明社會。他於1886年去了遠離巴黎的法國西北布列塔尼半島（Brittany），並在蓬阿旺（Pont Aven）安居；第二年又前往加勒比海東部的馬丁尼克島（Martinique）；在兩次去了南太平洋中部的塔希堤島（Tihiti）後，1891年起在馬丁尼克島北面的多明尼加島定居下來，直至去世。

高更〈在海灘上的大溪地女人〉

四、從多方面解釋「天才」

這些地區的天然景物,《超越自然》的作者說,「與高更的天性十分相近。」它的那種「充滿原始方式的衝動,喚醒了高更體內野性的一面」。正是在這些「遠離文明的」地方,高更的另一位傳記作者、義大利的列奧奈洛・文杜里說,他「重新獲得了平靜、人性和快樂」。也就是在這些地方,高更找到了釋放能量的途徑,不但創作出了〈四個布列塔尼女人的舞蹈〉、〈黃色的基督〉、〈在海灘上的大溪地女人〉、〈野蠻人的故事〉等不朽之作,甚至改變了畫風,用「平塗」來再創真實場景,以代替印象派的點彩法。高更曾在一封信中這樣描述他 1897 年創作的、他最著名的油畫〈我們來自何處?我們是什麼?我們向何處去?〉:

……我再也畫不出更好的、有同樣價值的畫來了。在我臨終以前我已把自己的全部精力都投入這幅畫中了。這裡有多少我在種種可怕的環境所體驗過的悲傷之情,這裡我的眼睛看得多麼真切而且未經校正,以致一切輕率倉促的痕跡蕩然無存,在畫上看見的就是生活本身……整整一個月,我一直處在一種難以形容的癲狂狀態之中,晝夜不停地畫著這幅畫……

很好地表述了他透過創作使壓抑獲得釋放的心境。這也就是高更自己所體驗到的:「文明使你痛苦,野蠻卻使我返老還童。」

對於能量壓抑和釋放與藝術創作的關係,佛洛伊德自己也曾以李奧納多・達文西、米開朗基羅和俄羅斯作家費奧多爾・杜斯妥也夫斯基(Fyodor Dostoevsky, 1821–1881)等人為例,進行過具體的分析。

杜斯妥也夫斯基做醫官的父親,性格多疑、自負、暴躁而又專橫跋扈,並帶有嚴重的憂鬱和病態。這一切,作為基因,對未來的作家本就產生過遺傳作用;而他所造成的一場「家庭悲劇」,更是極大地影響著杜斯妥也夫斯基的心靈和創作。

4、「壓抑」說

俄羅斯作家費奧多爾·杜斯妥也夫斯基

作家的母親是一個溫順而賢惠的女性，她愛她的孩子，也愛她的丈夫，她甚至表示，為了丈夫，她「不僅隨時準備犧牲自己的平靜，而且隨時準備犧牲自己的生命」。可是這些仍得不到丈夫的歡心，反而無端遭到他懷疑，猜忌和責難她對他不忠；因此在長期憂鬱之中，最後在作家少年時代便死於日益加劇的肺結核。這一悲劇使未來作家在潛意識中產生對母親的深切同情和愛，如佛洛伊德在〈杜斯妥也夫斯基與弒父者〉中說的「對他父親的憎恨和要可惡的父親死去的願望」。

由於意識領域中的「超我」作用，杜斯妥也夫斯基的這種憎恨和願望只好被壓抑在潛意識的底層，因為佛洛伊德說，「如果現在滿足了這些被壓抑的願望，那是很危險的。」於是他從少年時代起，內心就產生出一種深深的罪惡感：這種罪惡感的產生，與其說是佛洛伊德所謂的他「以父親自居」，不如說是因為他覺得自己的無能為力，在可憐的母親跟前是有罪的。但是長期的嚴重壓抑會導致精神疾病，杜斯妥也夫斯基的癲癇症——精神疾病中的一種，大約就在這個時候開始萌發，其後再逐漸加重發作。對杜斯妥也夫斯基來說，他的癲癇發作，是釋放能量的一種途

四、從多方面解釋「天才」

徑;另外,不但他對罪惡感表現出懲罰性的作用方式,他的賭博和創作,也都是釋放能量的途徑。佛洛伊德寫道:

……人們都把賭博視為肯定是杜斯妥也夫斯基病態激情的發作。……正像神經病患身上經常發生的那樣,他的罪惡感以債務負擔的明確形式表現出來,……他知道他主要是為賭博而賭博。他憑衝動作出的荒誕行為的所有細節,都顯示出這一點,還顯示了另外更多的情況。他不肯罷休,除非輸掉所有的東西。對他來說,賭博也是自我懲罰的一個方式。他一次又一次向他年輕的妻子發誓,或用他的名譽許下諾言說他不再去賭博了,或者在哪一天不再賭博了;但是,結果正如他妻子所說,他總是失信。當他輸到他和她處於極其拮据的境地,他便從中獲得續發性病理上的滿足。事後,他在她的面前責罵和羞辱自己,要她蔑視他,讓她感到自己嫁給這樣一個慣犯而傷心。當他這樣卸掉了他良心上的負擔後,第二天,他又會重新開始這一切。他的年輕妻子習慣了這種循環,因為她注意到一件事提供了挽救的真正希望:他的文學寫作,當他們失去了所有的錢,典當了他們所有的東西,他的寫作就會進行得十分出色。當然,她並不理解其間的連繫。當他的罪惡感由於他加在自己身上的懲罰而得到滿足,那加在他寫作上的限制就變得不那麼嚴厲了。於是他就讓自己在通往成功的道路上向前邁進幾步。

確實,能量的壓抑和釋放的這種關係,在杜斯妥也夫斯基的創作中可以非常清楚地看出,尤其如他所創作的小說《卡拉馬助夫兄弟們》。

如果要用一句話來概括,那麼《卡拉馬助夫兄弟們》這部偉大鉅著,說的就是一個弒父的故事。

佛洛伊德提到:「《卡拉馬助夫兄弟們》中的父親被害,與杜斯妥也夫斯基本人父親的命運之間的連繫,引起不止一個撰寫其傳記的作者關注。」這是很自然的,因為,儘管杜斯妥也夫斯基從童年時代起就產生「對他父親的憎恨和要可惡的父親死去的願望」,但是他不能公開地實現

自己的這一願望,甚至不能坦率地表達這個願望,因為法律和輿論,甚至自己的理性都不允許他這樣做,所以他一直壓抑著。這壓抑使杜斯妥也夫斯基即使在白日夢中實現這個願望,也會產生罪惡感。可是這壓抑又冀求獲得發洩,他的能量需要得到釋放。對作家來說,創作正是一條適當的途徑。於是在杜斯妥也夫斯基的潛意識中,透過在創作《卡拉馬助夫兄弟們》時以殺死費道爾・卡拉馬助夫的主角德米特里・卡拉馬助夫自居,就如同實踐了自己「要可惡的父親死去的願望」。這樣一來,作家自己既能因能量得以釋放而獲得了心理的平衡,從而避免了負罪的內疚,讀者又意識不到他弒父的用意。這正是天才作家最理想的發洩之路。

四、從多方面解釋「天才」

五、
天才和精神病患

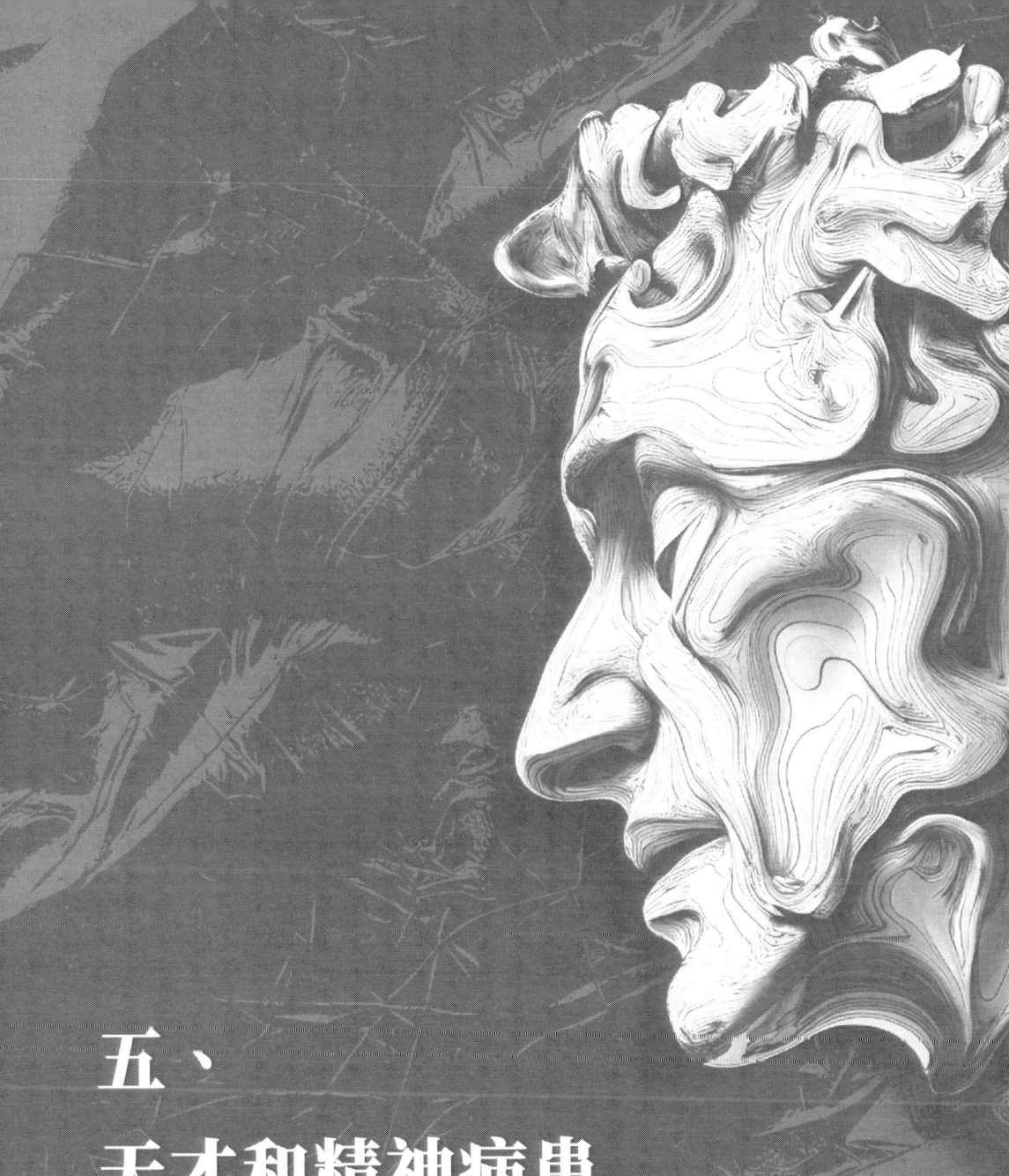

五、天才和精神病患

1、精神病患的際遇

在人類進化的初期,那些原始人一天只要能獲得獵物,使自己能夠填飽肚子、達到生存的目的,也就滿足了。但是如今不同了。人與人,在物質生活和精神生活的需求上,是有很大差異的。美國人本主義心理學的創始人亞伯拉罕·哈羅德·馬斯洛 (Abraham Harold Maslow, 1908-1970)將人的需求按層次分五個層級:從最低「生理需求」到較高的「安全」和「愛和隸屬關係」,直到「尊重的需求」,到最高級的「自我實現」。

美國人本主義心理學的創始人亞伯拉罕·馬斯洛

只是人不是孤立的魯賓遜,生活在社會上,人不時都會因內心的這種需求而跟現實中的法律、道德、社會習俗、宗教信仰及人際關係發生矛盾和衝突,而且越高的需求,越容易發生衝突;越是心智聰慧、感覺敏銳、富有教養的人,越容易發生衝突。因此,越是心智聰慧、感覺敏銳、富有教養的人,越會在這些衝突中感到沮喪,感到壓抑,感到憂傷。可是長期的、深重的壓抑和痛苦,漸漸地會導致人患上精神疾病。怎麼辦?

心理分析的創始人西格蒙特·佛洛伊德寫過一段常被引用的話:

藝術家也有一種反求於內的傾向，和神經病人相距不遠。他也為太強的本能需要所促使；他渴望榮譽、權勢、財富、名譽和婦人的愛；但他缺乏求得這些滿足的手段。因此，他和有欲望而不能滿足的任何人一樣，脫離現實，轉移他所有的一切興趣和力比多，構成幻念生活中的欲望。這種幻念本就容易引起神經病；其所以不病，一定是因為有許多因素集合起來抵抗病魔的侵襲；其實藝術家也常因患神經病而使自己的才能受到部分的阻抑。也許他們的稟賦有一種強大的昇華力及在產生矛盾的壓抑中有一種彈性。（高覺敷譯）

佛洛伊德這裡說的「神經病」具有精神疾病的含意；而「藝術家」也不是指通常所謂的那些僅是畫過幾幅畫或者寫過幾部小說的人，而是真正具有創造性的藝術家，如佛洛伊德饒有興趣地深入研究過米開朗基羅、達文西、杜斯妥也夫斯基等天才藝術家。

在這段話裡，佛洛伊德闡明了這樣一種變化，即藝術家往往也有精神疾病，但他們的稟賦中有一種強大的昇華力，就能使他的壓抑獲得了發洩，找到了出路。也就是說，儘管一般人只能在壓抑中永遠陷入精神疾病；真正的藝術家卻能透過昇華而成為天才。精神病患與天才的不同之處就在於，天才人物中有許多都患有精神疾病，但他們畢竟是天才；而精神病患中，有些會透過昇華而成為天才，另一些則永遠是精神病患。

在歷史上，精神病患一直受到極不人道的對待。米歇爾‧傅柯在他的經典著作《古典時代瘋狂史》中說：「……在那個時代，瘋子們要過著漂泊不定的生活，簡直毫不費力。城市往往將他們驅逐牆外；人們讓他們在遙遠的鄉村中奔走，不然就把他們託付給商人和朝聖者團體。」「大禁閉」時期「創立了大型的監禁房舍」之後，「數個月內，巴黎市內百分之一以上的居民便被關了進去。……一個半世紀間，瘋子們被投入監禁體制之中……」：

五、天才和精神病患

在伯利恆院中,激動的瘋女們的腳踝被鏈在一條長廊和牆壁之上;她們所有的衣著,就只有一件棕色的粗呢袍子。在另一座貝斯納爾‧格林救護院裡,曾有一名女人常強烈激動地發作:這時她會被關在豬棚裡,手腳綁在一起;發作過後,她被縛在窗上,只有一張被蓋可供保暖;當人們准許她起來走幾步時,還在她雙腳間裝上一條鐵棒,鐵棒除用圈子固定在腳踝上之外,還用一條短鏈連結到手銬上。

戈雅的〈瘋人院〉

薩姆艾‧突克在他的《貧困精神失常者境遇報告》(*Rapport sur la situation des aliénés indigents*)裡,詳述了伯利恆院為了控制一位以狂怒出名的瘋子而設立了一套費心的系統:一條穿過牆壁的鏈子把他鎖住,如此便可讓守衛來指揮他,也就是說,可以由外面來牽動他。他的脖子上套著一個鐵環,而這個鐵環藉由一條短鏈,被連接到另一個鐵環,後者可以沿著一根前後兩端被固定在牢房地板和天花板間的垂直鐵棒滑動。當人們開始改革伯利恆院時,發現有一個人在十二年間,便是生活在這樣的牢房裡,遭受這樣的拘禁系統控制。

1、精神病患的際遇

被捆綁的精神病患諾里斯

……可固爾（Coguel）如此描述18世紀末的硝石庫院（即薩爾佩特里埃醫院——余）：「狂怒發作的瘋女們像狗一樣被拴在她們的病房門口，並且以一條設有鐵欄杆保護的長廊，把她們跟守衛和訪客隔離開來；食物和她們用來睡在上面的草蓆，便是透過這道鐵欄杆遞給她們；人們用耙子將環繞她們的一部分髒物耙出來。」位於南特（Nantes）的救護院，看起來則像是一座關猛獸用的個別牢籠所組成的動物園。埃斯基羅從未看過「如此眾多的門鎖、門閂、鐵槓被用於增強地牢之門……在門邊所開的小開口裝有鐵柵欄和遮板。就在開口的旁邊，吊著一條固定在牆上的鏈子，其另一端則掛著一個鐵鑄容器，外形相當像一隻木鞋，食物便被裝在裡頭，穿過開口的鐵柵欄傳送進去。」當弗萊德（Fodéré）在1814年抵達史特拉斯堡醫院時，他發現有一個耗費許多心思、精巧設立的關人獸棚。「為了那些令人厭惡和把自己弄髒的瘋子們著想」，人們想到在大廳的邊緣設立「正好只容中等身材者的一些牢籠或木板櫃」。這些牢籠底面有空隙，而且並不直接棲息在地面上，而是離地約有十五公分。在這些板條上，鋪著些許麥桿，「而全裸或半裸的精神失常者便睡在上面，在那兒用餐和大便……」（林志明譯）

五、天才和精神病患

在這些遭受極不人道對待的瘋癲病患中，不乏一些實際上的天才人物。

法國的著名精神病學家讓-艾蒂安-多米尼克·埃斯基羅（Jean-Étienne-Dominique Esquirol, 1772–1840）於 1811 年任巴黎著名的薩爾佩特里埃精神病院的「常任醫師」前後，曾在 1810 年、1814 年、1817 年三次自費巡迴全法國，了解各地精神疾病收容院的情況；1823 年升遷到巴黎大學醫學院檢察總長的高位。隨後，他受內政部之命，去全法國了解收治精神病患機構的狀況。回來後，他對自己所見的情況作了極有戲劇性的描述：

我見到，他們衣衫藍縷、軀體裸露，躺在冷溼的路面上，僅僅靠著一點點稻草禦寒。我見到，他們食物粗陋，呼吸著汙濁的空氣，連最基本的生活需求都得不到滿足。我見到，他們完全聽憑獄卒的擺布，是這些人野蠻管理的犧牲品。我見到，他們成群擠在骯髒、狹窄、沒有空氣和陽光的地牢裡，被捆鎖著。若是把政府花錢在城市裡飼養的野獸也關到他們所處的洞穴，都會使人們為其感到擔憂。

法國精神病學家埃斯基羅

就是這位十分了解精神病院和精神病患的醫生，曾在病例報導中提到有些瘋癲病人，實際上是天才人物，如他說曾親眼見識一位病人在瘋

癲發作期間發明出一種大砲，這種大砲後來被相關單位所採用。

如果查閱歷史和傳記資料，可發現有更多遭受折磨的精神病患，都不是平常之輩。

克萊奧梅尼一世（Cleomenes Ⅰ，？–西元前490）可能是歷史上最早遭到非人對待的著名精神病患之一。這位斯巴達國王發瘋後，希羅多德記述說，「他的近親便把他看守了起來，為他上了足枷」，由多名看守看管住。最後在只剩下一個看守的時候，他用匕首往自己身上刺，從腳到腹，殺死了自己。

另一個遭受折磨的著名人物是英國的喬治三世國王（George Ⅲ，1738–1820）。

歷史學家說，喬治三世是一個「心地善良的人」。但是命運使他總是遇到一些他難以解決而良心上又不容他逃避的重大問題。這些事使他一次次深受精神創傷。加上他可能患有一種叫做「紫質症」（porphyria）的遺傳性疾病，此病曾折磨過蘇格蘭的瑪麗女王；瑪麗女王又傳給他的兒子，英格蘭的詹姆斯一世。其他受這一遺傳病連累的王族成員還有大不列顛的安妮女王、德國的腓特烈大帝、喬治三世的兒子喬治六世，和喬治六世的女兒夏洛蒂公主，她在分娩時死於此病。

喬治三世的病第一次發作是在1765年，即他與德國的夏洛蒂公主結婚之後的第五年。症狀相當典型：皮膚發炎、發癢，腹痛、嘔吐，四肢無力甚至麻痺，尿液顏色呈葡萄酒樣，因刺激腦部的神經受阻，引起類似於癲病的症狀。

1783年，喬治三世的兒子威爾斯親王成年。但由於與父親的政治見解不同，又與一些賭友意氣相投，使國王感到十分沮喪和憤怒；加上緊張工作的重負，他的精神嚴重崩潰。此後他至少有四次受激動、癱瘓和

五、天才和精神病患

神志昏迷等症狀折磨。在這段時期裡，他在溫莎堡（Windsor Castle）的日子不但都在孤獨中度過，而且常常得穿上「拘束衣」（straight jacket），被鎖在「鎮靜椅」（tranquilizing chair）上。歷史學家約翰·克拉克曾這樣描述作為精神病患的喬治三世所受到的對待：

當知道國王能活下去但不能恢復理智時，把他轉移到溫莎並到了（植物園）丘園。喬治的御醫們可能認為它們的治療方向是對的，然而，毫無疑問，那些治療殘酷得令人髮指，只能延緩病人的康復。喬治在丘園的主治醫生是林肯郡一家私立瘋人院的老闆，一個名叫弗朗西斯·威利斯的大夫，治療主要是訓斥、威嚇、穿拘束衣。假若國王拒絕吃飯或吵鬧不休，就把他的兩腿綁在床上，再用一個箍帶沿著周身捆緊起來。後來，又用一種特殊的鐵椅子限制他的行動。迫害人不只威利斯一個。還有一個華倫大夫，他堅持要把一種斑蝥和芥茉敷料塗遍國王全身，這樣，引起的水泡苦痛難熬，就會把國王身上的「壞體液」引出來。

奇怪的是，喬治的病情居然一度有所緩解。但是他對兒子感到失望後的唯一安慰──小女兒阿米莉亞，也在1810年去世，這使他受到極大的打擊。他舊病復發，第二年，便完全陷入精神錯亂之中，而且雙目也都失明了，直至1802年去世。克拉克說：「喬治一生的最後十年很悲慘。又老又瞎，白鬍鬚很長，穿一身紫色的晨衣，在溫莎城堡一套與世隔絕的房間裡蹣跚地踱來踱去。」

晚年患病的喬治三世

1、精神病患的際遇

喬治三世的病情很為人們所關注，有多部藝術作品表現他的生平，就在 1993 年，也有一部新編劇作《喬治三世的瘋狂》(The Madness of George III) 上演。

一個國王，患了精神疾病都尚且如此，普通人的際遇也就可想而知了。

在菲利普‧皮內爾 (Philippe Pinel, 1745–1826) 和他的學生讓 - 艾蒂安 - 多米尼克‧埃斯基羅 (Jean-Etienne-Dominique Esquirol, 1772–1840)，還有美國的桃樂西亞‧迪克斯 (Dorothea Lynde Dix, 1802–1887) 等先驅人士出於人道主義，勇敢地站出來，將被拘禁的精神病患解放了出來。可是，對他們的病症「治療」，據 1785 年《醫學雜誌》(Journal de medécine) 收錄的〈專業療養所中精神失常者治理和照料方式指南〉，最常使用的方法還是相當原始的「靜脈放血」：「以大量放血開始，先由腳部做起，重複兩三次，接著是顱骨動脈和頸動脈，必須大量地放血。」甚至特別指導醫生「必須大膽地放血」，以致常常使病人幾乎休克和死亡。這種「治療」往往成為一種折磨。17、18 世紀裡，這種「靜脈放血」是最風行的。之後，對精神病患，像對待罪犯一樣，有鼓吹以安樂死方式殺死的，也有強迫他們絕育的。但即使是出於良好的念頭，用「電痙攣」方法來治療病症，對精神病患來說，往往也十分可怕。美國作家、諾貝爾文學獎得主厄內斯特‧海明威實在受不了「電痙攣」治療，覺得是一種受罪。這也是他自殺的動機之一。

美國作家海明威

133

五、天才和精神病患

當另一位患有精神疾病的女作家，天才橫溢的詩人希薇亞‧普拉斯需要治療時，她的傳記作者安妮‧史蒂文森寫道：「她很懼怕重新受電痙攣的治療，並且非常小心提防任何一個她不認識的醫生。」（王增澄譯）

美國女詩人希薇亞‧普拉斯

2、禁閉室裡的天才

皮內爾、埃斯基洛和迪克斯小姐等人為改變精神病患的際遇，表現出無比的勇氣，甚至不顧自己可能因此會遭受何種不測，是十分可敬而可佩的。他們這樣做，是出於人道主義之心——一種起自於文藝復興時代以人為一切事物的標準、重視人的價值、人的自由意志，到理性時代和大革命時期所提倡的「人人生而平等」的思想，認定人僅可以存在自然產生的不平等，但不應有由社會契約造成在精神上和政治上的不平等，沒有人有權力要求別人去做他所不願意做的事，尤其是以傷害別人而使自己獲得某種享受的權力。這些堪稱是英雄的人道主義者，可能主要也只是從這些瘋癲病患作為一個人的生理科學角度去看待他們，而沒有能夠進一步地意識到，在這些被禁閉在囚室似的精神病院裡的病人中，會

有不少非一般的普通人,而是一些天才人物。埃斯基洛雖然在他的病例報告中提到過這種情況,但他未必就相信此人是一個天才人物,更未必據此得出精神疾病與發明創造有連繫這樣一個普遍性結論。但是,歷史事實說明,在精神病院的囚室裡,確實曾經禁閉過一些極為傑出的哲學家、文學家、藝術家等天才人物。

對20世紀影響最大的德國哲學家和思想家之一弗里德里希·尼采(Friedrich Nietzsche, 1844-1900)就是一位長期被囚禁在病室和精神病院裡的德國哲學家。

尼采的父親是一位鄉村牧師,但在弗里德里希五歲時即離開人世。尼采少時一直生活在母親、妹妹、外祖母和兩個尚未出嫁的阿姨等五個女人之中,她們把這個家變成一個遵守新教清規戒律的場所。不過這沒有壓制住這位少年天生的才性,年齡很小的時候,尼采便開始寫詩、作曲,內心中總懷有一種「創造點什麼」的強烈欲望。1858年,十五歲的尼采即獲得德國首屈一指的學校普福塔寄宿學校的獎學金,成績非常優異。畢業後,於1864年進入波昂大學。在這裡,人們覺得他有些古怪,與別人不一樣;他自己也這樣認為。讀了三個學期後,他轉到萊比錫大學,立即得到弗里德里希·里奇爾(Friedrich Wilhelm Ritschl)教授的賞識。里奇爾是一位古典學者,以研究古羅馬喜劇作家普勞圖斯(Plautus,約西元前254-前184)的著作和創立古典學術研究中的波昂學派而聞名,後來還被選入法蘭西研究院。他聲稱,在他從教的四十年中,還從未見過像尼采這樣具有如此無限才賦的人,並以無比的讚詞推薦他去瑞士巴塞爾大學接任剛空缺下來的古典語言學教學職務;隨後,里奇爾更褒獎他所寫的研究古希臘作家第歐根尼·拉爾修(Diogenes Laertius,活動期3世紀)的學術論文,使他擔任了一年的「特別教授」之後,便被巴塞爾大學升遷為正式教授。

五、天才和精神病患

德國哲學家和思想家弗里德里希·尼采

但是這個才華無限的人,卻是一個精神病患。

尼采的父親年輕時有一次曾從臺階上掉下來,受了傷,造成腦軟化症,結果在三十六歲時就死於腦瘤。這是否為尼采精神病症的遺傳因素,雖然沒有得到確鑿的證明,但萊比錫著名精神病醫生保爾·尤利烏斯·莫比烏斯(Paul Julius Möbius)對尼采治療的相關檔案做了詳細研究和認真分析之後認定,這位哲學家患的是「進行性腦癱」,即進行性的「大腦性麻痺」,並懷疑是梅毒引起的,儘管不能完全排除安眠藥可能具有產生或加重病症的作用。

最早大概是1871年初,尼采感到自己頭痛得很厲害,同時還患有眼疾,只有服用強烈安眠藥才能入睡。幾年後,他的健康每下愈況,可說是已經百病纏身了。偏頭痛不斷地折磨著他,常常使他嘔吐不止。1875年的一次大發作,連續好多天,都使他頭痛難忍,睜不開眼睛,只好被禁錮在黑暗的小屋裡,上吐下瀉,甚至全身抽搐,瀕臨死亡的邊緣。甦醒過來後,他對妹妹說,他現在已經肯定了自己患的是大腦內部的疾

病,眼睛和胃部的病變不過是這種病因的反應罷了。現代醫學證實了尼采的這個自我診斷,他的這些症狀是梅毒第三期的前兆,導致他十二年後的腦癱。第二年,尼采向任教的巴塞爾大學請了一年病假;由於病體持續惡化,1879 年,他辭去了教授職務。從此,直到 1900 年 8 月 25 日突然死亡的十一年裡,尼采都在妹妹和母親的陪伴下,完全獨處在變化莫測的精神病態中,只與少數幾個人保持聯繫。期間的 1888 年深秋到冬季是他從現實跨入瘋癲的臨界階段。他回憶說,當時他精神極度沮喪,只感到「陰晦的時刻,整日整夜,我不再知道我是怎樣活著的。那時,有一種黑漆漆的絕望攫取了我,這是我迄今為止從未經歷過的。」(張念東等譯)

這變化莫測的病情,表現在有時候他精神煥發、情緒愉快、充滿活力,對自己和世界都很滿意;過了幾天之後,突然又變壞了,他步履蹣跚,神態異常,甚至處於精神崩潰狀態,往往是無奈地睜著眼睛,沒日沒夜地躺在黑暗的房間裡;或者不斷地吞食藥片,懷著莫大的恐懼坐在床上,害怕自己會發生什麼不測;而且隨著時間的推移,發生這種情況的次數也愈來愈頻繁,使他的朋友不得不把他送進瘋人院。

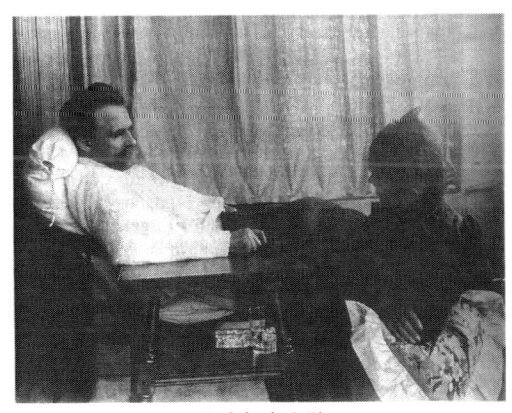

尼采在瘋人院

五、天才和精神病患

一位對尼采的生平、人格與思想研究了二十多年的學者曾這樣描述這位哲學家瘋狂後的奇特狀態：

……尼采的病魔又把他投進了一種精神上和肉體上的迴光反照狀態。看起來，他似乎年輕了十歲光景，他自覺成了一個新的哥倫布，在發現新大陸的旅途中已位於人類精神的最遙遠領域。

如果講起他的生活，真是令人哭笑不得。他說自己現在待在熱那亞，孤獨一人，無人知曉；但他懷有的祕密一旦為世人所知，將會令世界為之戰慄。他正準備赴世界之端、大地之邊，如荷馬所說，到有幸福歸宿的地方去。對他來說，他得到大街起舞。而有時，他會對著鏡子看著自己的倒影做著鬼臉。他大笑，獰笑，怪相橫生；他想衝破所有人的屋頂大聲宣告他是何人，他們——善良的熱那亞人——將知道他頭腦裡裝有了不起的炸藥，他們會向他下跪，頂禮膜拜。……

在病態中，尼采時時會出現幻覺，飄飄然地感到自己是一位在義大利都靈大街上遊蕩的國王；感到自己雖是在一間黑暗的小屋裡，卻能「傾聽女神的聲音」，而且已經洞見了生命之謎。他堅信沒有一個別的凡人能意識到恐懼和美共存是如此地曇花一現，並為此而感動得熱淚盈眶。他在給朋友的信中說自己已被命運選中，向世界宣告一種新人類，一種「超人」的到來，而他自己就「已經為人類提供了他們可能擁有的最淵博的著作」。他又說自己是「上帝」，是「釘在十字架上的人」；還聲稱自己是「尼采－凱撒」，打算在羅馬召開列國君主會議，以決定將年輕的德國皇帝槍斃於此，等等。但與此同時，他又聲言「我不是人，我是炸彈」。雖然他常常是安靜的，這當然是病態的「安靜」：呆呆地坐在輪椅上，或者黑暗的房間裡，如他一位見到這情景的朋友所描述的：他睡在一張沙發上，「黯淡無神的、肌肉鬆馳的臉上，……表現出無限的倦意，他雙手蠟黃，血管是綠紫色，還有些腫脹，和一具屍體差不多。」但疾病發作

起來，他半夜裡都突然會發出一聲嚇人的吼叫，然後是兩、三次嘶啞得像呻吟一樣的長鳴；他還會暴怒不已，一次甚至扼住妹妹的喉管，差點把她掐死……

但是傳記資料令人驚異地說明，尼采1889年1月完全失去精神控制摔倒在都靈市大街上之前，到瘋癲的這段時間，正是這位哲學家最光輝的時期。僅在這1888年的一年裡，他的著作就那麼地豐富多彩：他發表了〈瓦格納事件〉，完成了《酒神頌》，又撰寫了他的哲學思想概要〈偶像的黃昏〉、〈反基督〉、〈瞧！這個人〉和〈尼采駁瓦格納〉。可以說是迸發出無窮的創造力。這究竟是怎麼回事呢？

丹麥的格奧爾格・布蘭兌斯（Georg Brandes, 1842–1927）是最早意識到尼采天才的文學批評家，是他，寫出了全歐洲第一篇研究尼采的著作《貴族激進主義》；隨後又開設了關於尼采的講座。

這位對尼采有深刻研究的學者說是因為尼采

作為痼疾和經常復發的病痛的受害者，他是一個頹廢物；但同時，作為一個內心深處的自我從未受到疾病損害，在病痛發作期反而力量倍增，生活充實的人，他又是一個頹廢物的對立者，一個不斷將自己的生活形式提升到新的高度的存在物。

布蘭兌斯的分析也可以從尼采本人的自我體驗中得到印證。在一封信中，尼采曾談到他自己，說他雖然「是個頭痛病患者，半個瘋人，被長期的孤獨生活弄昏了頭」，但是他「沒有因此而喪失理智」，而且「達到了，如我所說，可以清楚地審視事物狀況」。

尼采寫的手稿似乎更加可以看出他這種「自我從未受損害的力量」。

沒錯，尼采的手稿，以1888年寫的典型來看，筆跡有如龍飛鳳舞，簡直像是天書，難以辨認。但是熟悉這些手稿的尼采的妹夫彼得・加斯

五、天才和精神病患

特不止一次說道:「放在我們面前的手稿都是純天才的熱情迸發出的箴言、格言——精神之火山」;「是真正的火焰之山,精神之偉力。」尼采原來的朋友、大作曲家理查·華格納的妻子科西瑪和為尼采治病的法蘭克福醫生奧托·愛澤爾,甚至以哲學家十年前出版的那部格言式的天才著作《人性的,太人性》為例,認為此書不但是在患精神疾病時寫出的,而且可以作為患精神疾病的象徵;他們甚至認為:尼采如果身體健康的話,恐怕就寫不出這樣一部了不起的作品了。

弗里德里希·尼采就是這麼個被精神疾病囚禁在病室和精神病院裡的天才。

法國作家德·薩德侯爵

法國的德·薩德侯爵也是這麼一位天才。

洗禮時被命名為多納西安-阿爾馮斯-法蘭索瓦的德·薩德侯爵(Marquis De Sade, Donatien-Alphose-Francois, 1740–1814)生於巴黎一個非常顯赫的家族,波旁王室主系孔代親王第八的孔代公主(Princess de Condé)的宅內,因為他母親是這位公主的高級侍女;他的父親薩德伯爵也是一位出身高貴的外交家。薩德最初幾年的生活是在這王宮裡度過的。但是一踏入社會,青年侯爵的行為就完全不像一個具有貴族背景的人所應有的表現。沒錯,風流放蕩是一般貴族青年的共同習性或嗜好,

問題是薩德所物色的對象，既不是伯爵、侯爵夫人，也不是沙龍的女主人，或者其他與自己身分相稱的女性，而全是一些底層人物，如以製扇子為業、偶爾也透過賣淫來補貼收入的熱納・泰斯塔特（Jeanne Testard），德國糕餅師傅的遺孀羅絲・基勒（Rose Keller），作女僕和廚娘的凱薩琳・特列奧里（Catherine Triollet），和一些低階妓女等等。特別是薩德的性心理、性行為也非常態，不同於一個正常人的心理和行為，主要表現就是喜歡在精神上或肉體上虐待所愛的對象，來使自己的性衝動獲得滿足，以致此後他的姓氏竟成為一個普通名詞「施虐狂」（Sadism）。

1763年10月，薩德新婚後僅五個月，他透過一個拉皮條的女人將熱納・泰斯塔特帶進他的「別室」之後，便逼她作出種種淫穢的動作，還勸誘她重重地鞭打自己，或讓他以肛交來淫樂，使她陷於「令人恐怖的不敬行為」，遭到嚴重的性虐待。1768年3月3日復活節那天早上，薩德偶然邂逅羅絲・基勒後，也把她帶到他所租用的房子裡，然後引她到房子的頂樓，將門反鎖，命令她脫去衣服。羅絲正不知怎麼回事，薩德突然又用腳絆了她一跤，並從衣袋裡拔出一支手槍，威脅她，說要聽她復活節的懺悔，同時又把她的兩隻手綁了起來，用小刀將她的皮肉割得血流如注。在以如此的性虐待來刺激他自己出現性高潮之後，薩德又用滾燙的封蠟倒在羅絲的傷口上，說這是一種消毒油膏。1772年6月，薩德在貼身男僕的陪伴下進了馬賽一家妓院。在那裡，他招待女孩時，給她們吃的巧克力中含有從森林沼澤地裡找來的斑蝥研成的粉劑，以這種自古就被當作春藥的東西來刺激性欲，使其中的一個女孩病得非常厲害……

薩德的這些舉止本身就是一種精神變態的行為，這種變態最後甚至逐漸發展到了瘋狂的境地。

薩德先是遭到熱納・泰斯塔特的指控，因而以淫蕩和褻瀆神靈的罪名第一次被投入凡爾賽監獄；出來後，羅絲的案件使他再次入獄。1772

五、天才和精神病患

年的事,他和男僕二人雖然得以逃跑,但仍以雞姦和毒殺未遂罪被判死刑,他們的模擬像被當眾燒毀。後來又一次被拘禁於凡爾賽,雖然這是他的岳母因考慮影響家庭的榮譽,才利用國王的「密札」(lettres de cachet)將他抓獲的,但這個女人也已經看出他不正常的精神病態。她明確告訴她的女婿,他只要承認自己是瘋子,就有可能推翻對他死刑的判決。一般情況下,每個精神病患都是不肯承認自己是精神病患的,這是精神病醫生的共識。薩德當然也不會承認。但是相關單位自然也意識到他的病情,因此薩德被從死刑減輕為懲戒,從原來所拘禁的凡爾賽轉押到巴士底監獄,只命令他改變生活方式;隨後將他轉移到夏朗德的瘋人院。就這樣,薩德一生中大約有四十年的時間都是在監獄和瘋人院裡度過。

在獄中,薩德的精神病態在兩個方面有異常突出的表現。在失去自由的日子裡,薩德極想了結他極端苦難的日子。於是,在他出現的幻覺中,他相信他所收到的信上,那些行句的數目,還有某一個詞或詞的某一部分反覆出現的次數,是對他刑期的暗示。這使他對數字表現出病態的著迷。

「心理分析」理論的創始人西格蒙特‧佛洛伊德(Sigmund Freud, 1856–1939)指出,人的性欲望或能量的發洩有三條途徑:如果不能透過異性的性器官這個正常的途徑,那就要轉化到藝術創作或科學發明等創造性的活動中,使這欲望和能量獲得昇華;若不能達到這一步,在長期的壓抑中,最後就只會導致精神疾病。專家研究認為,在薩德的身上,潛伏著一種天才人物所特有的極度性張力,這特有的張力時時刻刻都在尋求獲得發洩和施展。監獄和瘋人院的生活是空虛、單調的,於是他不得不壓抑著。結果在加重了他原來的精神病態的同時,部分地也在文學創作上得到了昇華,使欲望獲得幻想的滿足。薩德就在這多年的囚禁中

寫出了《索多瑪 120 天》、《美德的厄運》、《激情的罪惡》、《朱斯蒂娜或美德的不幸》和《朱莉埃特》等大量對性作圖解式描繪的小說和劇本。

多年來，德·薩德侯爵這些表現變態性欲望和性行為的作品都被認為是展現了絕對的邪惡，因而遭到禁止。最先是法國大詩人紀堯姆·阿波利奈爾（Guillaume Apollinaire）在 20 世紀初稱薩德是「最自由的精靈」，幫助他確立了在文化領域中的地位。隨後，對薩德的作品有一些爭議，直到 1991 年，一向以出版經典著作而聞名的法國「七星詩社」將薩德的全集作為「七星叢書」出版，他才被公認是一位經典作家，認為他的作品包含著道德觀念、文學觀念、小說理論，具有文化學、歷史學和人類學等等方面的意義。今天，德·薩德作為現代「被詛咒的作家」的先驅，他的作品象徵著文學史上的一個重要階段，他本人同時也被公認是一位世上稀有的天才──自然，同樣是一位具有精神病態的天才！

還有兩位被禁閉天才的一生，令人感動得流淚。

這是瑪麗·蘭姆（Mary Ann Lamb, 1764-1847）和查爾斯·蘭姆（Charles Lamb, 1775-1834）是的，他們是一對姐弟，一對可憐的姐弟，遺傳使他們兩個都患有精神疾病。1796 年，姐姐瑪麗的病發作，竟拿起一把刀子刺死她的母親。父親死後，姐弟兩人就相依為命，尤其是因有此病，遭鄰居嫌棄，非得不時搬遷住所，實是苦不堪言。查爾斯本人也曾住過瘋人院，他深知自己的病症，但是出於對姐姐的感情，如曾任教育大臣的英國散文家奧古斯丁·比勒爾（Augustine Birrell）所言，獨身的他總是竭力使自己避免「由於激動而變成瘋子」，以便可以照看她。精神疾病往往是有間斷性的，瑪麗的病也時好時壞，即將發作時，她常有預感，每當這時，姐弟倆就手拉著手哭著向瘋人院走去；好的時候，他們兩人則一起讀書、寫作。查爾斯寫出了大量隨筆和其他一些作品，是英國最偉大的文學家之一；他和瑪麗一起用散文體改寫的《莎士比亞戲劇故

五、天才和精神病患

事集》被認為是全世界「從八歲到八十歲的兒童」攻讀莎士比亞劇作所不可少的入門書。查爾斯·蘭姆在他聞名世界的隨筆集《伊利亞隨筆》中，有多篇，如〈拜特爾太太談橋牌〉、〈我的交往〉、〈古瓷器〉等，都寫到他與姐姐的情感。〈拜特爾太太談橋牌〉是這樣結尾的：

最近，我跟我那脾氣溫和的堂姐又玩了一回皮克牌，結果，我一個人全勝。儘管我們誰也沒有贏一個錢，誰也沒有輸一個錢；儘管那僅僅有一點兒賭牌的影子——我真不敢告訴你，我是多麼愚蠢！——我仍然希望這樣的遊戲一直繼續下去——我願意永遠做著這樣無補實際的傻事。我們打牌的時候，小瓦壺在爐子裡嘶嘶沸騰，壺裡煮著淫性的止痛劑；牌一打完，勃莉吉特就要把藥幫我塗在腳上——可是，讓它只管在壺裡起泡翻花吧，反正我也不怎麼樂意使用它。我只想跟勃莉吉特在一起打牌——一直，永遠地打下去。（劉炳善譯）

就以這麼普普通通的小事來抒發自己與堂姐勃莉吉特的情感。這位勃莉吉特，勃莉吉特·伊里亞（Bridget Elia），據傳記作家說，就是作者的姐姐瑪麗·蘭姆。多麼美的散文！又多麼感人至深！好像不是出於一個精神病患之手。不過，唯其不像是精神病患所寫的，才尤其令人感動。因為他確實是精神病患，但作為一個真正的詩人或天才，為了避免「由於激動而變成瘋子」，他要力求做到如他自己在一篇論述天才的隨筆中所宣稱的，「不管他發瘋也好，厭惡人類也好，都不是毫無控制、任意氾濫的——儘管看起來他似乎完全甩掉了理智的韁繩，實際上他並未甩掉……」

只是無論怎麼說，查爾斯和瑪麗·蘭姆都是天才人物，兩個被禁閉在囚室裡的天才。

六、
天才常見的精神病症

六、天才常見的精神病症

1、早熟

熟悉英國文學史的人，常常會對大詩人喬治・拜倫（George Gordon Byron, 1788-1824）的一段故事津津樂道：

由於當時評介文學作品的最高權威《愛丁堡評論》對拜倫上一年發表的詩作〈懶散的時刻〉給予刻薄諷刺，使詩人對這本刊物賴以生存的土地失去了眷戀之情。於是，在經過了一段時間的憂鬱的沉默之後，他在二十歲之年就寫出了一篇諷刺詩〈英國詩人與蘇格蘭評論家〉（*English Bards and Scotch Reviewers*），將所有受《愛丁堡評論》賞識的評論家都狠狠地鞭笞了一番；隨後，就從1809年6月起離開英國去東方旅行，於1811年7月14日，帶著這次旅行的精神結晶——《恰爾德・哈洛爾德遊記》（*Childe Harold's Pilgrimage*）回到倫敦。這部長詩的第一、二章在隔年的3月1日出版，使詩人「一覺醒來，發現自己已經成名。」影響是那麼地大，以致在倫敦的社交界，談論他的詩頓時成為一種流行。恰爾德・哈洛爾德是個憂鬱的、厭倦了生活的貴族青年，其萬里旅行和廣闊情思被看成是拜倫的自述；加上拜倫那秀麗的容貌，一切都投合倫敦上流社會的有閒女性，她們都憧憬一見這位年輕的詩人和勛爵。一位貴夫人——貝斯巴勒伯爵的女兒卡羅琳・蘭姆（Caroline Lamb）在日記上竟這樣寫道：「那張美麗蒼白的臉是我的歸宿。」

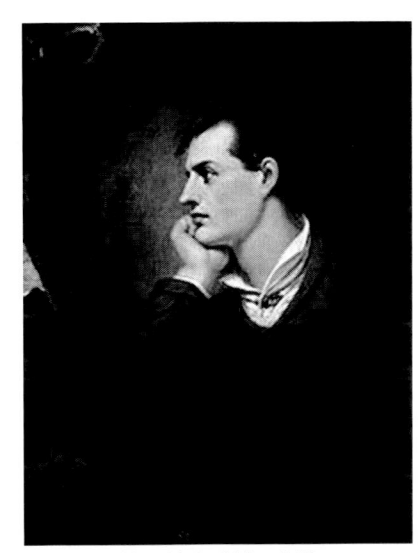

喬治・拜倫　　　　　　　　　　英國詩人喬治・拜倫

「蒼白的臉」是浪漫主義天才的象徵,《恰爾德・哈洛爾德遊記》已經證實這蒼白的臉的主人是一位天才詩人。崇拜天才是人們,尤其是年輕女性的共性,這些女性有的甚至一聽說拜倫有可能陪她們吃晚餐,就激動得渾身發抖。

為拜倫而激動的卡洛琳・蘭姆

其實,不必等到《恰爾德・哈洛爾德遊記》出版,拜倫從小就顯示出一個天才人物特有的早熟的敏感。

六、天才常見的精神病症

　　任何事都有一個「度」，超過這個「度」就屬不正常，也可以說是非常態的，即是病態的。最明顯的例子是，人的感受性，如果過於纖細、過於敏銳，看起來是好事，同時也容易變得歇斯底里。

　　天才人物的一個重要特徵，就是他的知覺和情感異乎尋常地細膩和敏銳，甚至到了反常的地步。

　　原始人的情感（feeling）是單一而粗俗的，主要只有快樂、憤怒、恐懼和悲哀等幾種與飢渴、飲食、性欲等直接關係到本身生存的原始情緒（emotion）。痴呆的人知覺麻木，對任何事物都不敏感，如一本精神病學著作中說的：「痴呆的徵兆是智力、認知能力的效率嚴重降低到足以干擾社交或職業功能，或二者在記憶力、抽象思維、解決問題和新技能的學習等方面的缺陷。另外的基本特點包括：判斷力的損害，不能有效地控制感情的衝動和人格變化……」人的心智層級越高，情感也越豐富、越複雜，有時會複雜到使人說不清究竟是什麼樣的感情狀態；情感越豐富、越複雜，就越是會以頑強、執拗、富有生氣的直覺，去感受更多一般人注意不到的事物，從而從純粹低階的生理需求、安全需求，經由愛和隸屬的需求、尊重的需求，跨到「自我實現」這一最高層次。這就是「創造」。

　　如果這些都不是在有了相當的閱歷之後，而是在幼年或少年時代就具有，那是一種天賦，但卻不能認為是正常的。

　　拜倫與生俱來的直覺使他不到八歲就「比較透澈地」讀完《聖經》「舊約」。後來他與朋友提起時，曾不無驕傲地稱自己當時就已是此書「名符其實的讀者和欣賞者」。當然，這麼小的孩子，未必真的能多麼「透澈地」讀懂此書，但書中的故事的確深深地刻印進他的腦際，如亞當和夏娃的兒子該隱出於妒忌殺了弟弟亞伯，就一直占據了他的想像，使他八歲那年便能很輕鬆地讀18世紀瑞士作家薩洛蒙・格斯納（Salomon

Gessner)的名作、敘事詩〈亞伯之歌〉。八到十歲的兩年裡，拜倫的閱讀範圍更廣了，包括俄國第一位世俗詩人和古典派作家安吉赫·康捷米爾（Antiochus Kantemir）和英國駐土耳其公使的夫人、18世紀英國最富才情的書信作家瑪麗·蒙塔古（Lady Mary Wortley Montagu）的作品，還有《天方夜譚》、土耳其歷史的英譯本，以及所有他所能找到的東方歷史相關、旅行遊記和同類書籍；此外，他還讀了《唐吉訶德》、英國小說家托拜厄斯·斯摩萊特（Tobias Smollett）的流浪冒險小說，並特別熱衷於讀古羅馬的歷史。

不僅是廣泛地閱讀和感受。拜倫十二歲開始寫詩，十八歲就以一個詩人的身分在《文娛月刊》（Monthly Literary Recreation）上發表他這篇引發爭論的〈懶散的時刻〉（Hours of dleness）；三年後，便名揚倫敦和全英國，最後以三十多歲的一生被公認為全世界最富有天賦的詩人之一。

少年拜倫在心理上也是同樣早熟和敏感。

大約是1795年的暑假，七歲的拜倫去蘇格蘭的班夫探望曾祖母時，第一次見到他的遠房表姐瑪麗·多芙（Mary Duff），立刻對她產生了一種朦朧的感情，思戀得夜裡都不能入睡。幾年後他還在日記中寫到，說自己忘不了她的容貌，忘不了他們之間的愛撫和兩人所說的每一句話，也忘不了他當時不寧的心和不眠的夜，以及他的痛苦。「我的痛苦，我對那個女孩子的愛是那麼熱烈，使我常常懷疑，我實際上是否一直還在依戀著她……」看來是真的，多年後，當他聽到母親說起瑪麗已經結婚時，他幾乎是暈厥了過去。1800年，當他在母親陪伴下去祖父在英格蘭的領地紐斯泰德時，見到另一位表姐瑪格麗特·帕克（Margaret Parker），他的感情又一次被燃燒起來了。他在筆記本上這樣寫道：她輕盈纖小，是最美麗的人之一，像往常一樣，「燃起了我的熱情，使我睡不著，吃不下，也休息不好。」他說，雖然他自己有理由認為她是愛他的，但仍覺

六、天才常見的精神病症

得,只有重新見到她,他才能不再受生活的折磨。1803年,十五歲的拜倫又一次來到紐斯泰德。這時,他首先想到的是住在這裡的瑪麗·查沃思(Mary Bhaworth)。與六年前第一次見到時相比,這個比他大兩歲的女孩剛進入成熟時期,出落得更加嫵媚動人。拜倫用機智的言語讚美她、恭維她。在與她相處時,「偶然的」一次皮膚接觸,都會引起拜倫的衝動。他甚至在舞會上見到有許多人請她跳舞,見她被別的男人摟著,都會妒忌得痛苦萬分。

這種感情上的早熟敏感性多麼地像另一位大詩人維克多·雨果(Victor Hugo, 1802–1885)的少年時代啊!

還只有五、六歲,上小學的時候,詩人的夫人阿黛爾·富歇(Adele Foucher)在回憶錄中說,每天早晨,母親送雨果進學校,因為他太小,身體又弱,人們特別照顧他,總是先「領他到校長的女兒羅斯小姐房間裡,時常碰見羅斯小姐還未起身;羅斯小姐抱他坐在床上,靠著她身邊,她起身的時候,雨果看著她穿襪子。」這一情景後來一生都縈迴在雨果的腦際,他聯想起女人的腿,她們白色或黑色的長統襪和她們赤裸的腳。這種敏感性使雨果如傳記作者所言,「一生都在尋求重新感受這種激動」。有一次,演劇慶祝校長生日,雨果夫人說:

> 一張幕布把課堂隔成兩半。演的是《熱納維埃夫·德·勃拉蓬》。羅斯小姐飾熱納維埃夫,全校最小的學生維克多飾演劇中的小孩。人們為他穿上襯衫,披上羊皮,羊皮端上有一根鐵鉤子。戲裡的情節,他全不懂,所以覺得非常長。他無聊之極,拿鐵鉤子扎羅斯小姐的大腿,因此戲演到最動人的當下,觀眾忽地聽到熱納維埃夫對她的兒子說:「你還不住手,醜小鬼!」(鮑文蔚譯)

表現出他下意識中帶有性方面成分的想入非非的類似情境,還有1811年,九歲的雨果跟母親去已被西班牙國王封為伯爵並做了將軍的父

親那裡定居，見到西班牙國王的一位情婦、十六歲的佩比塔時，他幻想把她看成是自己「心愛的情人」，並寫詩說，她嬌懶的體態，「把我的靈魂吸進她的袖管裡不放」。

與拜倫一樣，雨果在八歲的時候就以極為渴求地閱讀盧梭、伏爾泰、狄德羅等著名作家的作品，接受作品中的滋養，並且開始創作。雖然沒有人指導，不懂詩的作法，他只是按照自己的想法，一邊寫，一邊大聲地唸，以唸起來悅耳為準。就這樣在短短的一、兩年裡，寫出了好幾本筆記本的詩作，把自己心中情感抒發在紙上。雨果的傳記作家安德烈·莫洛亞稱讚說：「維克多從這時起就在詩歌的韻律方面和節奏方面顯示了天生的感受力，這種領略詩歌風格的本能使他從賀拉斯和維吉爾的詩作中，感受到一種在譯文中不復存在的美。」這樣，到了十四歲，他就寫出了一部悲劇《伊塔默》(Irtaméne)獻給母親，請母親「用慈母的微笑，／歡迎兒的這些創造！」……

法國詩人維克多·雨果

並不是只有拜倫、雨果兩個人，早熟和敏感是所有天才人物的共同特徵。

六、天才常見的精神病症

有義大利復興運動先驅之稱的義大利悲劇詩人維托里奧·阿爾菲耶里（Conte Vittorio Alfieri, 1749-1803）像但丁一樣，九歲就墮入愛河；後來，他經常跪倒在女人的跟前。

據說是喬托畫的但丁肖像　　　　但丁和貝亞特麗切

阿爾菲耶里對音符是那麼地敏感，當他第一次聽到一首樂曲時，他感到不僅是他的耳朵，連他的眼睛都被這些音符眩惑得眼花撩亂。他聲稱：「沒有什麼像音樂的聲響那樣，以如此不可制服的力量煽動人的靈魂了。」隨後，他在異樣卻非常舒適的憂鬱中度過了幾天：這是他幻想的昇華。就在這個時候，他寫出了詩篇，表現了他所要表達的傷感情緒。正由於阿爾菲耶里有這種異乎尋常的敏感性，才使他能夠以極其細膩而敏銳的情感來體驗和表達人類細緻複雜的感情。當他周遊歐洲之後，英國的政治自由和法國的文學使他深受感動，從而決心從事創作。1775年的第一部悲劇《克麗奧佩特拉》(Cleopatra) 一上演就一鳴驚人，至1783年，又寫了十部悲劇；此後他在三年內出版了《安蒂岡妮》(Antigone)、《俄瑞斯忒》(Oresteia) 等以神話和歷史為題材的悲劇十九部，其中講述古代以

色列國王的《掃羅》(Saul)被認為是義大利戲劇中感染力最強的作品。

類似的事例很多。艾克托‧白遼士 (Hector Berlioz, 1803–1869) 聽到一支優美的音樂，先是覺得沉入一種淫逸的狂喜中，隨後就因心悸和壓抑而全身躁動不安，最後甚至哆嗦、抽噎，痙攣得幾乎昏厥過去。西班牙的瑪利亞‧馬利布蘭 (Maria Malibran, 1808–1836) 第一次聽貝多芬的 C 小調交響曲時，因為受到強烈的震撼而不得不離開音樂廳。正是這種天生對音樂異常的敏感，才使白遼士成為法國浪漫主義時期的偉大作曲家，使馬利布蘭成為具有享譽世界的女高音演唱家。其他從小就顯示出異常敏感性的天才如：義大利大詩人阿利吉耶里‧但丁九歲見到貝齊 (Bice) 時，剎那間感到心靈深處一陣震驚，相信是「強大有力的神來主宰我了」。隨後，為了這位小他一歲、其愛稱為貝雅特里奇的女孩子，他寫了一首十四行詩獻給她。另一位義大利詩人托爾夸托‧塔索出生後六個月就會說話，七歲已經懂拉丁文。德國大詩人克里斯托夫‧維蘭德 (Christoph Martin Wieland) 七歲就通曉拉丁文，十三歲構思一部史詩，十六歲，他的詩作〈完美的人世〉(Die Vollkommenste Welt) 問世。另一位德國大詩人和劇作家弗里德里希‧席勒寫出他具有里程碑意義的劇本《強盜》時只有十九歲。特別是約翰‧沃爾夫岡‧歌德，他在自傳《詩與真》中說道，他很小的時候就不但能「敏捷地領悟、鑽研」，並說「在記憶和判斷力方面，我也有早熟的特徵，這是我與那些因此號稱為神童的兒童共通之處。」他甚至不到十歲就已經能夠用七種語言來寫故事。不但是詩人，德國出生的英國作曲家喬治‧弗里德里希‧韓德爾十三歲創作了一部彌撒曲，十七歲時出版了他的歌劇《科林達》(Corinda) 和《尼祿》(Nero)，十九歲就成為漢堡的歌劇指揮。另一個德國作曲家卡爾‧馬里亞‧馮‧韋伯 (Carl Maria von Weber) 十二歲創作並出版了他的《賦格 6 首》，兩年後，即十四歲創作並演出了他的第一部歌劇《森林少女》(Das

六、天才常見的精神病症

Waldmädchen）。有史以來最偉大的藝術家之一、文藝復興時期的義大利畫家米開朗基羅（Michelangelo, 1475-1564）童年起即開始作詩，隨後寫出了很多詩篇，後來由他的姪孫編成一部詩集，於1623年第一次出版。作為一位未來的天才造型藝術家，他十三歲向當時佛羅倫斯最知名的畫家多米尼克·吉蘭達約學習繪畫，成績非常優異，據說「甚至令他的老師也嫉妒起來」，並因為覺得已經沒有什麼可學的了，一年後便離開了。由於才華橫溢，即受到該城統治者羅倫佐·德·麥地奇（Lorenzo de'Medici, 1449-1492）的庇護，讓這個十五歲的孩子進他開設在私人花園中的雕塑學校。米開朗基羅大約十七歲時創作的大理石雕刻作品〈怪物之戰〉和十九歲時為聖多米尼克陵墓和神祠所作的新穎而極賦表現力的大理石人像，使他被認為是一名藝術家……

當然，天才人物的早熟的敏感，是他無限歡樂的泉源，但同時又是極度悲痛的根源。西方有一句諺語：「五歲的天才，十五歲的瘋子。」（A Man who has genius at five is mad at fifteen）著名的精神病學家喬治·薩維奇（George Savage）在他1886年的專著《精神病》（Moral Insanity）中提到，「這話在瘋人院中常常可以得到證明。」這位精神病醫生舉了一些例子來作證明，如說他在精神病院裡見過一位婦人，她在六歲時就能創造性地演奏古典音樂。

天才因為極度敏感，會達到非同尋常的創造性，從而能夠獲得創造的狂喜；但也因為極度的敏感，感情異常豐富而脆弱，所以更多情況下，或者說在更多時間裡都注定容易罹患精神疾病，以致不得不在精神病院裡度過長長的歲月或者痛苦的一生，有的還只好以自殺來結束自己的生命。美國傳記作家歐文·斯通為米開朗基羅寫的傳記小說所取的題目 The Agony and the Ecstasy，非常確切地表達了他們的這種雙重情感狀態。

斯通的《苦難與狂喜》描寫米開朗基羅據《聖經》「舊約·創世紀」的

故事,為梵蒂岡宮中教皇的禮拜堂「西斯汀禮拜堂」(Sistine Chapel)的屋頂作壁畫時說:

米開朗基羅這幾個月在畫室裡連續作畫,他心裡很高興。每一個男人、某一個女人和小孩完全以人類的尊嚴躍然於紙上;因為某一個人都有個性,都有價值。在一千年的黑暗之後,這是使佛羅倫斯早已創造的知識和自由再生的關鍵。⋯⋯

這使他享受到創造的快樂和狂喜。但是對米開朗基羅來說,在他的一生中,更多的是無盡且深重的痛苦。法國大作家羅曼・羅蘭(Romain Rolland, 1866–1944)1905 年出版的《米開朗基羅傳》,作為一部嚴謹的學術名著,以大量堅實的史料,十分可信地揭示了這位藝術大師病態的痛苦。

大約是 1494 年,即米開朗基羅十九歲的那年。一天夜裡,他的一位朋友,詩人兼音樂家卡蒂哀在幻覺中看到兩年前死去的羅倫佐・德・麥地奇的陰影,衣衫襤褸、半裸身子出現在他面前,命他預告接他之位的兒子皮耶羅・羅倫佐・德・麥地奇,說他將被逐出他的國土,永世不得返回。卡蒂哀由於畏懼皮耶羅,不敢前去。幾天後,他就來找米開朗基羅,說死者又出現了,而且穿了一件特別的衣裝。當時卡蒂哀還躺在床上,只是默默地注視著他。幽靈很不高興,就去打他的臉頰,以示對他不聽從的責罰⋯⋯卡蒂哀將這兩次所見的幻象都告訴米開朗基羅,並說佛羅倫斯將會遭逢大災難。異常敏感的米開朗基羅聽了卡蒂哀的話,受不了這樣的刺激,兩天後便逃離佛羅倫斯,並且隨後就「第一次為迷信而大發神經病」。羅曼・羅蘭接著說:「米開朗基羅一生這類事情不知發生過多少次,雖然他自己也覺得可羞,但他竟無法克制。」(傅雷譯)

米開朗基羅精神疾病的症狀之一是他的多疑妄想:他猜疑他的敵人,他猜疑他的朋友;他猜疑他的家族、他的兄弟、他的嗣子,「猜疑他們不

六、天才常見的精神病症

耐煩地等待他的死」。總之一切都使他感到不安,就如他自己所言:「我在持續的不信任中過生活」;他警告自己「不要相信任何人,張著眼睛睡覺。」妄想又使米開朗基羅不時會出現恐怖的幻覺,「他突然會陷入神志錯亂的幻覺中。於是他逃了,他被恐懼感逼得在義大利各處奔竄。」這種多疑妄想使米開朗基羅變成一個憂鬱而孤獨的人,和他人完全隔離,並如羅曼・羅蘭所言,「墮入偏執的僻性中。」這種僻性長久以往,終使米開朗基羅「陷入種種迷亂狀態」,在「一種悲哀的或竟是瘋狂的狀態」中生活。米開朗基羅自己也意識到這情況,他就常常自稱是「憂愁與瘋狂的人」,但是他「無法克制」。

文藝復興時期的偉大藝術家米開朗基羅

羅曼・羅蘭在列述米開朗基羅精神病症的表現時,著重指出,米開朗基羅的這種精神病症是「從生命核心發出的」「一種與生俱來的痛苦」,其根源是由於「為天才的狂亂所遏止」。這說得很對:對一個天才來說,精神疾病往往都是「與生俱來」,在賦予他們創造性的同時,帶給他們的痛苦。這不僅對於米開朗基羅而言,歷史上幾乎每一個天才都患有精神疾病,只不過在症狀表現方面,有些十分突出,有些稍稍偏輕一些而已。

> 1、早熟

　　德國浪漫主義作曲家羅伯特・舒曼（Robert Schumann, 1810–1856）小時候也具早熟的敏感性，後來成為精神病患。

　　舒曼從小顯示出他非凡的藝術天賦。在開書鋪並辦出版社的父親的影響下，羅伯特小時候就能寫短詩和戲劇，但是在五歲時，有一次聽到一位鋼琴家的演奏，心中產生奇異而驚喜的感受，於是便幻想將來要作一名鋼琴家。就從這年開始，他開始學習鋼琴，而且成長飛速：不到兩年，即創作出了好幾首小舞曲和鋼琴幻想曲。到了小學和中學時代，舒曼不僅能常在家庭音樂會和學校的晚會上表演鋼琴，還和同學們一起，組織了一個管絃樂隊，由他自己擔任指揮，他甚至會在週末音樂會上以自己創作的管絃樂曲，來描摹同學和其他人的特徵，使朋友們一下子就能從他的音樂中分辨出是誰的肖像。由於舒曼這種敏銳的觀察力和捕捉特徵的能力，並能以音樂為媒介加以表現，使有些人把他視為「神童」。後來他雖然不得不遵從母命進海德堡大學學習法律，但他把時間都用在他所喜愛的音樂上。他的鋼琴才華獲得著名鋼琴教育家弗里德里希・維克的賞識，證實他在這方面擁有極高的天賦，而且他的演奏技巧在這座小城市也已經贏得極高的讚譽，竟然吸引了許多音樂家前來向他求教。從 1840 年起，舒曼逐漸成熟，創作出大量使他成名的歌曲，並被著名鋼琴家和指揮家費利克斯・孟德爾頌任校長的萊比錫國立高等音樂學校任命為「鋼琴演奏、作曲和視譜演奏」教授。

　　但是舒曼很早就有精神疾病症狀。從 1833 年他二十三歲那年開始，舒曼就時常會陷入無端的憂鬱之中，並出現妄想症狀，時刻擔心自己會被送進精神病院。1836 年一位好友和母親的去世；隨後，他與維克的女兒、神童音樂家克拉拉・維克（Clara Wieck）的愛情遭到她父親的反對，都刺激著他脆弱的神經，使他這病不時地發作。舒曼本人也意識到自己的病況，曾三次企圖以自殺來擺脫受恐懼著魔。到了 1844 年 9 月，有一

六、天才常見的精神病症

天,他又突然出現莫名的恐懼,並立即發作癲狂,於是克拉拉只好把他送進精神病院。一段時間之後,雖然稍有好轉,但是到了1850年,情況就十分嚴重了。舒曼經常精神錯亂,極度興奮和極度冷漠交替出現;冷漠時沉默寡言,不與人接觸;興奮時心情急躁,愛發脾氣;還常常產生幻覺,一種無以名狀的恐懼感使他終日無法安寧。1854年2月清晨,他偷偷地從家裡逃出,跳入萊茵河,但被人救起。幾天後,克拉拉只好再次將他送進精神病院。從此,他的病就再也沒有好轉過。兩年後,在波昂附近恩德尼赫的一家私人精神病院裡,這位天才鋼琴家死於愛妻的懷抱。

像許多天才作家、天才藝術家一樣,精神疾病雖然損害了舒曼的身體,但卻強健了他的精神。發病前後好像都會賦予舒曼靈感。塞扎爾・龍勃羅梭在《天才之人》中說:舒曼在幻聽中「聽到各種聲響,這聲響就(被他)發展成為和聲,甚至成為整部樂曲。」事實確實如此,30年代是舒曼創作的第一個繁盛期,他的鋼琴套曲〈蝴蝶〉、〈C大調幻想曲〉就寫於這個時候。40年代,舒曼的創造力再次爆發,創作出了套曲《桃金娘》、〈詩人之戀〉、〈降B大調第一交響曲〉、清唱劇《天堂與佩里仙子》等幾乎所有使他成名的作品,以及一百三十八首歌曲。正如美國的保羅・亨利・朗在他的鉅著《西方文明中的音樂》中所指出的:「舒曼的想像力是由黃昏和黑夜,由一切神祕的、迷惑不解的、鬼魂般的東西所引起的。」對這位早熟、敏感、一生滿懷熱情,患有精神疾病的浪漫主義音樂家來說,這是十分自然的,正是這些,才使他達到創作的高峰。

2、癲癇

法國的朱利安・奧弗萊・德・拉美特利(Julien Offroy de La Mettrie, 1709-1751)既有很高的醫學理論,又有豐富的臨床經驗。他先是在荷蘭

的萊頓大學取得醫學學位，隨後師從荷蘭生理學家、萊頓大學醫學教授赫爾曼・波哈維（Hermann Boerhaave）研究醫學和生理學，後來又在法國軍隊中擔任外科醫生。他深信精神現象與頭腦和神經系統的有機變化有直接的連繫，並在1745年出版的《心靈的自然史》（Historie naturelle de l'ame）一書中深刻地揭示和論述了這一觀點。但是這卻冒犯了軍隊裡的牧師，甚至引起一些人的抗議，因此不得不退出軍隊，並且不得不離開巴黎。但拉美特利堅信自己的這一想法，於是在三年後，即1748年的《人是機器》（L'homme machine）中，再次詳細地表述了心理狀態對肉體狀態的依賴性。

在《人是機器》中，拉美特利不但以肯定的語氣述說古希臘醫師希波克拉底有關四種「體液」的「多寡和不同方式的配合，使每一個人不同於另一個人」；還記述了存在這樣的心智現象：

在有些疾病裡，忽然心靈隱而不見了，看不出半點有心靈的跡象；忽然大家說心靈加倍了，有一種激動使它非常興奮；忽然，痴愚消失，一個病癒的白痴成為一個非凡的聰明人；忽然，最了不起的天才一下子變成愚蠢，從此不復自識，無數付出和無數辛苦換來的那些可貴的知識從此告別了……。（顧壽觀譯）

經過兩個半世紀之後，拉美特利的觀察已經被更多的醫學家和生理學家的研究所證實，獲得更為廣泛的承認。像拉美特利所說的「在有些疾病裡，忽然心靈隱而不見了，看不出半點有心靈的跡象；忽然大家說心靈加倍了，有一種激動使它非常興奮」的情景，在精神病患中，特別如癲癇發作之時，是常常見到的。

癲癇是一種由於腦神經細胞過度興奮而引起的腦性發作、痙攣性疾病，發作時會出現精神、意識、感覺或運動障礙，過後卻又像正常人一樣，與人們平時所見到的其他疾病完全不同。對此，人們無法解釋，感

六、天才常見的精神病症

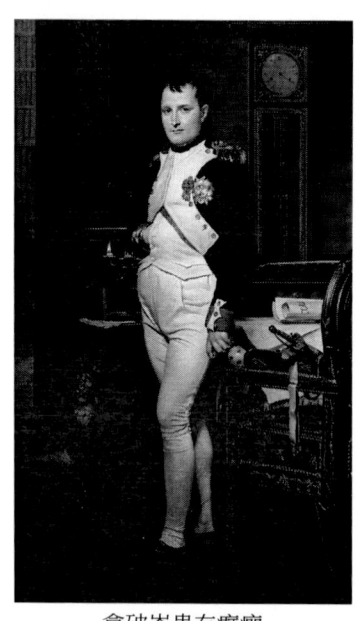

拿破崙患有癲癇

到非常奇怪。由於見此病常發生於一些偉大人物身上，於是在古代的西方，人們就猜測，患者一定是著了魔，或者就是有聖者被派遣來潔淨他的靈魂，因而將此病稱為「聖病」（Sacred Disease），一種由神魔賦予像凱撒等偉大的天才人物、一般人不可能有的特殊疾病。

的確，除了凱撒，癲癇還發生於古代基督教的聖徒保羅、偉大的宗教改革家穆罕默德、俄皇彼得大帝、法國國王查理五世和拿破崙皇帝以及路易十三的首席大臣黎塞留等一些創造歷史的天才人物。

在文學藝術史上，也可看到如文藝復興時代義大利的天才詩人弗朗西斯科・佩脫拉克、最傑出的英語諷刺散文作家喬納森・斯威夫特、法國喜劇作家莫里哀、英國的作曲家喬治・韓德爾、法國大作家古斯塔夫・福樓拜和俄國作家費奧多爾・杜斯妥也夫斯基等不少患癲癇的天才。有趣的是，一些文學藝術家的藝術創造竟然常常都與癲癇的發作有密切關係，就如義大利學者塞扎爾・龍勃羅梭（Cesare Lombroso）所言：「藝術創造中出現瞬間的間歇和意識經常的突然缺失，其特徵就是癲癇。」

因為把藝術作為傳達心靈熱情的媒介，不同於傳統的現實主義，費奧多爾・杜斯妥也夫斯基（Fyodor Dostoevsky, 1821–1881）在西方始終獲得很高的評價，但在他自己的祖國，卻一度曾遭到極其嚴厲的抨擊；不過最後，如他的傳記作者列昂尼德・格羅斯曼所言：「從（19世紀）70年代中期起，俄國批評界就開始把杜斯妥也夫斯基的名字跟莎士比亞相提並論。」

俄羅斯作家杜斯妥也夫斯基是一個癲癇病患

以《罪與罰》、《白痴》、《群魔》和《卡拉馬佐夫兄弟》等作品為自己贏得世界最偉大小說家之一聲譽的俄羅斯作家杜斯妥也夫斯基,真算得上是一位奇特的天才,因為不像一般人所想像的,其偉大作品的完成,在相當程度上竟然是仰仗於他的癲癇症。

杜斯妥也夫斯基有一顆異常敏感的心靈:客觀事物的刺激很容易使他的情緒激動,或者陷入憂鬱。激動和憂鬱過後,便往往會癲癇發作。此病發作時,他手腳發抖、全身抽搐、嘴唇青紫、臉頰通紅。但是發作之後,表面上看起來好像已經沒事一樣;但卻削弱了他的記憶力,不但使他很容易忘掉熟人的名字和臉孔,並使他一個初生孩子死於這種遺傳疾病。

1840 年初在一次盛大的晚會上,杜斯妥也夫斯基被介紹給上流社會的一位漂亮的知名女士時,由於在這種隆重的接見禮儀上過分激動,他突然一陣頭暈,癲癇發作,昏了過去。最初,這種症狀還不是非常明顯,到了 1847 年,一次在大街上,杜斯妥也夫斯基又出現這種症狀,脈搏多達每分鐘一百次以上,並伴有輕微的痙攣。醫生放了他的血,發現

六、天才常見的精神病症

血液大量往頭上湧，整個神經系統也處於極不正常的亢奮狀態，醫生才診斷是癲癇。其實，常常感到頭暈和昏厥這種癲癇的初期症狀，杜斯妥也夫斯基自己很早就有已經有所認知。他後來曾經這樣回憶：

> 我一連兩年（40 年代中期）患著可怕的精神疾病。我還患有疑病，有時甚至喪失理智。我特別容易激動，過於敏感，承受不住一點點刺激，有時甚至對於一些極平常的事實也無法正確理解。

他經常去找醫生討論精神疾病方面的問題，並向他借閱醫學，尤其是精神病學和有關大腦、顱骨發展史及當時非常流行的關於德國生理學家兼解剖學家弗朗茲‧加爾（Franz Joseph Gall）顱相學方面的書籍。

1849 年那次沙皇政府假裝要將他執行死刑的殘酷惡作劇，無疑使杜斯妥也夫斯基的心靈遭受到極為深刻的創傷。自此以後，他的癲癇症狀大大加重了。當他出獄後得以於 1857 年與他的第一位妻子瑪麗亞‧伊薩耶娃（Мария Исаева）結婚後，一次發作把瑪麗亞「嚇得要死」，醫生診斷說這是一種「真真正正的癲癇症」。在這以後，幾乎每個星期仍舊要發作，那作為發作必然後果的憂鬱症，要持續一個星期。差不多十年後，即 1867 年 2 月，杜斯妥也夫斯基與擔任其他創作口授記錄的安娜‧斯尼特金娜結婚前後，由於情緒良好，生活也比較安定，病情略有減輕，但仍時有反覆。安娜‧斯尼特金娜在回憶錄中，這樣記述他們蜜月期間在親戚家吃飯時的一次發作：

> ……晚飯吃得很愉快，客人們都走了，我們留下來再坐一會兒，費奧多爾‧米哈依洛維奇非常興奮，正在跟我姐姐講什麼有趣的事。突然之間他的話說了半句就停住了，臉色刷白，從沙發上起身，就向我這一邊歪過來。我吃驚地看著他變了色的臉。這時突然發出一聲可怕的、非人的叫聲，準確地說，是嚎叫，費奧多爾‧米哈依洛維奇便朝前栽倒了。……

……我抓住費奧多爾・米哈依洛維奇的肩膀，使勁把他按在沙發上。但是當我看到丈夫已經沒有知覺的身子從沙發上滑下來，……我把一張擺著燈的椅子挪開，好讓費奧多爾・米哈依洛維奇直躺在地板上，讓他的頭在抽搐期間一直枕在我的兩個膝蓋上。……抽搐慢慢過去了，費奧多爾・米哈依洛維奇開始恢復知覺，但起初他還弄不明白自己是在什麼地方，連說話都不自如：他總想說點什麼話，但說出來的又不是他要說的話，因而也聽不懂。大概過了半小時，我們才把費奧多爾・米哈依洛維奇抬起來，放到沙發上。我們決定等他平靜下來之後再回家，可是結果使我非常痛苦，因為頭一次發病剛過一個小時，又再次發作，而且這一次病得那樣厲害，直至費奧多爾・米哈依洛維奇恢復知覺之後，還在大聲叫疼，叫了有兩個小時。……

我聽著親愛的丈夫幾個小時不斷地哀號和呻吟，看著他痛得扭曲的、完全變了形的臉和呆滯的眼神，完全無法聽懂他不連貫的話語，這時我幾乎真的以為他瘋了，而這種想法又把我嚇得魂不附體！

幸好，費奧多爾・米哈依洛維奇睡了幾個小時之後，終於完全恢復正常，我們可以回家了。不過發病後總要留下的情緒沮喪和憂鬱，還持續一個多禮拜。……

癲癇確實使杜斯妥也夫斯基在肉體上陷於難忍的痛苦，但同時也帶給他創作的靈感。這一點，作家自己也很早便已經感知到。1845年構思小說《雙重人格》的時候，他在給友人的一封信中曾經說道：「隨著我的憂鬱症發作，戈利亞德金也應運而生。」正是他自己的精神疾病，啟發了他創造出這個精神失常的主角戈利亞德金。繼《罪與罰》（1866）之後第二部傑作《白痴》（*Идиот*, 1868–1869）的創作，更能說明杜斯妥也夫斯基怎麼從他的癲癇症獲得異常獨特的創作靈感。

杜斯妥也夫斯基在給外甥女的一封信中宣稱，《白痴》「是描繪一個正面的美好人物（在道德意義上的）……」。對於這個被作家精心描繪的

六、天才常見的精神病症

理想人物梅什金公爵，列昂尼德・格羅斯曼寫道：

為了使自己的主角顯得更加逼真，杜斯妥也夫斯基決心把自身的許多特點加在梅什金公爵身上：他的疾病，他的外貌特徵以及他的道德哲學觀點。那位「白痴」的譜系相當準確地反映了杜斯妥也夫斯基家族的編年史；按照作家的想法，從他那複雜的階級心理中應該確定出，當時俄國社會上哪個階層才會分離出真正美好的人，這種人應以自己崇高的精神境界超過拉曼卻地區那個不朽的騎士（唐吉訶德）。（王健夫譯）

安娜・斯尼特金娜對她丈夫的癲癇只說到他發病時的一些外顯狀態，對他當下的內在感受，她只提到杜斯妥也夫斯基曾經跟她談起過，在他癲癇發作和甦醒之間的一個間歇，有瞬間的清醒和不可名狀的快樂，這時，他的意識會出現一個短暫的理想境界，在這個時候，他的知覺異常地靈敏，他的意識異常地清晰，他的思維異常地活躍，是他平時和其他一般人所難以企求和達到的。接著就失去知覺，進入昏迷狀態⋯⋯但在安娜・斯尼特金娜來說，既然不是她自己的體驗，自然就無法加以真切的述說。是作家自己，在《白痴》和《群魔》中，以自己的體驗，既寫到患者發作癲癇時的外在表現，同時也寫到此病發作時的心理狀態。

在《白痴》中描寫癲癇發作的外在表現時，杜斯妥也夫斯基先是介紹說：「在這一剎那間，病人的臉，特別是眼神，突然變了樣子。整個身體，整個面龐都發生抽瘋和痙攣。從胸內迸出一種可怕的、無可形容的、無可比擬的吼叫聲，在這種吼叫裡，好像所有的人性忽然都消失了⋯⋯」隨後，他就直接描寫了梅什金公爵的一次發作：「忽然倒了下去，一直往樓梯下面滾，後腦勺猛撞在石階上」，「一直滾到樓下。」但是「過了一個小時，公爵已經完全清醒過來」。而對於梅什金公爵，也就是杜斯妥也夫斯基自己癲癇發作時的特異心理狀態，杜斯妥也夫斯基是以極為細緻的筆法來描繪的。他描寫梅什金公爵：

2、癲癇

　　特別想起，他發生癲癇以前，總有一個癲癇預備階段（假如癲癇是在他醒著的時候發生），在這個階段，當他憂鬱、苦悶，心裡像壓塊石頭的時候，他的腦子忽然閃出燦爛的火花，他的全部生命力量會一下子就特別猛烈地振奮起來。在這像閃電一般短暫的時間內，他對生命的感覺和自我意識幾乎增加了十倍。他的智慧和心靈都照耀著不尋常的光亮；他的一切激動、一切疑惑、一切不安，一下子都平復了，它們融化成一種高度的寧靜，在這種寧靜裡充滿明朗的、和諧的快樂和希望，充滿理性和真正的原因。但是這一瞬間，這種閃光，只是發生癲癇的前奏的最後一秒鐘（從來不會超過一秒鐘）。這一秒鐘自然是難忍的。他到後來恢復健康時，想到這瞬間，時常對自己說：所有這些高度自我感覺與自我意識，也就是「最高存在」的閃電和光輝，只不過是一種疾病，只不過是對於平常狀態的破壞而已。既然如此，這根本就不是最高存在，相反地，應該算作最低存在。但是他終於得出一個極怪誕的結論：「即使這種疾病，那又有什麼呢？」他終於決定說：「假使最後的結果，假使後來在健康情況下所記憶和所分析的那一瞬間的感覺是極度的和諧和極度的美麗，能夠給人一種以前所未聽到或想到的完整、均衡、和睦，與最高的生命綜合熱烈和虔誠地融合的感覺，就說這種緊張狀態不正常，那又有什麼相干呢？」他覺得這些糊塗話很容易了解，雖然說勁頭還差得多。所謂「美麗和虔敬」，所謂「生命的最高綜合」，他認為是真實的，既無可置疑，也不容許懷疑。他在這一瞬間莫非是夢見了不正常的、不存在的，好像麻醉藥或鴉片、毒酒一般毀滅理性和扭曲靈魂的幻影嗎？當疾病過去以後，他可以很好地判斷這一點。發病前的瞬間只是自我意識——假使可以用一個名詞來表現這種心理狀態的話——的特別增強，同時，自我感覺也達到最直接的地步。假使在這一秒鐘，也即是發病前最後的有意識的瞬間，他能夠很明確地，有意識地對自己說：「是的，為了這一瞬間，人可以將整個生命獻出去！」……是的，他遇到了這種情況，而且就在那一秒鐘內，他能夠對自己說，由於在這一秒鐘自己充分感到無上的幸福，這一秒鐘就值得整個的生命。「在這一瞬間，」有一

六、天才常見的精神病症

天,他在莫斯科和羅果靜聚會的時候說,「在這一瞬間,我對於『再沒有時間啦』這樣一句不尋常的話,似乎有些體會了。」他微笑著補充說:「大概就是用這一秒鐘,有癲癇症的穆罕默德不等翻倒的水桶撒出水來,就看遍了真主的全部臣民」……

在《群魔》(*Весы*, 1869–1872)中,無神論者基里洛夫跟虛無主義者沙托夫說起有關癲癇的體驗,也與梅什金公爵差不多,這正說明這些都是杜斯妥也夫斯基自己的體驗。他說:

> 有的時候,往往每次只有五、六秒鐘,您忽然感到內心已經完全達到了永遠平靜的境界。這不是塵世的境界;我並不是說它就是天國的境界,而是說它是一種並非肉體凡胎的人所能體驗到的境界。應該脫胎換骨或者死去。這種感覺是清晰的,無可爭議的。您彷彿豁然領悟了整個造化並突然說道:是啊,正是如此。……這並不是深受感動,而只不過是一種歡樂。……這並不是說您在愛,噢,這比愛情更高!最可怕的是這是非常清楚而又那麼歡樂。倘若超過五秒鐘——那麼心靈就會承受不住並定將不知去向。在這五秒鐘裡我經歷了一生,我情願用我的一生來換取這五秒鐘,因為這很值得。……
>
> 「基里洛夫,這種境界常常出現嗎?」(沙托夫問。)
>
> 「三天一次,或一週一次。」
>
> 「您沒有得羊癲瘋吧?」
>
> 「沒有。」
>
> 「那您早晚也會得的。要小心,基里洛夫,我聽說,羊癲瘋就是這麼開始的。有一個羊癲瘋病人曾詳細地向我描述過發病之前的預感,跟您說的絲毫不差;他說的也是五秒鐘,還說再多就受不了啦。您可記得穆罕默德的那個水罐,當他騎上自己的神駒遨遊天堂的時候,水罐裡的水還沒有流出來呢。水罐被踢翻的時間也是五秒鐘;這太像您內心的平靜了,而穆罕默德就是個羊癲瘋病人。……」(南江譯,783 – 784)

杜斯妥也夫斯基

　　穆罕默德（Muhammad 或 Mahomet，約 570-632）是伊斯蘭教和阿拉伯帝國的創立者，他是一名羊癲瘋、即癲癇患者。有一次，癲癇發作時，據他自己說，他看到「一位天使以人的形體出現在我面前，並與我說話。」他一生多次產生幻覺。有一次，他覺得自己受天使長加百列的召喚，於是匆忙動身，不小心踢倒了一個水罐。終於騎上神駒波拉克，從麥加神廟來到聖地耶路撒冷神廟；隨後又與加百列一起，一層一層爬上了七重天，在祖輩們、先知們和天使們的宅邸受到他們的禮遇。過了第十重天，使只允許穆罕默德一個人單獨前往了。他在距聖廟兩箭之地的地方穿過了統一的幃幔時，覺得有一股冷氣向他襲來，這時，真主正用手碰觸他的肩膀。在匆忙之中作了一番重要的交談之後，穆罕默德回到耶路撒冷，見那個水罐裡的水還沒有流出來。他還聽到有聲音對他說：「你是真主阿拉的使者。」並不斷接到「啟示」，他相信這是阿拉直接傳給他的訊息。穆罕默德和他的信徒將多年來的這些「啟示」和訊息彙集起來，編撰成書，這就是伊斯蘭教的經典《可蘭經》。

六、天才常見的精神病症

杜斯妥也夫斯基不但在《白痴》裡寫了他發作癲癇時的體驗，還把這種體驗寫進了《群魔》中。由於他既有患癲癇時的體驗，又有恢復後的正常人的體驗，這就使他在作品中揭示人的多重意識時，能夠達到非癲癇病患作家難以企及的深刻程度。著名學者、研究杜斯妥也夫斯基的專家米・巴哈金在他的長篇論文《杜斯妥也夫斯基詩學問題》中，特別說到杜斯妥也夫斯基有一種完全不同於其他作家的「異常敏感的感受」，這異常敏感的感受使杜斯妥也夫斯基：

在別人只看到一種或千篇一律事物的地方，他卻能看到眾多而且豐富多彩的事物。別人只看到一種思想的地方，他卻能發現、能感觸到兩種思想──一分為二。別人只看到一種品格的地方，他卻可從中揭示出另一種相反品格的存在。一切看來平常的東西，在他的世界裡變得複雜了，有了多種成分。每一種聲音裡，他能聽出兩個相互爭論的聲音；在每一個表情裡，他能看出消沉的神情，並立刻準備變為另一種相反的表情。在每一個手勢裡，他同時能覺察到十足的信心和疑惑不決；在每一個現象上，他能感知存在著深刻的雙重性和多重含義。

杜斯妥也夫斯基專家巴哈金

法國作家龔古爾兄弟（Goncourt, Edmund and Jules）在他們文學史上極其著名的《日記》（*Journal des Goncourt*）中，談到作家發作癲癇等狀態下的創作時說：「這種一種宿命，首先是引發你產生念頭，然後有一種無可名狀的力量，一種超級的意志，一種寫作的需求，指揮你去寫和操縱你的筆；於是，文章往往是離開你的手、似乎不是由你，而好像是某種在你的體內、你又沒有意識到的什麼東西寫出來的，讓你驚訝萬分。這就是 Saeur Philomène 給予我的印象。」

法國作家龔古爾兄弟

這麼看來，作為精神疾病之一的癲癇，似乎確實也能使一個患者成為一位天才人物。

3、精神錯亂

1855 年 1 月的巴黎，度過一個漫天飛雪的寒夜，26 日清晨起來後，人們發現著名法國作家錢拉・德・奈瓦爾已吊死在離中央菜市場不遠的一根路燈柱上。

本名為熱拉・拉布呂尼（Gérard Labrunie）的錢拉・德・奈瓦爾（Gérard

六、天才常見的精神病症

de Nerval, 1808-1855)在巴黎出生下後僅一個多月,做醫生的父親便應徵召作為拿破崙的一名軍醫服役,去德國前線遠征,六年後才得以歸來;兩歲時,他那隨軍的母親又因病去世。在這期間,他都被寄養在瓦盧瓦鄉下的舅公家裡,直到十二歲時才回到巴黎與父親同住。農村的自然風光雖然給予奈瓦爾慰藉,但失去父母的童年影響了他一生,形成他孤僻的性格。

文學的天賦使奈瓦爾從進查理大帝中學時起便開始寫詩,並認識了大他三歲的未來大詩人泰奧菲爾·戈蒂埃(Théophile Gautier, 1811-1872),兩人結下了終生的友誼。1830年,他又認識了維克多·雨果,跨進浪漫主義的圈子。就在這年,雨果的《愛爾那尼》首演後,在巴黎文化界引起浪漫主義和古典主義的論戰,他和戈蒂埃都堅決站在浪漫主義那一邊。

從這時起,奈瓦爾在四十多年的一生中,創作出了大量的詩歌、小說和劇本,被認為是法國文學中最早的象徵派和超現實主義詩人之一,一位天才作家。

奈瓦爾怎麼會吊死呢?在此之前,他不是認真地校對了出版商給他的小說《奧蕾莉婭》(*Aurélia*)校樣嗎?甚至25日晚上還與朋友一起在一家小飯館邊吃邊討論他的一個劇本的修改,過著正常的生活嗎?因此,許多人不相信他是上吊自殺。但是也有一些人認為,對這位患有嚴重精神疾病的天才作家來說,自殺是他解脫痛苦最簡便的途徑。這兩種意見都缺乏有力的客觀證據支持,使奈瓦爾的死一直是一個令人費解的謎。但無論是自殺也好,他殺也好,天才的奈瓦爾多年來一直是一個精神病患,這是人盡皆知的事。

法國作家德‧奈瓦爾

天才的奈瓦爾會是一個精神病患是不足為怪的。

古希臘歷史學家色諾芬（Xenophon）在他那被視為經典的《回憶蘇格拉底》中提到古希臘大哲學家蘇格拉底對天才一大特徵的看法：

蘇格拉底說，瘋狂就是智慧的對立面。但他並沒有把無知認為是瘋狂。……他說，許多人並不把在大多數人所不知道的事上犯錯誤的人稱為瘋狂的人，而是把那些在大多數人所知道的事上犯了錯誤的人稱為是瘋狂的人。因為如果一個人以為自己非常地高，以致他在經過城門的時候還要彎下腰來，或者以為自己非常有力，以致他竟試著要把房子舉起來，或者試圖做任何人都明知是不可能的其他事情，他們就稱這樣的人是瘋狂的人；但許多人並不把那些在小事上犯錯誤的人稱作瘋狂的人。正如他們把強烈的欲望稱做愛情，同樣，他們也把嚴重的智力錯亂稱作瘋狂。」（吳永泉譯）

如果把蘇格拉底的話概括或提煉一下，那它的意思應該是，瘋狂的人大多都是一些常在常識性問題上犯錯誤的人，也就是不願或不肯因循常規、故意要突破這些成規的人；他們就是天才。

六、天才常見的精神病症

　　現實主義於 19 世紀中葉在法國提出，在反對古典主義和浪漫主義的風氣中，它所倡導的美學原則——科學地、不帶主觀偏見地反映所觀察到的事物，就被藝術家們所普遍接受，並且，以文學來說，產生了巴爾札克、福樓拜、左拉等大師級作家。現實主義可以說已經成為文學創作上的一大規範，直到第一次和第二次世界大戰期間，超現實主義運動興起，才打破了這一被公認的創作常規。1924 年，這一運動的主要鼓吹者和創始人之一、詩人和批評家安德列·布勒東（André Breton, 1894-1966）發表了他的第一份〈超現實主義宣言〉，暗示盛行至今占主導地位的現實主義「只允許研究那些直接受我們的經驗制約的事實」，以文明和進步為藉口，「把一切可能被看作迷信和幻想的東西，都從思想中排除出去，排斥一切不同於常規的研究真理方法。」但是，布勒東堅信：「心靈世界……是極端重要的」，而且這「世界」的「一個部分」已經被他所「發現」。因此他主張，應該在創作時和創作中，把意識裡的有意識領域和無意識領域結合起來，使夢和幻想的世界能在「一種絕對的現實，一種超現實」中與日常的理性世界相連結。這就是所謂的「超現實主義」，「一種純粹的心理無意識化」。（王忠琪譯）

　　布勒東身體力行，不僅於 1920 年在與朋友合辦的《文學》雜誌上發表了超現實主義自動書寫的第一個範本〈磁場〉，還在〈娜佳〉、〈連通管〉、〈狂愛〉等小說中探索了夢幻和現實間的連繫，將每天發生的日常瑣事和心理失調融和在一起，並試圖透過作品傳達出不同類型精神失常的言語印象。

　　但對奈瓦爾來說，這不算什麼新奇：遠在布勒東倡導和鼓吹這超現實主義之前差不多一百年，也就是現實主義最風靡和流行的時候，他自己就在代表作《奧蕾莉婭》裡這麼做了。法國著名文學史家、巴黎大學教授米歇爾·萊蒙在《法國現代小說史》中評價說：「奈瓦爾的才能在於

能夠創造一種與他的創作特色相吻合的形式。小說體裁的概念被他打破了。《奧蕾莉婭》中的故事可以說就是描述最隱密內心感受的日記，有關夢幻的描寫便是最潛入自我深處所作的剖析，具有精神分析療法的作用。」

奈瓦爾是基於自己的真切體驗，創作《奧蕾莉婭》來「打破小說體裁概念」這一常規的天才。《奧蕾莉婭》可以說是這個精神病患天才的自傳體小說。

奈瓦爾情感異常豐富，在將德國大詩人約翰·沃爾夫岡·歌德的鉅著《浮士德》譯為法語後，即以另一位德國作家 E. T. A. 霍夫曼的筆調，寫了一部故事集《光榮的手》。四年後，即1836年，他結識一位女演員簡妮·科隆（Jeanne Colon），一見鍾情，立即就狂熱地愛上了她。他不但寫了許多無比熱情的情書給她，為了看到她，他還特地購置了大號觀劇望遠鏡，又購買大束大束的鮮花送給她，還買來華麗的手杖為她歡呼喝采。據說，他就在這種無節制的捧場中放蕩墮落下去了。可是兩年後，簡妮與一位音樂家結了婚，並於1842年逝世，從此，已經逝去的簡妮便成了奈瓦爾日夜思念的形象。

1841年某日，正值日落之際，奈瓦爾在自己家裡的陽臺上，突然看到一個幽靈，並聽到有一個聲音在召喚他。他馬上迎了過去，於是跌到在地，幾乎死去。這是奈瓦爾第一次發作精神疾病。從這時起，這病就在興奮期和壓抑期中，交替著平穩和發作，各持續大約六個月，一直到他去世，在此期間至少有八次被送進精神病院。

精神疾病發作之時，奈瓦爾自然是意識喪失，不知人事；但就算在平時、意識清楚的時候，他仍然也經常出現幻覺、幻聽等等精神疾病症狀。這個時候，研究奈瓦爾的學者說，奈瓦爾簡直是一個唯靈論者，對那些別人感覺不到的非物質東西，他都相信自己能感覺到它們的存在。

六、天才常見的精神病症

他聲稱,他從聽覺感覺到,《聖經》裡說到的亞當、摩西和耶和華,他們的幽靈現在就待在他房間的一件家具裡。於是,他就跳起巴比倫人的舞蹈,施行希伯來神祕哲學中的驅魔術。住精神病院時,在他的幻覺想像裡,他就是這病院的主管,是瘋癲的犧牲品。他相信,他說,「他正在管理一家瘋人院,但他自己也是瘋子,其他人則是為了迎合他才也假裝發瘋的。」

西元1世紀也有一位叫奈爾瓦(Nerva,約西元30-98年)的人,是羅馬有名的五聖主之一,西元71年和90年兩度任執政官,96年9月起做皇帝至死。其實,奈爾瓦和奈瓦爾並不屬同一姓氏,更何況奈瓦爾還不過是筆名,兩人根本扯不上關係。但是奈瓦爾聲言自己即是這位羅馬皇帝的後裔,他要把他差不多兩千年前發行的硬幣都收集起來,說這樣做是不願他祖先的名字作為錢幣流通;並表示希望為這位祖先寫一部傳記。他還十分神祕地說,奈爾瓦的所有後裔,乳房上都有由某四個字母組成的神祕標記。

整體說來,奈瓦爾在兩次發作的間歇期中,一般是羞怯膽小的、細心謹慎的;但是一旦疾病襲來時,他便變得膽大妄為,常常舉動粗魯、喧鬧不止,甚至會用武器來威脅朋友,要殺死他們。

值得注意的是,奈瓦爾創作的旺盛期,正是他精神疾病嚴重的時期。他主要的作品,如小說《奧克塔薇婭》(1842)、《西爾薇婭》(1853)、《奧蕾莉婭》(1855),散文《東方之旅》(1851)、《十月之夜》《1853》,詩歌《抒情詩和歌劇詩集》(1852-53)、《幻象》(1854)等等都是在發病的間歇期裡寫出來的。

奈瓦爾在《夢與生命》(*Le Reve et la Vie*,出版時名為《奧蕾莉婭》)裡曾說道,他經常都是在病情加重的狀態下進行創作的,還特地這樣補充說,所謂「健康的精神寓於健康的軀體」這句老話,實際上是一句謊話,

3、精神錯亂

因為許多精神強健的人，肉體都很衰弱，而且患病。

奈瓦爾的話或許可以作這樣的解釋：人的能量，其總量是一個大致不變的常數。人既然由肉體和精神組成，如果肉體上能量用得過多，必然會影響到精神方面；同樣，精神方面用得過多，也會影響到肉體。高智商的天才人物，他那異乎尋常的敏感和自由奔放的想像力，需要消耗過多的總能量，致使本來可以提供給肉體的能量大大減弱了，因此他們的肉體必然會虛弱、甚至患病。

奈瓦爾希望透過創作《夢與生命》，既記述下他對簡妮·科隆的愛，同時也寫下他的精神疾病。他原話是這樣說的：

我想嘗試……記錄下整個處在我精神的神祕狀態下的長期疾病的種種印象。我實在不明白我為何使用了疾病這個詞，因為，說到有關我自己的事情時，我從來都沒有覺得比那時的感覺還好。有時候，我相信我自己的力量和活躍成倍增添；我似乎覺得自己什麼都知道，什麼都懂得；想像力為我帶來無限的歡樂。當我恢復為被人們稱作理性之物時，我還有沒有必要為失去了無限的歡樂而遺憾呢？……

就是在簡妮·科隆與他人結婚和死亡之後，奈瓦爾不再去看她時，她也仍然是他崇拜的偶像和賴以生活下去的偶像。在奈瓦爾的神祕思想中，簡妮已經成為聖徒和明星的混合體。有一天，他莊嚴地宣稱，簡妮·科隆就是聖徒聖特蕾莎的化身。當他聽說，簡妮曾經申明，說她僅僅見過他一次，從來就沒有愛過他時，奈瓦爾說：「如果她曾經愛過我，那有什麼好？」他引用德國詩人亨利希·海涅的詩補充說：「第二次懷著無望的愛的人是瘋子。我就是那種瘋子。天空、太陽、星星都會嘲笑這種愛，我也嘲笑這種愛，嘲笑它直到因它而死。」

奈瓦爾可能確實是在嘲笑自己這失去的愛之後自殺的，很多人相信他是死於自殺，包括《大英百科全書》中他這一條目的作者也這麼說。奈

六、天才常見的精神病症

瓦爾也確實是在精神疾病壓抑和興奮交替、時好時壞的過程中,最後大致完成《奧蕾莉婭》的。有關這部小說的內容,《火的女兒——奈瓦爾作品精選》的中文譯者余中先生說,是「藉助於某種類似日記或回憶錄的自傳性質故事,描述了作者最隱密的內心感受,尤其是他失戀後的痛苦心態以及瘋癲期間的思想行為。」奈瓦爾生前自己稱這一部小說是「熱病的雅歌」,「詩和囈語的混合」(Song of Songs of Fever, a mixture of poetry and gibberish)。這正好準確地表述了一位天才作家的文學創作特徵。

維吉尼亞·吳爾芙(Virginia Woolf, 1882–1941)也是一個不循常規的人。她不但是一位女權主義的先驅人物,為探索和揭示她所說的意識的「隱密深處」或「心理的幽暗區域」,她從《雅各的房間》開始試驗,然後透過《戴洛維夫人》、《燈塔行》和《海浪》,打破傳統的小說創作模式,對小說形式的革新,特別是「意識流」的運用,作出獨特的貢獻,而成為意識流小說的重要代表作家。

像其他的天才人物一樣,維吉尼亞·吳爾芙也是一個早熟、敏感的天才。

似乎是繼承了父母和祖輩的才性,出身於「知識貴族家庭」的維吉尼亞·吳爾芙五歲時,每天夜裡都能跟父親講一個她所編的故事,隨後更和姐姐一起共同創作連續性的故事。到了九歲,她就在自己與兄弟姐妹們共同創辦的家庭刊物上發表了〈一個倫敦佬的耕種經歷〉和〈一位男性家長的經歷〉等習作。

維吉尼亞·吳爾芙的敏感是非常獨特的。她不僅從小就對海浪產生特別的感受性:躺在床上,聽著海浪的潑濺聲,便能「體驗著所能想像到的、最純粹的迷醉」。她的敏感甚至能達到如中國古代文論中所謂的「聽聲類形」這種「通感」作用,即各種感覺器官不分界限,達到相互之間的溝通。她後來回憶自己當時的感受是,凡是能看見的,同時也聽得見;

能聽見的,同時也看得見。如她清晨躺在床上聽到高處傳來白嘴鴉的叫聲時,感到「那聲音猶如從富於彈性的、黏乎乎的空氣中墜落下來;空氣阻滯著那叫聲,使它不再顯得尖銳和清晰。塔蘭德屋上方的空氣彷彿在托著那聲音,讓它緩緩地降下,好像被一層藍色的薄紗黏住了。當海浪後退然後又重新聚集起來的時候,白嘴鴉的叫聲便融入了海浪的拍擊聲和飛濺聲——一、二,一、二……」維吉尼亞·吳爾芙後來將自己這種對聲音的迷醉和獨特感受,融入進她的《燈塔行》、《海浪》等作品中。

維吉尼亞·吳爾芙也是作家中一個著名的精神病患,是她敏感的神經受到刺激之後,導致她的精神疾病發作。

維吉尼亞·吳爾芙第一次精神疾病發作是在 1895 年的夏天。那時,有兩件事深深地影響著年僅十四歲的她:一是母親的病逝;另一是當地一個人的自殺。那段時間裡,當她晚上到花園裡的蘋果樹下散步時,就將這樹與自殺的可怕連繫了起來,再也不敢往前走一步了。她呆呆地看著那皺巴巴的灰綠色樹皮,「墮入了一種恐怖的恍惚狀態。就像是被毫無希望地拖倒在地,被拖進了徹底絕望的無底深淵,再也無法逃脫。全身就像癱瘓了一樣。」

隨後兩年裡,維吉尼亞·吳爾芙一直脈搏狂跳、神經緊張、害怕見人,還出現幻覺,「聽見可怕的聲音」。隨著母親前夫的女兒斯特拉的死,精神疾病又一次發作。此後,在父親去世後,和 1912 年婚後,以及 1915 年,都曾不斷發作。有時,在經歷一次「可怕的」狂怒之後,陷入了遲鈍和沮喪或嚴重的憂鬱狀態;有時,如她自己在日記裡所描述的,覺得「房間裡有一些非常奇怪的幻象……當我躺在床上,陷於瘋狂,看見陽光像金色的水在牆上顫動著。我聽見死者的聲音就在這裡。而且這一切使我感到異常的愉悅。」她又聽見有鳥兒在對她講希臘語,聽到英王愛德華在灌木叢後面向她大聲說猥褻的話語,要她去做「各式各樣瘋

六、天才常見的精神病症

狂事」。這些使她無法忍受，陷入精神崩潰，以致試圖自殺，曾偷偷服下多達一百片的安眠藥巴比妥。1915年的那次是維吉尼亞‧吳爾芙一生中最嚴重的一次精神崩潰，好幾個月裡，她都陷入癲狂狀態：狂亂無序的譫語說個不停，不時會高聲尖叫，瘋狂達到極點時，甚至對她丈夫表現出極度的憎惡和暴烈行為。在這種時候，需要三、四個看護來照顧或控制她；她不止一次出現自殺情緒，試圖從窗戶跳出去。最後，她終於在再次出現幻聽、注意力無法集中，「確實感到我又會發瘋」，而且深知「絕無法熬過這一關」之後，決定「去做看來是最後的那件事情」──自殺，並真的於1941年3月28日縱身跳進河中，結束了她飽受精神疾病所苦的一生。

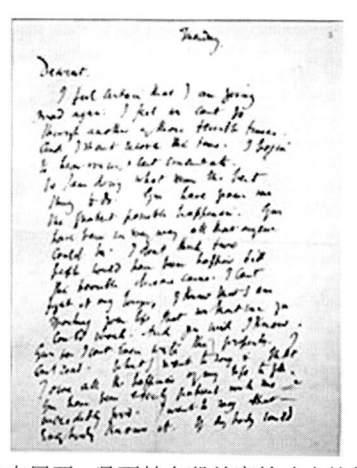

英國女作家維吉尼亞‧吳爾芙　　維吉尼亞‧吳爾芙自殺前寫給丈夫的信

像奈瓦爾一樣，維吉尼亞‧吳爾芙的創作也常與她的精神疾病有關。精神疾病和創造性，這兩者之間的關係，維吉尼亞‧吳爾芙不但在理性上具有信念，還親身真切體會到這種關係的存在。她曾在論文《自己的房間》裡宣稱：一個「詩人的心」，當它遭到壓抑的時候，是「會變得激烈和狂暴的」；但就是在這種精神病態引起「特別的恐懼和身體的崩潰」期間，「那種接受震撼的能力使我成為一個作家」。如在創作《燈塔行》的過

程中,她的精神狀態達到病態的亢奮。在創作《海浪》(*The Waves*, 1931)時,維吉尼亞·吳爾芙在日記中對自己在寫完最後幾頁時的精神恍惚狀態,也有一段描述:

> 我在 15 分鐘前寫下了「噢,死亡」這幾個字,當時我一直在最後 10 頁上旋轉,有時候心情是如此緊張和陶醉,以致我彷彿只是跟在自己的聲音後面蹣跚著,或者幾乎是跟在某個講話的人後面(就像我發瘋的時候)。我幾乎害怕起來,想起了過去經常在我前面飛翔的那些聲音。……

這就是維吉尼亞·吳爾芙所說的,精神疾病發作之時會給她「帶來特別的恐懼和身體的崩潰」,但恰恰「正是那種接受震撼的能力使我成了一個作家」。林德爾·戈登在為維吉尼亞·吳爾芙寫的傳記《維吉尼亞·吳爾芙——一個作家的生命歷程》中,引用了阿爾瑪·赫伯特·邦德《誰殺死了維吉尼亞·吳爾芙?》一書中的一段話,能夠清楚說明這個問題:

> 在維吉尼亞·吳爾芙每部作品寫完的時候,她就會體驗到一種可怕的憂鬱情緒。她的許多重要小說都是以她進入精神疾病發作期而告終的。有明確證據表明,維吉尼亞·吳爾芙對重讀她所寫的任何東西都是不堪忍受的,凡是有她發表作品的刊物,每一本都被她一勞永逸地毀掉了。(伍厚愷譯)

像奈瓦爾和維吉尼亞·吳爾芙這樣罹患精神疾病,甚至以自殺結束自己生命的天才人物不在少數,可以列出一串長長的名單。除了已經提過的屈原、海因里希·馮·克萊斯特等作家外,從古希臘哲學家芝諾(Zeno)、克萊安西斯(Cleanthes)和戴歐尼修斯(Dionysus of Heraclea),到拉丁詩人盧克萊修(Lucretius)、古羅馬詩人和修辭學家盧坎(Lucan),到英國文藝復興運動的主要詩人和浪漫主義先驅湯瑪斯·查特頓(Thomas Chatterton)、英國軍事家兼英國在印度政權的締造者羅伯特·克萊武(Robert Clive)、法國國王路易十八的外科醫師紀堯姆·迪皮特倫男

六、天才常見的精神病症

爵（Baron Guillaume Dupuytren）；到現代的德國作家史蒂芬・褚威格、美國作家傑克・倫敦、厄內斯特・海明威、蘇俄詩人謝爾蓋・葉賽寧、弗拉迪米爾・馬雅可夫斯基、女詩人瑪琳娜・茨維塔耶娃、作家符賽伏洛德・迦爾洵，和日本作家有島武郎、芥川龍之介、川端康成、山島由紀夫……英國詩人威廉・柯珀（Willian Cowper, 1731-1800）從學生時代起就精神異常，開始出現精神疾病症狀，曾企圖自殺。被送進精神病院關了十八個月之後，仍舊時斷時續，近於癲狂。後來越來越重，又多次差點自殺而死。法國詩人和作家法蘭索瓦・夏多勃里昂、阿爾方斯・拉馬丁也好幾次都幾乎死於自殺。義大利王國的第一任首相卡米洛・加富爾（Camillo Benso Cavour）也曾兩度自殺，只是被朋友救了迴來。這些天才人物，其中不少還都是在他們事業最輝煌的時刻進行或企圖自殺的。

奧地利作家史蒂芬・褚威格

提供這麼一份冗長的自殺名單，只能說明這些天才人物在精神錯亂中，要以自殺來結束自己的生命，並不是一個偶然的巧合。

七、
典型的天才

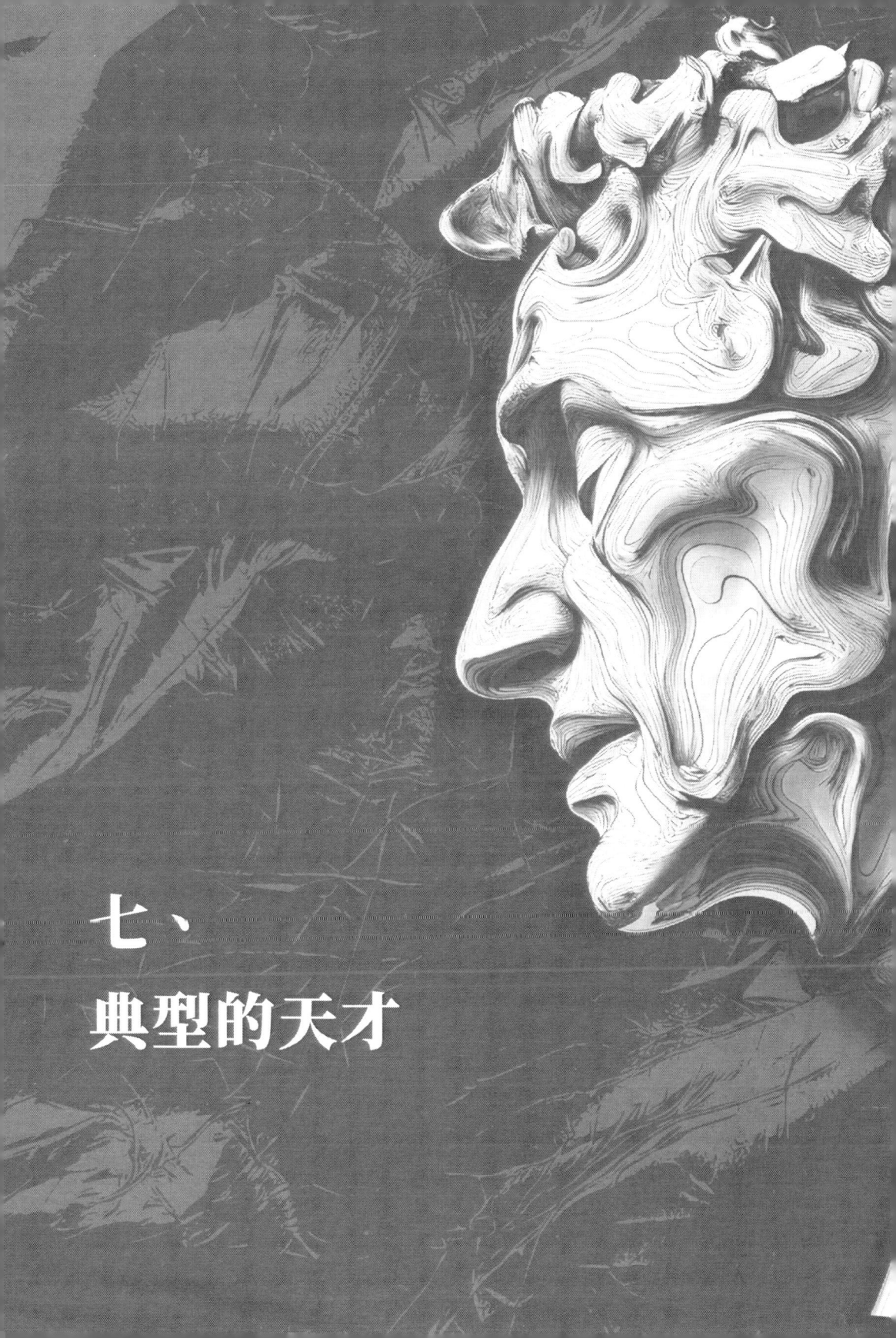

七、典型的天才

1、音樂家貝多芬

　　法國作家羅曼·羅蘭（Romain Rolland, 1866 — 1944）當然是一位文學大家：他是小說家、劇作家和隨筆作家，還是傳記作家。他以他最著名的小說《約翰·克里斯朵夫》和一本呼籲德、法兩國在第一次世界大戰中尊重真理和人性的小冊子《超乎混戰之上》獲得 1915 年的諾貝爾文學獎；他的傳記寫作顯示了他對英雄主義的無限熱情。「我稱為英雄的，」他說，「並非以思想或強力稱雄的人；而是只靠心靈而偉大的人。」這就直率地告訴讀者，為什麼他沒有或不去寫凱撒、亞歷山大大帝、拿破崙這些改變人類歷史的最著名強權人物，而主要描寫音樂家貝多芬、雕塑家米開朗基羅、作家托爾斯泰，甚至以「不抵抗主義」而聞名的甘地等人，透過他們「長期的受難」、他們「悲慘的命運」，尤其是「他們的靈魂在肉體與精神的苦難中折磨」，來表現他們的這種特異的英雄主義。而在這些英雄人物當中，羅曼·羅蘭最稱頌的，用他自己的話來說，則是要「把首席給予堅強而純潔的貝多芬」。不過，他的《貝多芬傳》，在讓傳主這種在悲慘和受難中放射出的英雄主義金色光芒把讀者照得睜不開眼的時候，雖然也描繪了作曲家受著「肉體與精神的苦難折磨」，並一次次強調他「暴烈、多病、憎恨人類的性情」，強調他「可怕任性的脾氣、突發的憤怒」，但他這裡所謂的「多病」主要是指貝多芬的耳聾，似乎故意不去明指和突顯他的精神疾患。當然，不能因此就認為羅曼·羅蘭不承認貝多芬患有精神疾病。在另一部著作《貝多芬：偉大的創造性年代》中，羅曼·羅蘭就提到了這一點，只是仍然沒有明指和突現顯。而實際上，大量的記載表明貝多芬這位音樂天才確實患有極嚴重的精神疾病，這使他的個性具有一種創造性藝術家所特有怪癖。

1、音樂家貝多芬

法國作家羅曼・羅蘭

被公認是有史以來最偉大的作曲家的路德維希・范・貝多芬（Ludwig van Beethoven, 1770 － 1827）出身於音樂世家，他的家族是荷蘭後裔，他名字中的范（van）意指「來自於」某地，不同於德文中的 von 或法文中的 de，表示有爵位封號或有財產的貴族階級。他的祖父只是科隆大主教兼選侯府中的一名唱詩班成員，後來也不過升任為一名樂長；他父親也是這個唱詩班的成員。懂音樂的父親在路德維希小時候就看出他具有彈奏鋼琴的才華，希望並試圖將他培養成為莫札特那樣的神童，只是沒有成功。貝多芬的天賦才華是在後來才得以發展起來的。

貝多芬原來家境殷富，但祖父死後，父親整天沉淪在酗酒之中，致使家道日趨貧困，路德維希也不得不在十一歲那年起就放棄繼續讀書。七年後，更需要他承擔養家餬口的重任。從這時起，在他貧困、殘廢、孤獨的一生中，不僅是肉體上的，更有精神上的痛苦，使他成為羅曼・羅蘭說的一個「不幸的、由痛苦造就的人」。但是「世界不給他歡樂，他卻創造了歡樂來給予世界」。

七、典型的天才

有史以來最偉大的作曲家，路德維希·范·貝多芬

既有先天的因素，還有後天發生的種種事故，使貝多芬成為一個患有嚴重精神疾病的人。

貝多芬無疑從他的父母雙方遺傳了各自家系的精神病態。

貝多芬母親的祖母是一個酒精飲者，因酒精中毒，導致她精神崩潰，失去了理性，常常挨凍、挨餓，而缺乏正常人應有的知覺。由於多次在寒冷和陰雨潮溼的天氣裡在屋外睡覺，結果被凍死在那裡。他的父親約翰也是一個飲酒過度的人，而且經常發作病態的壞脾氣，不能自我控制。他還因賭博而背上纍纍債務，甚至因而被逮捕過，使妻子只好變賣衣服和外出工作，以便多少賺一點錢，來勉強維持全家飯桌上的食物。父親在深夜狂飲爛醉之後，如果還能摸著路回到家，那麼就一定要把未來的音樂家硬從睡床上拖下來，為他彈奏鋼琴直到天明，若是有哪一個音符彈錯了，便要狠狠地揍他一頓。孩子幾乎每天都挨他的打，還會被關進地窖裡。傳記作家相信，貝多芬的血液裡肯定殘留著父親和母系祖代的精神病態因子。

從幼起就開始的困苦、磨難生活，使貝多芬心靈的弦經常都繃得很緊，直接影響著他的神經精神系統。

在貝多芬的家中，母親瑪麗亞是一個仁慈的女性，路德維希對她懷有最大的愛和尊敬。但由於她終年患肺結核病，常常忽視了對三個兒子的教育，只是把他們交給僕人，使這些無人管教的孩子個個衣著邋遢、骯髒不堪，也變得放縱。她過世那年，作為大兒子的貝多芬十七歲，於是便成為一家之長。三個兄弟性格都很暴躁，他們互不相容，尤其是卡斯帕最為暴烈。卡斯帕在 1815 年死於肺病後，留下一個兒子卡爾。貝多芬很愛兄弟的這個兒子，就把他帶到自己家來教養。可是這麼一來，貝多芬除了為困窘的日常生活感到煎熬，還要為了爭奪對姪子的監護權，陷入了無窮盡的法律糾紛中，感到異常苦惱。

可是卡爾也沒有為貝多芬帶來欣慰，而只有精神上的折磨。

他是一個簡直無法管教的孩子，上學時被學校開除，長大後出入賭場，背了一大筆債。1826 年，即他二十歲那年，卡爾買了一支手槍企圖自殺，房東發現後，將手槍沒收；他第二次又當了手錶，重新再買，並爬上一處廢墟，往自己腦袋開槍，只是兩槍都打偏了，僅僅傷了皮肉，被人救了出來。作曲家因他所受的心靈創傷，永遠無法擺脫，羅曼‧羅蘭甚至認為這姪兒「自始至終使伯父受苦，而且對於伯父之死，也未必沒有關係。」

貝多芬的姪子卡爾

七、典型的天才

　　除了這些之外，還有耳疾和愛情對貝多芬造成的沉重打擊。

　　實際上，從 1796 年至 1800 年間，作曲家耳聾的病情已經相當嚴重了。只是他都忍住內心的痛苦，瞞著別人，希望他這殘疾不被他人知曉。可是到了 1801 年，他是再也不能緘默了。他寫信給兩位朋友，訴說自己因「這可怕的遭遇」而「不得不過著淒涼的生活」，「在傷心的隱忍中找棲身之地！」又因為無法與人說話，他只好躲避所有社交活動。這種壓抑終生都深深地影響著他的心理，也是他精神疾病的誘因之一。

　　貝多芬畢生未婚，這並非因為他根本沒有異性愛的心理，相反地，從少年時代起，直到接近最後的日子，愛情的火焰從未在他的心中熄滅過。1809 年 3 月 14 日，他大概在弗賴堡寫信給馮·格雷欽斯坦（Baron von Gleichenstein）男爵，要求「幫助我找一位妻子」，而且強調「她必須是迷人的，因為我不能愛不美的女子，否則我寧願愛我自己」。他的一位朋友也形容說，女性漂亮的臉孔往往令貝多芬情不自禁，「他無時不在談戀愛」。他的另一位好友弗朗茲·維格勒（Franz Wegeler）證明，貝多芬在老家波昂的那幾年就「總是在戀愛中」。只是這些不斷爆發的愛情火焰沒有一次燒得長久，命運始終使他在愛情中遭受沉重的打擊，挫折他的心靈。

　　1799 年至 1801 間，貝多芬在奧地利維也納，與熱愛音樂的匈牙利籍貴族布倫斯維克家族和居奇奧底家族親密來往。布倫斯維克有四個孩子，長女德萊莎·布倫斯維克（Therese Brunsvik, 1775–1861）三歲起便開始學鋼琴，六歲時加入樂隊演奏。認識貝多芬後，她和妹妹約瑟芬，還有表妹、義大利駐維也納和波希米亞辦事處樞密顧問的女兒朱麗埃特·居奇奧迪（Giulietta Guicciardi, 1784－1856），都向這位著名鋼琴家學習。這三個表姐妹的年齡分別是二十五歲、二十一歲和十六歲，貝多芬幾乎同時愛上了她們。朱麗埃特·居奇奧迪是一個「可愛的女郎，一個

小妖女」，她擊敗了兩位情敵，從1801年的春天至秋天，與作曲家之間的激烈情感達到熾熱的程度，使貝多芬深信她回報了他的感情，感受到「生活的甜美」，並興奮地告訴朋友，說「她愛我，我也愛她」。為表達這種情感，貝多芬甚至創作了〈日光奏鳴曲〉獻給她。但朱麗埃特‧居奇奧底實際上是一個非常輕佻的女子，她只是挑動貝多芬的情感，而不是真正愛他；隨後，她就嫁給了一位伯爵。這對貝多芬當然是一個重大打擊，在絕望中於1802年10月6日寫下了〈海利根施塔特遺書〉，渴求「飛向死神」，「從無窮的痛苦之中解放出來」。

贏得貝多芬的愛的朱麗埃特‧居奇奧迪

後來，貝多芬又與德萊莎相愛。一個星期天的晚上，貝多芬向她彈奏了一支可能是德國作曲家塞巴斯蒂安‧巴哈的曲子：「若願素心相贈，無妨悄悄相傳；兩情脈脈，勿為人知。」來表達他心中情感。愛情進展很快，不久，經少女的兄長同意，他們訂婚了。可是最後，這段情緣仍舊以悲劇告終。羅曼‧羅蘭解釋說：也許是由於貝多芬「以他暴烈、多病、憎恨人類的性情，無形中使他的愛人受難，而他自己又因之感到絕望」（傅雷譯）。總之，婚約又毀了……這種不如意、不圓滿的愛情，還有

七、典型的天才

1810 年與一位醫生的女兒、十八歲的特蕾莎・馬爾法蒂 (Therese Malfatti) 的結婚計畫，最後也以落空告終，另外還有過幾次。但貝多芬總是克制著，這就不難猜測，如羅曼・羅蘭所言：「創傷深深地銘刻在他心上。」

如此的血緣和遺傳，加上這麼多的生活磨難和情感隱忍，都是導致貝多芬患精神疾病的因素。事實也是這樣：在貝多芬的一生中，很多方面都表現出他的躁鬱症症狀。

躁鬱症作為躁症或憂鬱症反覆發作的精神障礙，其特點是這兩種病狀會週期性交替出現：憂鬱狀態的表現是，或情緒緊張、悲觀厭世、妄想幻覺，或行動遲緩、自卑自責、悲傷沮喪；躁症狀態的表現是，情緒異常興奮，易被激怒，有誇大觀念且自尊心極強。極度的躁症會暴力傷人，極度的憂鬱則會導致自殺。

一位天才聲稱自己是天才，旁人不會認為他有什麼不正常；但若一個平凡的普通人這樣誇口，而且不是偶爾一次的玩笑，而是經常這麼認真地說此類狂妄的話語，那麼人們就會懷疑他是不是患了自大妄想症。在已經聞名全歐洲多年之後的 1812 年，貝多芬聲稱自己和德國詩人歌德「兩個人在一起時」，應該使那些君侯貴胄們「感到我們的偉大」，是不難理解的。但是自尊自大好像是他天生的固有習性，從他非常年輕、甚至還只是一個孩子的時候起就存在，並一直沿襲下去。

貝多芬年幼時，有一次，他的一個鄰居指責他不在意整潔，衣服實在穿得太髒了。他的回答是：「等我成為名人的時候，就不會有人計較了。」二十多歲時，有一次，貝多芬竟狂妄到這樣說：「人們不崇拜我，是因為我還沒出名到不跟他們交往。」三十多歲那年，他寫信給一位朋友時，說讓他在他「真正成為偉大，不只是一個偉大的藝術家，同時又是一個偉大的人物之後」再來看他。1806 年，貝多芬已經有些出名，不過遠未成為今天人們眼中的那位偉大的貝多芬。但他在躁症發作的時

刻，宣稱自己已經達到成就的顛峰。有人告訴他，說拿破崙在耶拿和奧爾施泰特一舉擊敗了與法國開戰的普魯士軍隊，拿破崙不愧是一個「偉大的英雄」。貝多芬的反應是不屑一顧，他說：「可惜我不能像懂音樂藝術那樣懂戰爭的藝術，不然，我就會打敗拿破崙。」1815 年，他的自大妄想狂是更加嚴重到了無可比擬的程度。他寫信給一位朋友說：「你聽不聽我的偉大作品？我說是偉大，只不過與上帝的創造物相比，是渺小的……」他的狂妄可謂是不顧一切。卡爾・李希諾夫斯基親王（Carl Lichnowsky）是貝多芬的保護人之一，從 1800 年起，他每年都施予作曲家六百銀幣的年金，平時還常有其他的資助。可是 1804 年，僅僅為了一件小事，大概是一句什麼話，貝多芬竟打碎了親王的胸像，衝出王府，發誓永遠不再見李希諾夫斯基一家人了；並寫信給這位恩主說：「親王！你算什麼，你只是由於偶然的機遇，生來就成為親王。可是我呢，我是透過自己的努力。已經有許許多多的親王，還會有千千萬萬的親王，但是貝多芬，只有一個。」這話雖然沒有錯，但還是被人批評為「太過厚臉皮」(extraordinary effrontery)。與李希諾夫斯基親王翻臉，也表現了他作為躁鬱症精神病患的另一個典型特徵，即與人的關係上總是無法與他人融洽相處。

　　貝多芬認為，無論是他的僕人或是他的房東，個個都很壞，都不可信；多年來，沒有一個僕人和房東會長期使貝多芬感到滿意。於是，他經常要跟他們爭吵，這結果就是，僕人總是一個個被他的非理性要求逼走和解僱，而他自己也總是一次次在盛怒中離開房東。據記載，貝多芬大約每六個月便要轉移自己的住所，每六週則要另換一個僕人。需要指出的是，他跟他們的爭吵都不是出於他偶然性的偏執，更不是為了什麼重要的大事，而只是他精神病患的妄想症和神經質的煩躁情緒，和他的個性所造成的。

七、典型的天才

貝多芬的這種精神病患性情，在任何情況下都很容易表現出來，而且往往都是突如其來，事先毫無預兆可見。

一天中午，貝多芬與友人一起在「天鵝」酒店吃飯時，侍者不慎端錯了一道菜。貝多芬立即就尖銳地質問他。也許侍者的答覆有些不夠文雅，貝多芬馬上就忍不住了，他抓起這一大淺盤的小牛肉，猛地往對方的頭上擲去，使這個可憐傢伙的臉上肉湯直往下淌。隨後就是互相對罵、互相凌辱，大喊大叫，引得旁人一番鬨然大笑。

最主要的是躁鬱症個性使他常常甚至連一點小事都沒有，便毫無緣由地大發雷霆。英國音樂家兼作家湯瑪斯·巴斯比（Thomas Busby）在他1825年出版的《古今音樂和音樂家的音樂廳、樂隊逸聞錄》中記述了貝多芬的這麼一件事：

……在維也納的一間地下室──他習慣在那裡消磨傍晚的時光──他獨自在一個角落裡喝酒吃紅鯡魚，看報紙。這時，一個人在他旁邊坐了下來。貝多芬很不喜歡這人的長相。他盯著那個陌生人看了半天，朝地板啐了一口，就好像他看到了一隻癩蛤蟆一樣。他看了一眼報紙，又看了一眼打擾他的陌生人，又啐了一口。他紛亂的頭髮逐漸因惱怒而變得更蓬亂了。然後，他不再啐或者盯著對方看，而是突然從椅子上站了起來，一邊衝出屋去，一邊大聲說：「多麼討厭的一張臉！」

可以想像，貝多芬的這種躁鬱症的病態表現，會使他失去很多朋友。他自己也意識到這一點。三十四歲那年他就曾宣稱：「我發現，世界上只有兩個朋友是我從未誤會過的。」事實上恐怕兩個都沒有，到最後他幾乎完全沒有朋友，成為一個徹底的孤獨者了。

從病理學角度來看，貝多芬在與他人的關係上，表現出一個精神病患最典型的躁鬱症模式：憤怒爆發時，關係中斷，事情過去後，又會後悔、自責並積極和好，情緒變化快──發作得快，暴躁得快，悔恨得也

快，兩方面都很容易走向極端。

史蒂芬‧范‧布羅伊寧（Stephan von Breuning）是貝多芬最親密的朋友之一，兩人親密到有一段時間生活在一起，什麼個人的事，貝多芬都肯告訴他。可是有一次，也是為一點非常小的事，他和布羅伊寧發生了爭吵，使對方憤怒之下離開了他。於是，貝多芬再也不與他說什麼了，甚至認為「我們之間本來就不該有這種友好關係，而且將來大概也不需要有。」可是，一段時間後，他改變了自己這看法。他送給范‧布羅伊寧他畫在象牙上的微型油彩小像，以表示友好，並附上這麼一段話：

我知道，我傷了你的心，不過你也應該注意到我的情感已經為此受到足夠的懲罰……我的畫像長久以來就打算送給你的。你知道，我一直就懷著一顆熱烈的心，打算送畫像給某個像你，忠實、優秀、高貴的史蒂芬這樣的人的。饒恕我為你帶來了痛苦。我受的痛苦也不輕。只有我在如此長的時間裡未能再看到你在我身邊時，我才充分感到你對我的心是多麼親切。

寫得相當真誠而懇切，令人感動。讀了他這懇切的言詞之後，范‧布羅伊寧也沒有反對，恢復了與貝多芬的友情，只是從此兩人沒有再生活一起了。這是1804年的事，此前此後，與別的朋友的關係，這類「友誼－爭執－破裂－重敘」的躁鬱症模式，在貝多芬身上不知出現過多少次。如在1796年，不知為什麼小事，他與弗朗茲‧維格勒的友誼籠罩下了一層陰影。隨後自然也是貝多芬痛苦地道歉：

啊，請再次毫無保留地投進你的貝多芬的懷抱吧……讓我們垂死沒落的友誼復活──啊，維格勒，我現在向你伸出手來，請求和解，請不要拒絕這隻手吧，請把你的手放在我的手中。啊，上帝！但我不再說別的了──我要去看你，投進你的懷抱，像回頭的浪子一樣。你也會回到我的身邊，回到你懺悔的貝多芬身邊。我愛你，永遠也不會忘記你。

七、典型的天才

在對他的姪兒的感情上，也常常表現出他這種躁鬱症模式。

作曲家一直對這個孩子懷有深切的愛，可是這個浪子實在太令他失望了。狂怒之下，他寫信痛斥他說：「你對我的虛偽的行為，使我的心太痛苦了，難以忘懷……」並表示「我不再信任你了」，「我只想跑到千里之外，遠離你……」下面的署名是：「你不幸的父親 —— 或者，無寧說，不是你的父親」。可是立刻，他的態度完全是不同於前的安撫：

我親愛的兒子！——一句話也不必再說——到我臂膀來吧，你不會聽到一句嚴厲的說話……我將用同樣的愛接待你。……我以榮譽擔保，決無責備的言辭！你能期待於我的只有殷勤和最親切的幫助……來吧——來到你父親的忠誠的心上。

在信封上，他甚至用法文發誓：「如果你不來，我定將為你而死。」

因為貝多芬的脾氣是由於躁鬱症引起的病態造成的，這暴躁可以說已經成為他固定不變的習性，所以不僅早期與他兄弟粗暴爭吵時如此，到了晚年也不可能像一般老年人那樣，隨著年齡而性格成熟、言詞平穩，連到了生命的最後十年也仍舊有增無減、激烈異常、頻頻爆發，甚至變得十分古怪。

1817年，貝多芬雖然已經耳聾，但是他仍有帶學生。作曲家聽不到這些學生的演奏，卻能從他們彈奏鋼琴的指法上，看出他們是否按錯了琴鍵。當發現有這種錯誤時，他的精神病態就爆發了：他臉孔通紅、前額隆起，連靜脈都鼓脹起來了，瘋狂似地激動，於是便有歇斯底里的喝斥和咒罵。晚年時，貝多芬帶了一個學生，是他一位朋友的兒子，只有六歲。就是這麼一個小孩子，精神病態的貝多芬卻動輒便要用毛線針扎他的膝關節，使家長不得不讓孩子放棄學習，離開這位偉大鋼琴家……

可就是這個躁鬱症精神病患，卻是一個十十足足的天才，不僅就他

留下來的這些千古絕唱的樂曲來說，即使從他的創作狂熱和創作熱情來說，也明顯可以看出是一個精神病患的行為。

躁鬱症精神病患在憂鬱期間有一個突出的表現就是情緒激動、精力旺盛、活動量大，往往到了亢奮狀態。在貝多芬的生活中，常常可以看到這一特點。

同時代人回憶，1826年的夏天，貝多芬是在他弟弟約翰鄉間的家中度過。他於清晨五點半鐘即開始他的音樂創作。這時，推斷他弟弟全家都起來了，因為他在創作時，一邊彈鋼琴，又一邊口唱，聲音響亮而嘈雜。創作到七點半，與弟弟家人一起吃早飯，然後他帶上「談話簿」去野外。去野外走走是貝多芬的習慣，在維也納也如此，他每天都要沿著城牆繞一圈；在鄉間更晴雨無阻，獨自外出散步。但這並不單純是散步，同時也是創作。他隨著步伐，一邊走一邊唱、一邊作曲。從中午到下午三點，是中餐和在房間裡寫作樂曲的時間。三點起，他又去室外創作和散步，一直到七點半用晚餐。餐後他又在室內作曲直至晚十點上床，第二天五點稍過再起來。任何一個有創造性工作經驗的人都知道，即使對一個年輕人來說，這也算得上是一張令人讚嘆的日程表，何況這時的貝多芬已經五十六歲，離他去世只有一年。分明是躁鬱症掩蓋和壓倒了他老邁的年齡和衰弱的健康。

兩年前，貝多芬的精力更加旺盛。當時，他每晚睡不到四、五個小時，而且天天頗有規律地固定從午夜作曲到凌晨三點鐘。這表明，躁鬱症不僅使他額外工作了好幾個小時，而且還使他有自信並渴望超常、高度的工作量，同時還有能力注意到樂曲創作的最小細節。事實上，正如一位研究精神疾病和藝術創作的學者敘述的，這種躁鬱症產生的激動情緒，已使貝多芬非但沒有畏懼，反而能以激昂、興奮和飢渴之心來迎接宏大的創作計畫，甚至不需多大的努力和修正，即能創造出偉大的樂曲。

七、典型的天才

甚至二十多年前,躁鬱症就已使貝多芬獲得這種旺盛的創造力。

1801年可說是貝多芬的另一個豐產年。他曾這樣描述自己當時的創作情況:

我完全生活在我的音樂之中;我一完成一部曲子,就開始創作另一部。我現在創作的速度,經常是同時寫三部或者四部作品。

心理學家和創造學家認為,一個人若能同時執行兩個或兩個以上的專案,就稱得上屬於多產。他們的工作方式一般是,倘若厭倦了這一項工作,就立刻開始另一項來調節;對躁鬱症精神病患來說,改變工作或活動方式,能使他重新揮發精力,只要沒有外來的干擾,能繼續保持較長時間的工作活力。

貝多芬就是這樣的創造者,如作曲家一位朋友所言,是「有史以來最具活動力的人物之一」。但無可否認的是,這創造和活力的產生,躁鬱症發揮相當大的刺激作用。

Beethoven On His Deathbed

2、作家狄更斯

　　幾乎沒有受過什麼正規教育，十二歲就進一家皮鞋油作坊當學徒，二十四歲時卻能以一部長篇小說而成名，最後甚至被公認是當時最著名的作家；由於父親嗜酒成性、揮霍無度，被判刑入獄，致使全家也被迫遷入負債者監獄（debtors' prison），他卻能以自己的版稅而使他的兒子資產達到 100 萬美元，相當於今日的千餘萬美元。這個叫查爾斯·狄更斯（Charles Dickens, 1812－1870）的人不是一個奇才嗎！連向來不輕易褒獎人的俄國大文豪列夫·托爾斯泰也毫無保留地稱這位英國作家是「一個世紀裡所曾見到過的唯一一個天才」。人們不會懷疑，這麼傑出的人物，無疑是一個非常幸福的人了；大概絕對想不到他一生都在承受著精神疾病的折磨，而且在五十七歲，即 1870 年 6 月 8 日夜裡，突然因腦血管破裂，倒地昏迷不醒，第二天就離開了人世。命運是多麼作弄人啊！

英國作家查爾斯·狄更斯

七、典型的天才

狄更斯的精神疾病一方面有父母遺傳的生理因素，同時在少年時代、青年時代感情受到嚴重刺激也有相當程度的關係。

狄更斯的父親約翰·狄更斯是一個典型的狂躁症病患。

狂躁症患者一個突出特點是為人熱心，愛社交，處事樂觀而自信；平時情緒異常興奮，經常自感滿足，表現出一副洋洋自得的神氣；還往往話極多，說個沒完，話題不斷轉換，而且聲音也大，說得又快。約翰便是一個這樣的人。

說到約翰·狄更斯時，一位熟人形容他是一個「待人親切、充滿生氣、令人愉快」的人，他們都記得，這個無憂無慮的人不僅喜愛閒談，愛講故事引人發笑，而且講起來總是手舞足蹈、繪聲繪色。他們說，這時，他的話語，就像奶油冰淇淋，一股一股地從製品筒子裡擠出來似的。朋友們還對他的友好隨和、愛交際和慷慨大方印象很深。這個十足好娛樂的人喜歡舉辦聚會，他樂意花錢把大家請來狂飲大喝，尋歡作樂。這結果就是，他雖然在一個軍艦修造所任職，薪資也不低，卻仍入不敷出，債臺高築，最終將全家都拖入監獄。

狄更斯的母親，大概和他父親一樣，也是個狂躁症患者。她也喜歡交際，喜歡說笑話，還喜歡宴會和聚會，最典型的例子是，就在生狄更斯的前幾個小時，她仍去參加海軍軍需處的一個舞會。另外，當家庭因她丈夫的揮霍而陷入困境時，厄運當頭，她所運用的智慧就是，想出一個狂躁症病患喜好空想的躲避辦法：帶全家搬進一個不付租金的大房子去，再在門口掛出一面銅牌，上刻「狄更斯夫人書院」。當然這個所謂的「書院」根本不會引起別人的關注。

狄更斯就繼承了他們的病態性格，他的幾個兄弟也一樣有他父親的病症：誇誇其談、飲酒過量、情緒容易衝動，經濟上不負責任；他又將

自己這種性格傳給了他的兒子。他的兒子,除了哈里獲得劍橋學位、在法律界有一席之地,其餘都似乎深受父輩病症的遺傳之苦。西德尼十三歲加入海軍,後陷入債務危機,別的方面也很遭糕。華爾特也因債務重重,十七歲時在印度死於窮困。阿爾夫萊德進不了陸軍,成不了醫生,經商又失敗,也背了沉重負債,最後被遣送到澳洲。查爾斯在經商中破產。弗蘭克幫他父親辦雜誌失敗,去印度加入孟加拉騎警隊;父親死後繼承了一筆遺產,但他生活奢侈,又投資失利,結果耗盡遺產。一位專家指出:「從這些人受挫的生活中,我們可以再一次看到躁鬱症的破壞性作用。」是精神疾病使這些人無法避免他們的失敗。

狄更斯 1817 年到 1822 年的童年還算是快樂的,只是與別的孩子比起來,這童年實在是太短促了。1824 年父親進了負債者監獄後,家境差到了極點,作為長子的他便被送到黑鞋油貨棧裡去做工;而他的姐姐卻可以繼續在皇家音樂學院學習。這使他感到出醜,產生了一種被遺棄的感覺,感情受到很大的打擊,心理異常痛苦。更感屈辱的是幾個月後,祖母去世,讓父親繼承了二百五十磅左右的遺產,他的兄弟又為他付清了債務,使他和全家得以出獄;雖然父親希望讓他去上學,他母親卻堅持要他繼續回去做工。對此,狄更斯後來回憶說:這使「我非常傷心」,並重複說:「對母親執意要把我送回去的事,我後來一直沒有忘記,我永遠不會忘記,也永遠不能忘記。」這是狄更斯遭受的一次深深的心理創傷。此外,他在第一場愛情中亦承受了傷痛。

銀行家的女兒瑪麗亞·比德內爾(Maria Beadnell)容貌秀美,卻非常輕浮。她喜歡對男人賣弄風情,喜歡有男人恭維她、追求她。狄更斯經由朋友、她未來的姐夫亨利·科勒的介紹認識她後,覺得她簡直有如天仙,三、四年裡都為她而神魂顛倒。但是對瑪麗亞來說,狄更斯不過是她遊戲的玩偶,她一會兒裝出對他笑臉相迎,一會兒又對他表現得冷若

七、典型的天才

冰霜,甚至把他寫給她的情書公開了出來;最後還拋棄了他。狄更斯自己說道,他在與她的關係上,「要比任何人從女性那裡忍受的一切要多得多」,並承認此事「為我的性格帶來了深刻的影響」。

還有,他雖然好像愛上了《晚報》(Evening Chronicle)首席編輯喬治·霍格斯二十歲的女兒凱薩琳,並與她結了婚,大婚後,他意識到,自己真正愛的實際上並不是她,而是她十六歲的妹妹瑪麗。可是有一次瑪麗陪姐姐和姐夫,即他和凱薩琳一起去劇院看戲回家的路上,瑪麗心臟方面的疾病發作,雖經醫生全力搶救,仍然無效,幾個小時之後,便死在狄更斯的臂上。這對狄更斯造成沉重打擊,使他整天沉溺在悲痛之中難以自拔,無法平靜、無法入睡,竟中斷了原來就邊寫邊刊登在報上的連載小說《匹克威克外傳》兩個月。狄更斯的傳記作者,美國學者埃德加·約翰遜很重視此事帶給於狄更斯的創傷,說它「在狄更斯心中留下的傷痕,和青年時代瑪麗亞在他心裡留下的傷痕一樣深」。

後來成為狄更斯妻子的凱薩琳·霍格斯

此外,狄更斯那幾個不爭氣的浪蕩孩子,也連續不斷地打擊著他的情緒。他曾痛苦地悲嘆道:「由於我一聽到這些男孩的開支和費用,我的

髮根都豎立起來,以致我無法戴上帽子!我究竟為什麼要做父親呢?我的父親為什麼要做父親呢!」

所有這些,無疑都促使作家先天就潛伏著的精神疾病逐漸加重。

狄更斯的精神病態在還很小的時候就表露出來了。作家的終生摯友、第一個為他寫傳記的約翰·福斯特(John Foster)說當時的未來作家「是一個矮小病弱的孩子,備受痙攣折磨。」痙攣,即抽瘋,是精神疾病的重要症狀之一。此後,狄更斯言語行為顯示出的特點,都像他父親的躁鬱症。

狄更斯從小就喜歡看戲,十六歲擔任律師事務所的文書和隨後進入一家民事法庭前後,還對登臺表演非常嚮往。他經常一個人接連好幾個小時陷入妄想,對著鏡子再現各種人物輕蔑、迷戀、愛慕、憎恨、失望等表情,並向著名的蘭心劇院(Lyceum Theatre)經理寫了一封求職信,聲言自己「確實能夠作一個演員」,而且相信自己「對人物的性格、怪癖有很強的洞察力,並有透過對他人的觀察而再現它的天賦。」一個具有感情激昂、神經質又狂妄等躁鬱症患者特點的少年。

與凱薩琳·霍格斯訂婚後不久,一天傍晚,他忽地心血來潮要去未婚妻和她父母的家。當時,霍格斯一家剛吃完晚飯、在客廳裡閒坐。突然,完全出乎意外地,一個穿著全套水手服的年輕人從法國式的落地窗外跳了進來;他一邊跳著快樂活潑的號笛舞(hornpipe),一邊吹著口哨當作號笛來為他的舞步伴奏,卻一句話也不說,就從進來的窗口跳出去走了。幾分鐘後,他又換上平日的服裝從正門走進來,好像根本沒有剛才的事似的,彬彬有禮地與霍格斯家的每個人一一握手之後,便神色端莊地坐了下來。見大家都一臉不知所措的樣子,便哈哈大笑……就是這麼一副瘋瘋癲癲的精神病態。

七、典型的天才

這幅名畫描繪了狄更斯的夢，夢中都是他創造的人物形象

狄更斯躁鬱症的狂妄特點在以後幾年裡發展得更加表面化了。

狄更斯先後進入《議會鏡報》（*Mirror of Parliament*）和《時事晨報》（*Morning Chronicle*），寫出了幾篇有些影響力的報導，就自認為非常了不起，竟說自己已經「留下以最優秀、最快速的新聞記者而聞名的聲譽」；甚至揚言：「我敢說，我是當今世上最擅長速記的作家。」他誇耀自己在美國訪問時受到的歡迎說：「地球上還從來沒有一個國王或者皇帝曾受到這樣熱烈的歡呼，被這麼多群眾所尾隨，為他舉行過這麼多公開的盛大舞會和宴會，而且有這麼多個人和代表團在等待著他。」

如果說這種狂妄情緒還算有點事實依據，那麼以拿破崙自居和對維多利亞女王的鍾情簡直是已經到了無稽可笑、甚至滑稽的地步了。他聲言自己像拿破崙一樣，沒有什麼事能擋得住他。在一封給友人的信中，他毫無愧色地說自己能夠「用我的頭、手、腿和健康的身體進行新

殖民」，使自己「到達上層社會的顛峰！你認為行嗎？咳，我相信我能行。」維多利亞女王登基後三年，於 1840 年 2 月 10 日與他表兄亞伯特親王舉行婚禮。得知這一消息後，狄更斯的心亂了，他如痴如狂，變得瘋瘋癲癲起來。他寫信給老友福斯特，這樣敘述自己當時的惡劣心情，雖然其中不排除躁鬱症病人常有的誇大，至少大部分是反映了他的真實情緒：

我難過極了，我什麼也做不下去了。今天早晨我看到了《內閣要聞》後止不住淚流滿面。我的妻子在我跟前我就生氣，我的父母使我厭煩，我討厭我的房子。我想讓惡蛇把我咬死，我想投攝政王河自盡，我想上樓用剃刀劃過脖子，我想到藥店去買毒藥，我要服毒自殺……我想把［出版商］查普曼與霍爾殺死，顯顯名聲。（這樣一來，她就會聽到我的名字了──也許就會親手在逮捕證上簽名？這不過是無稽之談嗎？）我想變成一個擁護憲法運動的人，我要衝進王宮，殺人流血，把她救出來……

躁鬱症使狄更斯經常洋洋自得，對自己的所作所為表現出滿足感；並喜歡炫耀自己，喜歡不停息地活動，東來西往、表現自己，如作家威廉·梅克比斯·薩克萊說的像「一隻蝴蝶似的」。1842 年他去美國訪問，回來兩年後又去義大利，1846 年去瑞士，1867 年又去美國；並經常來往於巴黎、倫敦和英倫三島之間。到一個國家之後，他也不斷地從一個城市到另一個城市，參加招待會、接受採訪、談話、朗誦自己的作品，招引他人的關注。在這些時候，他如他的傳記作者赫斯基思·皮爾遜（Hesketh Pearson）所描述的，「他講話很快，不加思索，……嘴巴太沒遮攔，精力太充沛，聲調不像一個紳士。」完全是躁鬱症病患的典型表現。

七、典型的天才

狄更斯的巡迴演講

第一次去美國時，因寫出經典名著《兩年水手生涯》而出名的美國律師兼作家理查・亨利・達納（Richard Henry Dana）見到他後，雖然覺得他有「一張亮堂堂的臉孔，還有一雙閃閃發光的眼睛；整個面容都在訴說著生氣和活力」；但不諱言對他的「第一個印象就是失望」。他指出：

狄更斯的嘴巴顯得庸俗，一眼就知道是個揮霍的人，皮膚的顏色是泥黃中帶茶青，手指又粗又短，手也不像有教養的人的手。

達納當時只是就事論事地描述了自己對這位美國作家的印象，多年後，一位精神病學家提出，即使是這幾句對他臉容的描述，也正好是一個躁鬱症患者的外貌寫照。

當年訪問的第一站是美國東北部麻薩諸塞州的首府波士頓。狄更斯穿了濃綠或鮮紅的絲絨背心，掛兩條錶鏈，戴一條別出心裁的領帶，它遮住了衣領，妖豔地摺疊、垂掛下來，與當地紳士在正式場合的穿著習慣完全不同。到達當天，晚餐之後，狄更斯來到街上，毫無顧忌地評論著街道建築的優劣，時不時放聲大笑；有一次，他突然莫名其妙地大叫一聲，「使他的同伴們大吃一驚，迷惑不解」。他們中的一位幾年還在後來寫道：「那聲喊叫的祕密對我依然是一個謎。」一次宴請中，在座的人爭論薩瑟蘭公爵夫人和卡羅琳・諾頓夫人兩位誰更美麗時，狄更斯竟滿

不在乎地說：「也許諾頓夫人更美一些，但是在我看來，接起吻來，公爵夫人更有滋味些。」有評論說，他這番話，「不啻是在那些穩重的波士頓人之間，扔下了一枚炸彈」。去紐約途中、在哈特福德逗留之時，出於敬意，有幾位歌手向狄更斯夫婦唱小夜曲，作家聽到後，竟歇斯底里地「放肆大哭起來，以致不得不用床單矇住了臉。」……此外，不論在市長的招待會上，或是面對數百位民眾的重要場所，躁鬱症總是使狄更斯無法克制「心裡怎麼想，嘴上就怎麼說，或者想做什麼，就做什麼」，令人啼笑皆非。

有人說，對作家、藝術家來說，躁鬱症有如西方傳說中的浮士德（Faust），他把靈魂出賣給了魔鬼，以換取知識和權力。躁鬱症便是狄更斯生活中的惡魔浮士德，它帶給他創作的能量、靈感和自信，使他掌握並控制住種種機遇；給予他偉大天賦的同時，它還帶給狄更斯財富，帶給他任何人都渴求的名聲並實現其過高的願望、甚至妄想。但是，從這時起，他也向這個惡魔付出他的靈魂、肉體甚至他的整個生命。

英國的精神病學家拉塞爾·布雷恩研究精神疾病和創造性之間的關係多年。早在 1942 年，他就曾在《倫敦醫院雜誌》上發表了〈查爾斯·狄更斯——神經精神病學學者〉的論文。十多年後，在 1960 年出版的專著《關於天才的一些思考》(*Lord Russell Brain: Some Reflection on Genius*)中，這位專家透過進一步的研究得出這樣一個普遍結論，中度的躁鬱症能使藝術家創造力旺盛，而不會像較為深度的躁鬱症狀態那樣對他有所妨礙；他特別說道，躁鬱症激起的「不懈的能量和飛躍的思維……極大地加強了藝術家的創造力，狄更斯的情形正是這樣。」

福斯特基於長期對狄更斯的了解，指出狄更斯一生都表現出「對自己過於自信，感到只要他願意做，是什麼都能夠做得成的。」埃德加·約翰遜也說：「狄更斯生來只要想做什麼，就一刻不得閒地非要做成不

七、典型的天才

可。」的確的，狄更斯從來沒有想到失敗的可能性，也永遠意識不到，一個人的願望是有限度的，不可能什麼都做得成功。

狄更斯的創作精力異常驚人，從開始寫《匹克威克外傳》以來，短短四年中，他就寫出了《孤雛淚》、《尼古拉斯·尼克貝》、《老古玩店》、《巴納比·拉奇》和《馬丁·朱述爾維特》等長篇小說一、二百萬字，像滑稽劇《古怪的紳士》和《美國札記》的寫作和與人合作創辦《漢弗萊少爺之鐘》刊物等作品還不算在內。特別需要注意的是他經常同時做很多事，如常常同時寫好幾本書；甚至每天在小說創作完成之後，還要再寫十二封信。但他並不感到體力不支。四十四歲那年，他曾這樣描述自己：

多奇怪啊，從來不需要休息，也從來沒有滿足，總是要設法做沒有做到的事，永遠塞滿計畫、方案，還有憂慮和煩惱。

躁鬱症真是使狄更斯增強了能量、汲取到靈感、獲得成功的可能性。

1843年10月或12月，狄更斯發起一次第十二夜狂歡會（a hilarious Twelfth Night party）。在這個狂歡聚會上，狄更斯自己以魔術師的身分出現，讓福斯特充當他的助手。據參與聚會的一位女士簡·卡萊爾（Jane Carlyle）說，當時，狄更斯費盡心機、竭盡全力，搞得汗流浹背，「好像陶醉在自己的表演活動中了」。為了要她跟他一起跳華爾茲舞，狄更斯「除了跪下，什麼都做了」。更有甚者，在狂歡會中，他和其他參加者「有如薩賓部族人（the Sabines）進行劫擄」。這是古代義大利的一種風俗，即在赴宴時將婦女擄走、強姦。——躁鬱症讓狄更斯完全陷入瘋狂和半瘋狂狀態。

這年，狄更斯還繼續參加了這類聚會和慈善活動；它們真的帶給他靈感，如《聖誕歡歌》的創作，就是當年十月在曼徹斯特雅典娜俱樂部

(the Athenaeum club)參加狂歡活動時,熱情燃燒中獲得的靈感。但是躁鬱症同時也折磨著他的肉體,並為他的心靈帶來痛苦。

狄更斯主持了一場慈善會議,討論神賜學院的未來

狄更斯曾在給友人的信中說道:「人們過去被拴在令人恐懼的牆上或其他稀奇古怪的拘禁處,但很少有人體驗過被筆墨拴住的磨難和痛苦。」《聖誕歡歌》完成不到兩個月,寫作時,狄更斯常常「又是流淚又是狂笑,又是流淚,陷入極限狀態,覺得有理智的人都已上床了,自己卻在倫敦偏僻的街上遊蕩,一夜常常走十五或二十英哩。」在此之前,他也是這種狀態。如八月裡,有一天,他自覺經歷了一場「可怕的熱病」,當時,他「整天都在陽光的燒灼下,四個半小時行走十八英哩,進行一場瘋狂的對抗賽。」作品寫好之後,他無論吃飯、跳舞、變魔術、上劇院、辭別舊歲和迎接新年,都「像一個瘋子」。像這類情況,在狄更斯之後的生活中,也仍舊不斷出現,而且他的脾氣越到後來越是暴躁。

狄更斯與薩克萊原來有深厚的友誼,但為另一個朋友的事,終止了與他的長期關係,碰面時也「佯裝沒有看見」;因為涉及到對其堅持要與妻子分居的態度,狄更斯不但中斷了他與摯友、出版商馬克‧萊蒙的友誼,還與「所有對他這家庭糾紛持公正看法的人鬧翻了,他甚至命令

七、典型的天才

他的子女與這些人斷絕往來，並且還希望他的知己好友也都能與這些人絕交。連他的家庭危機發生三年之後，當他的兒子查爾斯與一位同情他妻子者的女兒結婚時，他也還要求查爾斯的教父不出席他們的婚禮，說：「我必須表明，即使在這種場合，我也由衷希望你不要跨進那人的房子。」當聽到有人們在傳言，說他得到女演員埃倫‧特南作他的情婦後，他才要與妻子分居後，他怒不可遏、氣得發狂，指責別人製造和傳播流言，「他的舉止行動簡直使熟人們認為他神志不清，感情失去控制了」。值得提出的是，這些並不是偶爾的一、二次，而是經常發生的事。

讀狄更斯的傳記，常會看到有這一類的敘述：狄更斯「是一個生性衝動、容易興奮、異乎尋常的戲劇性人物」；他自己也不止一次說起過：「我總是不能安寧。不知是一種什麼力量，它總在驅使著我，我也無法抗拒。」但是另一方面，人們又不時會看到他朋友關於他的記述，說他常常「處於一種煩躁不安的心境中」，「精神上的不安和肉體上的痛苦總是無情地襲擊著他」。同時，他自己還多次承認：「我仍然為極度的不安所苦。」

這就是躁鬱症的報復！

沒錯，狄更斯曾這樣反駁福斯特：「你或許不能容忍反覆無常、變化多端的感情，但是我以為一個人正是依賴這種感情維持富有想像力的生活。」他說得對，確實正是由於他的這種躁鬱症的個性，才幫助他創作時獲得豐產；除創作外，據統計，從1858年到1870年，狄更斯一共還作了四百二十三次的巡迴朗誦和數次慈善演出，這為他獲利大約四萬五千英鎊，竟占他所有資金的一半。但實際上，付出這些創造力，大大損傷他的精神與肉體。赫斯基思‧皮爾遜說：「這一成就實在是得不償失，因為它或許使他減壽十年。」

任何創造和成就都有相應的代價，文學、藝術創作也不例外。

赫斯基思·皮爾遜寫道：「狄更斯對精神失常的研究精確得不可思議，……雖然他並未受過義務訓練，並且是在人們對精神疾病幾乎一無所知的時代撰寫其作品的，但我們從一個名叫 W·拉塞爾·布雷思的專家處獲知，他對精神病症的描述『是如此周詳和精確，堪與才識過人的門診醫生所作的描述相比。』」

是啊，甚至「在人們對精神疾病幾乎一無所知的時代」，狄更斯對精神病症的描述，就能達到「如此周詳和精確，堪與才識過人的門診醫生所作的描述相比」，這是什麼原因，憑的就是這位天才自己以痛苦為代價，得到對精神疾病具體而真切的體驗。這是世界文學的大幸，卻是狄更斯的不幸；或者說，這是狄更斯的不幸，卻又是世界文學的大幸！

3、軍事家希特勒

於 1925 年和 1927 年先後出版的兩卷本《我的奮鬥》是阿道夫·希特勒的一份政治宣言，此書敘述了作者的青年時代、第一次世界大戰以及導致德國戰敗的「背叛」，表達了他對種族主義的思想，還概述了他的政治綱領。除這些之外，這位未來的納粹德國獨裁者還在一些片段中談到自己對天才的認知。他說，天才是上帝挑選出來領導偉大國家的人民擺脫困難、取得進一步成就的人物，雖然在開始的時候他和他的價值並不一定被他人所了解、所認知；他強調：「那時世界上還不肯承認他，不願意相信這個表面上與世人並無二致的人，竟然是一個完全不同的人物；在人類的每一個傑出兒子身上，這種事情總是一再重演著……」還進一步肯定，說天才的命運往往都是這樣，但是時代「總是需要一些刺激的因素才能使天才人物登場。」

七、典型的天才

納粹首領希特勒

讀者不難猜出，希特勒在這裡完全是有感於自己當時所處的困窘境遇才這樣說的：他無疑自視是一個天才人物。

希特勒這樣認知自己，是太狂妄了吧？的確，無根據的狂妄自大或者叫妄想症，是希特勒的一貫心態。翻閱他的傳記，不時都可以讀到類似的記述。如早在 1918 年，希特勒就曾自稱，說他曾出現過幻象，命令他來拯救德國。二十年後，1938 年，他再次宣稱自己，「一個來自（奧地利）男孩被送到帝國並長大成為這個民族的領袖——這是上帝的意志。」還大言不慚地聲稱：「我可以毫不誇大地說，我是不可代替的。沒有一個軍人或是文官能夠代替我。……從來還沒有一個人取得過像我這樣的成就。」1944 年 7 月，在他奇蹟般地逃過暗殺之後，他又聲稱：「這是我被上帝從其他人中造出來領導德國走向勝利的新證明。」這固然是他自己的看法，但其他把他看成天才的，也大有人在。

納粹軍備和戰時生產部長艾伯特·斯皮爾（Albert Speer）曾這樣描述這位學過繪畫的人：

……在他的談話中，希特勒似乎在思想上被某種東西迷住……他在一種白日夢中談話，他的眼睛無精打采，並且經常，與他的藝術天才一致，把現實與幻想混淆。

美國記者威廉・夏伊勒在第三帝國的前半期曾在那裡工作和生活，曾多次親眼見到過希特勒。戰後，他翻閱了數以萬計的相關資料，並結合自己的觀察和筆記，以扎實的內容和詳實的資料寫出一部多達一百四五十萬字的鉅著《第三帝國興亡史》。在這部鉅著中，夏伊勒雖然聲稱「希特勒的自大狂是我們在本書幾百頁的記載中到處可以看得見的」，同時仍不止一次提到他的天賦，如說：

希特勒在推測他的外國敵手的弱點和利用這種弱點方面一直是一個天才。

……在那種關頭，希特勒表現出不但能大膽行動，而且往往只在對可能發生的後果仔細盤算以後才行動的天才。……

這位美國學者甚至還在「前言」中把他與亞歷山大大帝、凱撒、拿破崙等歷史上的偉大天才人物相並列。

希特勒在狂熱的民眾中間

七、典型的天才

其實這並不矛盾，因為自大狂或妄想症本就是天才人物的特徵之一。

的確，還在幼年時期，希特勒的老師愛德華·修麥就已經看出並說他「肯定是有天資的」，只是他太不用功，「否則有他這樣的天賦，會有好得多的成績」。

不應該認為，只要是壞人，不論他有多高的才能，都不能被列入「天才」這樣一個令人仰慕的名單裡。因為是不是天才，只是從人是否具有超常的智力來判斷，至於他這智力和才性應用於哪一個方面，那是另一個問題。考察希特勒一生，不但應該如夏伊勒那樣，承認他是一個天才，還可以看到他也像其他的天才人物一樣，是一個精神病患，也如夏伊勒說的，一個「瘋狂的天才」。

阿道夫·希特勒（Adolf Hitler, 1889-1945）出生於一個不安定的家族。

他的祖父約翰·格奧爾格·希德勒（Johann Georg Hiedler）是一個到處打零工的磨坊工人，於1824年第一次婚姻後僅五個月就有個兒子，只是母子兩人在產後都死了；18年後，他又娶了47歲的農婦瑪麗亞·安娜·施克爾格魯勃（Maria Anna Schicklgruber）為妻。瑪麗亞在此之前的五年，即1837年，就曾生下一個兒子，幫他取的名字叫阿洛伊斯（Alois）。可是姓呢，雖然人們相信約翰·希德勒即是他的父親，可既是非法婚生，屬私生子，就只好一直襲用母親施克爾格魯勃這一姓氏，由叔父扶養成人，叫阿洛伊斯·施克爾格魯勃。

瑪麗亞·安娜於1842年去世。在這之後，約翰·希德勒整整三十年不知去向，直到八十四歲那年重新露臉時，他已改姓為希特勒，並當著三個旁證人的面，向公證人宣誓阿洛伊斯是他的兒子；於是教區牧師在1876年將阿洛伊斯·希德勒改名為阿洛伊斯·希特勒（Alois Hitler）。

3、軍事家希特勒

阿洛伊斯‧希特勒最初學做鞋匠，後來成為奧地利海關邊境的一個小職員，並找了一位大他十多歲的海關職員繼女為妻。在此之前，他曾與一個年輕的旅館廚娘同居，生下一個兒子。髮妻於 1883 年去世後，他與這個廚娘結婚，三個月後生了一個女兒，叫安吉拉，安吉拉‧希特勒（Angela Hitler）。廚娘因患肺結核，不到一年就死了。於是，1885 年，阿洛伊斯又娶了他父親的堂姪女克拉拉‧波爾茲‧希特勒（Klara Poelzl Hitler），這第三次婚姻屬近親結婚。這年她二十五歲，阿洛伊斯四十八歲。阿洛伊斯和克拉拉先後共生有五個孩子，第一、二個都死於襁褓之中，阿道夫是第三個。

阿道夫‧希特勒的父輩、祖輩就都是這麼些性生活混亂的人。他們的血液，流進未來納粹首領的體內之後，這種混亂的性生活方式，作為個性的組成部分，透過遺傳變得更加突出，甚至顯現出心理變態的傾向。

還在小時候，由於家境貧困，阿道夫就與安吉拉——他的異母姐姐睡一張床。希特勒是一個性早熟的孩子，有人認為安吉拉早早就刺激了他的性意識，並且兩人還有過性行為。不過這一說法缺乏足夠依據，可以肯定的是，他對安吉拉有很深的感情。當安吉拉十五歲那年出嫁給一位叫勞貝爾（Raubel）的稅吏時，十四歲的希特勒情緒十分煩躁，終夜輾轉反側、無法入睡，力圖在床上尋回安吉拉肉體的溫度。後來還久久不忘安吉拉。

1919 年，希特勒在慕尼黑加入德國工人黨，30 年代末尾，他已經從德國工人黨的普通黨員，升為 1921 年改名為國家社會主義工人黨（納粹）的主席，並在因啤酒館政變被捕獲釋後，從事該黨的重建工作。這年夏天，他租下一處別墅，請安吉拉‧勞貝爾來為他管家。

安吉拉婚後為勞貝爾生了兩個漂亮的女兒。幾年後，勞貝爾去世，

七、典型的天才

她就孀居維也納，有一段時期在猶太人設立的施粥站任廚娘。現在，她把女兒吉莉和弗莉德爾也帶來了。

吉莉·勞貝爾（Geli Raubel）是一位金髮女郎，年齡在二十歲上下，面容秀麗、話音悅耳、性格開朗，很討男人喜歡。希特勒馬上就愛上了她，並不顧黨內人士的反對，認為他作為黨的領袖，帶著他的外甥女作為情人出入公開場合，甚為不妥。但希特勒對她所謂的「愛」，卻表現得非常專制。他不讓她與別的男性接觸，甚至不准她一個人外出，連她想到維也納去學歌唱，實現她登臺唱歌劇的理想都不准許，要她完全為他一個人而存在。有一次，希特勒見到吉莉與一位叫艾米爾·莫里斯的納粹黨員在一起，就暴跳如雷，歇斯底里大發作，雖然莫里斯發誓說他們僅僅只是說了幾句話，完全清白無辜，希特勒仍不肯罷休，將他趕出納粹黨，永遠不准再入黨。

不但專橫，他的「愛」還帶有嚴重的病態心理。一份資料寫道：「據說，這個政治上的專制魔王願意受到他所愛的人奴役。」他雖然經常與吉莉同居，但據說他是一個性功能不足的人，他對她的要求，大多是讓他喝她的尿液、撫摸他的裸體，甚至要她在他裸露的頭上大小便，或者要她與他口交或重重鞭打他等等。希特勒的傳記作者康拉德·海登在《元首》（Konrad Heiden; Der Führer）一書中談到，希特勒曾在1929年寫給吉莉·勞貝爾的一封信中，「承認在這方面的深刻感情」。這封信後來落到他房東的兒子手中，由於暴露了「元首」這種病態心理，結果致使不止一個人遭殃。英國著名心理學家哈夫洛克·艾利斯（Havelock Ellis, 1859–1939）在他的名著《性心理學》中指出：「凡是喜歡向所愛的對象加以精神上或身體上的虐待或痛楚的性情緒，都可以叫施虐狂（sadism）。凡是喜歡接受所愛的對象的虐待，而身體上自甘於被箝制，與精神上自甘受屈辱的性情緒，都可以叫受虐狂（masochism）。」（潘光旦譯）都屬於

非正常的精神病態的表現。另一位醫學家提醒說，《我的奮鬥》裡充滿了對性的形象化描述，「每一章都顯示出一種被強姦、賣淫、梅毒和最令人討厭的性行為過渡刺激的心理。」作為一個生理正常的女性，吉莉顯然不能回報舅父的這種愛。於是，他們之間不斷爭吵，而且越來越激烈。最後一場大吵發生在 1931 年的 9 月 17 日。在此以前，吉莉曾多次向希特勒宣布，說她要去維也納學聲樂，但他就是不許她走，這次希特勒正要上汽車去漢堡，吉莉最後一次哭著問他：「那麼你不答應讓我去維也納？」希特勒仍然斬釘截鐵地回答說：「不答應！」第二天早上，人們發現這個絕望的女人在自己的房間裡自殺了。希特勒的最後一個情人愛娃·布勞恩也常常被這個精神病患的病態「愛」逼得要發狂，在他們認識後的最初幾年裡，曾兩度要想自殺，並於婚後第三天——1945 年 4 月 30 日，以希特勒新娘的身分成為丈夫的殉葬者。

希特勒對吉莉和對莫里斯的這種粗暴態度不是偶然，是他的精神疾病性情所導致的。從小，他的老師就注意到他這種奇特性格，說他「剛愎自用、脾氣暴躁、缺乏自制力」。這種性格越到後來，越是突出，最後簡直發展到了瘋狂的地步。

早在 1923 年，希特勒就出現帕金森氏症 (Parkinson's disease)，即震顫麻痺的症狀。一份資料寫道：「如同 1923 年 11 月一樣……他現在患左肩和左腿震顫，行走時他拖著左腳。他的動作是突然而抽搐式的。」20 年後，他的一位醫生這樣描述了他病情的發展：

不僅他的左手，他身體的左側全都打顫。為了使他不斷顫抖的情形不被人注意到，坐著時，他不得不把自己的右手放在左手上握住，並用右腿跨在左腿上。他的步態變得拖沓，並且姿勢彆扭，他的運動像在慢鏡頭電影中一樣緩慢。當他想坐下來時，便不得不讓別人先在他身後放一把椅子。」

七、典型的天才

　　震顫麻痺是一種屬於中樞神經系統的慢性病，此病到晚期經常引起憂鬱症，其主要且基本的臨床特徵是躁狂和憂鬱交替出現。就是這種精神病態嚴重影響著希特勒的性格，如研究希特勒疾病和性格的美國神經科醫生伯特・愛德華・帕克在他的專著《疾病對領袖的影響》(Bert Edward Park : The Impact of Illness on World Leaders)中所說：「有關阿道夫・希特勒的文獻資料充滿著關於這位像謎一般變化莫測且越來越反覆無常的領袖人格的推測和心理分析紀錄。」

　　但澤(Danzig)地區的納粹黨領袖赫爾曼・勞希寧(Hermann Rauschning)回憶起，有一次：

　　希特勒在夜間痙攣地尖叫起來……他恐懼地直打顫……他喊著混亂的、難以理解的詞句。他氣喘吁吁，好像想像著自己正在窒息……（他）在房間裡傾斜地站著，朝四周胡亂觀望。「他！他！他在這裡！」他氣喘吁吁地說。突然他開始滔滔不絕地講出一些數字、怪話和一些完全沒有意義的詞句片段。他使用了一些奇怪、編造起來的、完全非德語的詞法結構……「那裡！那裡！在角落裡！那是誰？」他以熟悉的方式跺腳和尖叫。

　　如果硬是要把這看成不過是出現在夜間、壓抑的意識放鬆時的「狂想」，猶如有些人在做惡夢，那麼事實上，在白天，甚至在許多重要的正式場合，他同樣經常出現這種類似的瘋癲狀態，因此絕對只能認為是他自身無法控制的精神疾病症狀。

　　從早年起，希特勒就有一個外號，叫「啃地毯的人」。因為，當他情緒失去自我克制的時候，就常常處於癲狂狀態，有幾次甚至「趴到地上啃地毯的邊」。1938年9月，他為蘇台德(Sudetenland)問題處在兩難選擇時，也出現過這種情況：不止一次完全失去控制，陷入癲狂狀態，並趴到地上啃地毯的邊。這當然是這位精神病患的一種怪僻。其他精神疾

病的典型症狀就很多了，最突出的是因躁鬱症陷入瘋狂。

1938年，從3月占領奧地利，同時兼併整個捷克斯洛伐克起，一系列事件都表明希特勒為東進奪取所謂「生存空間」的最後目標已經準備就緒。這時，一位與柏林和倫敦上層都有連繫的瑞典人比格爾·達勒魯斯（Birger Dahlerus）先是找了納粹黨魁兼警察領袖赫爾曼·戈林，然後由他陪同見希特勒，目的是希望他們了解，英國輿論再也不會容忍納粹進一步的侵略行動。但是，這個達勒魯斯畢竟是一個商人，夏伊勒評論說，雖然他爭取和平的努力是出於好意，可他實在太天真，要當一個外交家，更是幼稚外行得驚人。對達勒魯斯的這番好意，起初，達勒魯斯在他1947年出版的《最後的企圖》（*The Last Attempt*）中寫道：

希特勒一直聽下去，沒有打斷我的話……但是後來他突然站起來，變得非常激動而且神經質，在屋子裡來回走著，一面自言自語地說，德國是不可抗拒的……突然，他在房子中央站住，眼睛直挺挺地望著前面。他的聲音變得含糊不清，他那樣子完全是一個神經失常的人。他斷斷續續地說道：「如果發生戰爭，我要造潛水艇，造潛水艇，潛水艇，潛水艇！」他的話越來越不清楚，最後根本就聽不出他在說什麼了。接著他定了定神，就像對大庭廣眾發表演說似地拉開嗓門，尖聲尖氣地叫了起來：「我要造飛機，造飛機，飛機，飛機！我要消滅我的敵人。」那神情活像小說裡的一個妖魔，而不像是個真人。我驚訝地注視著他，又回過頭來看看戈林，他卻若無其事。

就蘇台德局勢在柏林體育館發表演說時，希特勒也完全像是發了瘋。親自擠在館內聽他演說的夏伊勒描述說，當時，希特勒「完全失去了自制」，他「時而狂吼，時而尖叫……忘乎所以，如醉如狂」。當納粹宣傳部長保羅·約瑟夫·戈培爾跳上講壇對著麥克風大叫「有一點是肯定的：1918年不會再重演了」時，他「眼睛裡有一種瘋狂、急切的神色」，

七、典型的天才

隨後跳了起來,「眼睛裡閃著我永遠也忘不了的狂熱光芒,把右手用力揮了一下,然後向桌子一捶,用盡了他那強而有力的肺部的全部力量大叫一聲:『Ja(對)!』接著就精疲力竭地癱倒在椅子上。」

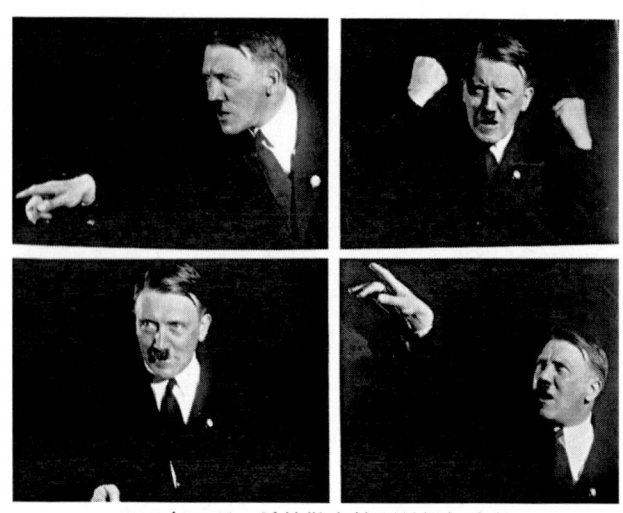

1930 年 9 月,希特勒在鏡頭前擺好姿勢

躁鬱症的發作總是與某種特定刺激物有關。希特勒的情況也是如此。精神病學家的研究證實,在希特勒身上,這刺激物就是血這個主題。

H·R·特萊佛-羅伯爾(H. R. Trevor-Roper)等研究者表明,希特勒對「血」這個意象,有一種「激烈的、著迷似的全心關注」,不論在書寫、公開演講或閒談中,他都被這一意象所迷住,時不時要提到這個「血」字,如他在描述他奪取政權時經常使用這個詞,他又談到 1923 年 11 月 9 日的神聖「血旗」,他為那些在那天參加行軍的人設立了一個特別的「血勳章」;他在訓練他的精銳部隊黨衛隊時,也提出「血的水泥思想」,等等。再如,在看到他的同事們在吃肉時,他嘲笑說,要用「我多餘的血作成血香腸作為對你們的特別款待」;還狂叫什麼「猶太人的血將從我們的刀子上噴出來」……。最重要的是只要提到「血」這個字,希特

勒的行為竟會頓時就發生變化。特萊佛-羅伯爾在他出版於1947年的《希特勒的末日》(The Last Days of Hitler)中說:「雖然希特勒在身體上害怕見到血,但想到它時,卻使他興奮和陶醉。」他舉例說,有許多次,「只要提及1934年的大血洗,就使希特勒雷霆大作」,並認為這已經成為他反覆發生的固定爆發模式。最高軍官海因里希·希姆萊和義大利的警察頭目尤金·多爾蒙的回憶證實了這一點,他說有一次:

> 這整段時間,希特勒……平靜而沉默地坐著……然後,有人突然提及……1934年6月30日的羅姆陰謀和接著發生的血腥清洗。希特勒立即暴跳如雷,嘴唇上吐白沫……並且咆哮如雷地大喊要給予可怕的懲罰……(他)大怒了足有半個小時;來訪者認為,他一定是瘋了……(完了之後)他平靜地坐下;他在手中拿著一根彩色香劑管吮吸著;像不時仍在噴濺的火山一樣,他會不斷地說出一些有關血、上帝和集中營……的粗野詞句。

1934年,希特勒成為德國的國家元首

希特勒的精神疾病是非常典型、非常特出的。像其他一些患精神疾病的政治—軍事家一樣,伯特·愛德華·帕克在《疾病對領袖的影響》中引另兩位醫學家的話作出這樣的結論:

七、典型的天才

　　由疾病引起的顯著人格變化解釋了希特勒1942年後的殘暴和政治與軍事上的失敗。

　　帕金森氏症說明了第三帝國悲劇和恐怖的原因，他假定疾病造成了相當於「精神錯亂」的個性變化。……還被觀察到有偏執狂……

　　看來，這個結論是能夠成立的。

八、
各具風采的天才們

八、各具風采的天才們

說到「天才」，在一般人的心裡，想到的就是那些僅憑天賦靈感、即能於瞬間完成非凡創作的藝術家。從歷史上來看，被認為屬於天才之列的人，大多也是如賀拉斯、維吉爾、佩脫拉克、塔索、但丁、彌爾頓、莎士比亞、歌德、席勒、海涅、拜倫、柯勒律治、白朗寧和白朗寧夫人、斯溫伯恩、惠特曼、丁尼生、巴爾札克、德·昆西、威廉·布萊克、查爾斯·蘭姆、雨果、喬治·艾略特、斯威夫特、屠格涅夫、杜斯妥也夫斯基、福樓拜、狄更斯、愛倫·坡、波特萊爾等詩人、作家；米開朗基羅、達文西、拉斐爾、林布蘭、梵谷、羅伯特等畫家；克拉拉·舒曼、貝多芬等音樂家，和亞里斯多德、笛卡兒、康德、黑格爾、培根、伏爾泰、霍布斯等哲學家。近年人們最常談論的天才也是其作品拍賣價高達上億美元的畫家。

1、繪畫天才

1987年，倫敦克里斯蒂拍賣行在一次公開拍賣中，一位匿名者——實際上是日本的安田火災海上保險公司，透過電話出價2,500萬英鎊，購得了一幅繪畫，這在當時算是有史以來藝術品賣出的最高價。同年，澳洲的億萬富翁艾倫·邦德以更高的價格，即5,390萬美元購得同一畫家的另一幅作品；又一個日本客戶，大昭和製紙公司名譽會長西戶良衛則於1990年買下他的第三幅繪畫，價格更高，是125億日元，大約折合8,250萬美元。這位畫家就是荷蘭畫家文森·梵谷（Vincent van Gogh, 1853-1890）。這裡說的三幅繪畫分別是他的〈向日葵〉、〈鳶尾花〉和〈加歇醫生的畫像〉。他的其他作品，在近幾年的拍賣中，價格也高得驚人：〈蝴蝶花〉，1億5,390萬美元；〈野花之宴〉和〈坦蓋泰葉橋〉，都是1億2,200萬美元；〈阿德里娜·巴芙〉，1億3,750萬美元。他的其他許多繪

畫也都被一些世界知名的博物館所收藏：〈吃馬鈴薯的人〉── 阿姆斯特丹梵谷博物館，〈郵差魯蘭〉── 波士頓美術博物館，〈椅子和菸斗〉── 倫敦泰德畫廊，〈綠色穀物〉── 布拉格納羅德尼畫廊，〈星夜〉── 紐約現代藝術博物館……另外還有幾位著名的私人藝術品收藏家，如芝加哥的雷・勃・勃洛克收藏有他的〈耳朵包紮繃帶的自畫像〉，都被認為屬世界文化瑰寶。可是，能想到嗎，這個作品創造出如此天價的畫家，竟是一個經常發作瘋癲的精神病患。

梵谷生於當時稱為荷蘭的津德爾特，是一位新教牧師六個孩子中的長子。十六歲起進古皮爾畫廊（Goupil Gallery）作一名店員，之後在古皮爾的海牙、倫敦分店、巴黎總店和多德雷赫特等處工作。1878 年，為寄寓失望的心靈，還曾做過傳教士；後來在一處礦區工作時，由於同情和支持窮苦礦工而被教會解職，結果導致自己陷入困頓。生活的貧窮和信念的破滅，使他心灰意冷，覺得唯一的出路也許就只有繪畫了。由於精神疾病，他的藝術生涯很短，一般認為在經歷 1873 至 1885 年的學藝、失敗和改變方向的前期之後，於 1886 至 1890 年後期獲得飛速的進步，在繪畫技巧上取得了極大的成功。

剛去倫敦不久，才二十歲的梵谷就出現欣快症（euphoria），這是躁鬱症的前兆，預示了潛伏精神疾病的發展。夏天，他愛上房東的女兒，但是她已經訂婚，不能接受他的感情，使梵谷感到無比絕望，也加重了他原有的疾病。從此，憂鬱症症狀就一直控制著他，只不過有時發作，有時間歇，躁狂和憂鬱交替出現；但越到後來越是嚴重。1888 年 2 月至 1889 年 5 月在法國東南部亞爾（Arles）的這段時期，梵谷有一次在給他妹妹的一封信中曾這樣寫到他的疾病：

我無法確切描述我的情況：我時時都明顯是毫無緣由地引發恐怖的焦慮感，不然頭腦裡就覺得空虛和疲勞（這是緩解的憂鬱症──引

八、各具風采的天才們

者)……而且常常陷入憂鬱和自責之中……但我並不因為這自責和所有其他可能由微生物造成的神志不清而覺得害羞……每天我都服用無與倫比的狄更斯用過的防止自殺的藥物,那是由一杯酒、一片麵包加乳酪和一管菸草組成的。

到了最後,梵谷的情況就非常糟了。近年有學者提出,以往的傳記說梵谷「從耳根割下一隻耳朵」,洗乾淨後,「裝在信封裡,送給一個叫拉歇爾的妓女,說『這是我的禮物』……」實際上是不確切的。實際上是高更奪下梵谷拿在手中要殺他的刀,割下了梵谷的耳朵。不過這至少也說明梵谷在瘋狂中要想殺與他爭吵的高更。事實是,在 1890 年 1 月到 1890 年 5 月這最後一個時期,由於梵谷精神疾病屢屢發作,亞爾居民寫信給市政當局,要求將他監禁在精神病院,於是梵谷又再一次住進了醫院;到了 5 月 8 日,梵谷自知病情嚴重,甚至自願進了聖·雷米(Saint Remy)療養院。但是聖·雷米也幫不了他什麼忙,他的病情不斷惡化。經過他弟弟西奧(Theo)與醫生多次協商,最後決定將梵谷遷移到巴黎附近瓦茲河畔的歐韋小鎮(Auvers)。就在這裡,文森·梵谷在同一年的 7 月 29 日開槍結束了自己的生命。

梵谷德之像

1、繪畫天才

梵谷作為一位天才藝術家,他把創作看成是自己的生命需求,認為創作是他生命的一個組成部分。在一封給西奧的信中,他這樣表達了這種需求:

醫院裡那些不幸的可憐人在閒散中過著單調的生活。這種閒散對人是有害的。

……我像傻瓜一樣去請求醫生允許我作畫。作畫似乎對我的健康十分重要。這幾天我無所事事,不讓我到安排我作為畫室的屋子裡去,這簡直令人無法忍受。工作能使人的意志堅強起來,能夠減少我精神上的軟弱,這比什麼都好,比什麼都令人高興。倘若能讓我再次全力以赴地作畫,那將是對我疾病的最好治療。

梵谷就這樣,以一種由不健康軀體所支撐的健康心靈,進行他的藝術創作。藝術史家公認,是從1888年2月離開巴黎來到亞爾的時候起,開始了文森・梵谷十二個月的偉大創作時期。正是在這個時候,他畫出了〈吸菸斗的人〉,一幅被認為是他「最輝煌的傑作之一」的畫;另外如著名的〈向日葵〉和〈隆河的星夜〉、〈夜晚露天咖啡座〉、〈麥田群鴉〉以及最後的一幅〈暴風雨的天空和麥田〉等作品,都是他在患病和住院期間創作出來的。

梵谷畫的〈星空〉

八、各具風采的天才們

〈向日葵〉

作為畫家的梵谷,從他創作的作品中,也明顯可以看出他患有精神疾病的特點。常被提到的如他不同時期所作的自畫像,就顯現出他由精神疾病所造成的風格上的重大改變,顯示這位偉大藝術家走向瘋狂時的竭力掙扎。他的其他一些作品,也同樣表現出他的精神疾病特徵。如他的〈鳶尾花〉,專家認為,線條的交錯就表現了他因疾病而產生的內心煩躁;他的〈橄欖樹〉,那彎曲的線條產生橄欖樹正在進行抗爭的感覺;而〈阿爾卑斯山麓〉則更強烈地表現了畫家心靈上的痛苦。特別是從1889年5月畫的〈星夜〉(Starry Night)來看,義大利藝術史家利奧奈洛・文杜里分析說:梵谷作為一個精神病患,在他的眼中,

他所看見的夜空就是一個奇特的月亮、星星和幻想的慧星的景象;它所給人的感覺就是,陷入一片黃色和藍色的漩渦之中的天空,彷彿已經變成一束反覆遊蕩的光線的一種擴散,使得面對自然的奧祕而不禁戰戰兢兢的芸芸眾生,頓時生起一股絕望的恐怖。」(錢景長等譯)

要說患精神疾病的畫家,梵谷並不是歷史上第一個,不管在他之前,還是在他之後,繪畫史上有許多跟他一樣患精神疾病的天才畫家。

繪畫不同於音樂或文學,不管主體有沒有受過專業訓練,都可以透

過線條來傳達思想和情感,將主體內心的意識和感情衝突,甚至主體自己都沒有明確意識到的、非理性的潛意識活動,外顯為視覺形象,在畫布上表現出來。因此,沒有學過繪畫、缺乏理性、缺乏控制能力的精神病患也能進行繪畫創作,甚至正因為精神病患的繪畫往往是在失去理性的情況下畫出來的,使他們的作品不同於一般理性強烈的畫家的創作,而具有它獨特的韻味和意義;而且正因為是在失去理性的情況下創作出來的,也就成為他人無法仿效的。一個人也許可以依靠後天的勤奮和努力而成為一個「技巧精湛」的畫家,但絕不可能憑藉自己的意志成為一個具有「原創性」的天才藝術家。天才的藝術品是無法學到的。除了米開朗基羅(Michelangelo)、保羅・高更(Paul Gauguin),不但是富有才華、成就傑出的畫家,又都無不患有不同程度的精神疾病外,以 20 世紀來說,患精神疾病的現代著名畫家也很多很多:加拿大藝術界著名的「七人團」(Group of Seven)成員、以描繪西海岸印第安人和該地風景而聞名的女畫家艾米麗・卡爾(Emily Carr, 1871–1945)是個精神病患,患有神經衰弱、疑病症、轉變性歇斯底里和精神分裂症。美國畫家馬克・羅斯科(Mark Rothko, 1903–1970)的作品對第二次世界大戰後的抽象表現主義藝術產生重大影響,而他也是一個精神病患,最後在發病中以自己的手結束了自己的生命。名作家維吉尼亞・吳爾芙的八個兄弟姐妹,七個都是精神病患,包括她的姐姐、「布魯姆斯伯里團體」的重要成員、著名英國女畫家凡妮莎・貝爾(Vannisa Bell, 1879–1961)。還有 20 世紀初期英國著名畫家路易斯・韋恩(Louis Wain, 1860–1939),也是一個精神病患。韋恩從五十七歲開始,他的生活和藝術都表現出精神疾病跡象。從他在發病時創作的四幅〈貓〉上,可以看出他早、中、晚期病情的變化和發展,與他此前所畫的貓大不相同。

八、各具風采的天才們

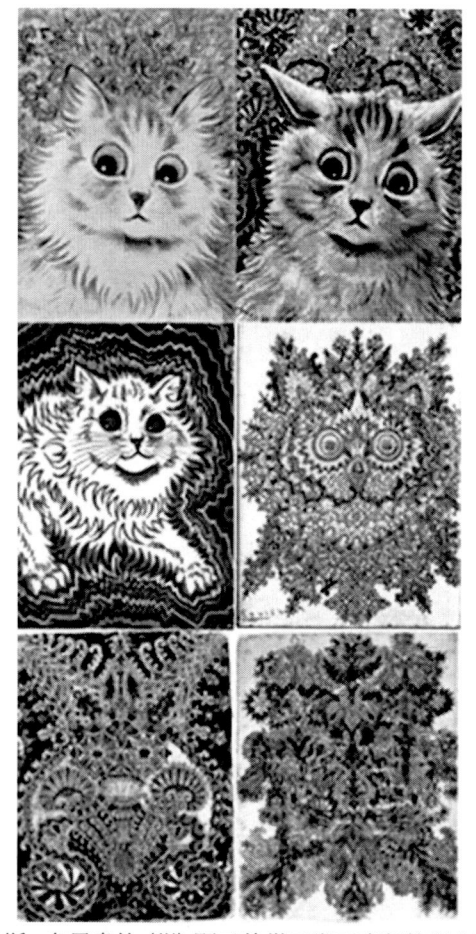

路易斯・韋恩畫的〈貓〉顯示他從正常到瘋狂的變化過程

　　1921 年,一期十分獨特的展覽先是在德國法蘭克福展覽館的齊格勒小陳列室（Zinglers Kabinett）展出,隨後又轉展至漢諾威的一家畫廊,內容為漢斯・普林茨霍恩多年來精心蒐集的畫作。

　　漢斯・普林茨霍恩（Hans Prinzhorn, 1886–1933）最初在維也納學的是藝術史,於 1908 年獲博士學位。隨後去英國學習聲樂,希望成為一名歌唱家。之後,他研究醫學和精神病學,並在第一次世界大戰期間擔任軍醫。戰後,1919 年,他進了海德堡精神病院,在這裡,他收集了一些神

經精神病患的藝術作品。

　　當然，收集精神病患的作品並不是普林茨霍恩的首創。在此之前，先是在海德堡大學任教、1890年至1903年主管海德堡精神病院的著名精神病學家埃米爾‧克雷佩林（Emil Kraepelin, 1856-1926）最先想到此事。在普林茨霍恩手下工作的臨床主任卡爾‧維爾曼斯醫生（Karl Wilmanns）考慮到普林茨霍恩受過藝術史和精神病學史兩方面的專業訓練，就聘用他來做這項工作，計劃擴大蒐集並出版一部研究精神病患藝術的著作。

　　幾年裡，普林茨霍恩從歐洲各不同名稱的精神病醫院蒐集到大量精神病患的油畫、水彩和雕刻作品，並從其中選出一些有相當水準的繪畫，呈現在精神病醫生、藝術家和一般受眾面前。展出之後，又編成《精神病患藝術作品選》（*Bildnerei der Geisteskranken*）一書，於1922年出版。展覽和作品的出版，一時在歐洲大陸人們的心中引發一陣陣地震盪。

　　心理學中有所謂的「類型學」研究。蘇俄生理學家和心理學家伊凡‧巴夫洛夫（Ivan Pavlov, 1849-1936）也以他的類型學研究提出「思考型」和「藝術型」兩類，認為思考型的人深思、冷靜，對抽象的觀念比對感官刺激較有反應，而藝術型的人則對外在的刺激具有高度強烈生動的反應，而且藝術型的人還比較容易罹患歇斯底里症或躁鬱症，等等。他的研究表明，有些藝術型人格的人，容易引發精神疾病；或者說，有些精神病患具有一定的藝術才華。分析心理學（analytic psychology）的創始人，瑞士心理學家和精神病學家卡爾‧榮格（Carl Jung, 1875-1961）十分重視繪畫對精神病患的正向作用。他按照態度類型把人分成「外傾型」和「內傾型」兩類；外傾型者主要關心的是社會關係，內傾型者全神貫注於他自己的內在幻想世界和身體活動；後來榮格又更細地將外傾型和內傾型各分出四種心理功能：思維、情感、感覺和直覺，說思維內傾型是非

八、各具風采的天才們

常聰慧而不顧現實實際的人,感覺內傾型愛好藝術,情感內傾型極為敏感,直覺內傾型是能產生一些新穎而「奇異」觀念、離奇古怪的夢想家,等等。他強調:「畫出我們內心所視的和畫出我們眼前所見的,是兩種不同的藝術。」根據臨床經驗,榮格相信,以繪畫作為表達潛意識經驗的工具,要比語言更加直接,使人有可能從作品本身的色彩、線條和所畫的內容上窺見病人當時的心境;對精神病醫師來說,則可以藉此進一步了解病人的心理活動,幫助他們揭開患病情結,因而可以作為對精神病患進行「心理治療」的有效手段。榮格所說的這種更直接表達內心經驗的手段,後來經過其他醫學家和心理學家的系統化,已經發展成為「動力調整的藝術治療」(dynamically oriented art therapy)方法。今天,繪畫治療已經和音樂治療、戲劇治療一起被眾多正規醫師和醫院所接受和應用。在西方,甚至興起一股包括繪畫治療在內的「藝術治療」方法。如有報導說:「在美國鹽湖城的許多醫院裡,護理人員都有責任鼓勵病人拿起畫筆,用繪畫的方式表達他們的情感。」現在,「藝術治療」的實施已經改變了以往對「治療」這個詞的定義,即治療不僅僅是肉體上的,還包括思想上和精神上的治療。

在普林茨霍恩蒐集到的繪者中,有一個叫愛麗絲的女子,她於1886年生於瑞士洛桑,姐姐也是精神病患。少時父母先後去世,25歲時她去了德國,在為一貴族家庭看護小孩時,認識了威廉二世的朝廷牧師,1914年回國。回到家鄉後,她的精神狀態開始改變,並開始撰寫宗教小冊子,宣稱要像牧師一樣宣揚教義、改良人類;還毫無根據地說自己已經懷孕;後來又說丈夫和孩子被竊,有人想要殺害她。這明顯是精神疾病妄想的症狀,於是在1918年2月被送進精神病院。

在精神病院裡,在某種內在驅動力的推動下,繪畫成了愛麗絲常規的休閒活動,且在這活動中慢慢顯露出她的創作才能,畫出了數百幅

畫。當醫護人員給她彩色蠟筆和紙張時，她就狂熱地投入這項「藝術創造」中；而且動作極其迅速。在繪畫中，她漸漸地變得安靜和放鬆。而一結束繪畫，她便將作品棄之一旁，像是要擺脫它的束縛。

專家說，看愛麗絲的畫，可以發現她發瘋的癥結，還可看出她思想和情感的焦點是愛。愛麗絲作品的主題是一對情侶，畫中的女主角是性感的尤物，男主角除了威廉二世、拿破崙或教皇，通常都被描繪成比女主角矮了一截，或隨侍在她旁邊，甚至被裝飾在女王佩戴的獎牌或項鍊上，以暗示她對男性的嘲諷。她認同自己是著名的悲劇女性，如克麗奧佩特拉、蘇格蘭的瑪麗女王或哈姆雷特的情人奧菲莉亞。特別是她對女性形象的描繪，十分奇特，往往把自己畫成高貴迷人的淑女，華麗的衣著下兩乳高聳，外生殖器像山茶花，子宮則像水果籃或有蛋的鳥巢，顯示她激烈狂放的想像力。

愛麗絲的畫

普遍認為，精神病患中，有許多人都像愛麗絲那樣富有藝術才華。

在醫生接觸到的病人中，有一類被稱為「自閉症」（autism）的患者，這是「一種影響軀體、社交及語言技能的神經生物學性障礙」，或是「早

八、各具風采的天才們

期身心失調症」，乃是一種精神疾病或者類似於精神疾患的病症。此病的患者大多是兒童，他們自我沉湎、極端孤獨，對他人的愛悅之情和身體接觸均無動於衷；對聲響、疼痛也沒有強烈的反應，甚至無法意識到明顯的危險。但他們極為敏感，經常擁有一、二個保護得很好的特殊技能的「暗角」，如有驚人的數學技巧、過目不忘的能力，或者對音樂、繪畫有先天的技藝，等等，使人覺得是與眾不同的天才。典型的例子中有一個叫娜嘉的女孩子。

娜嘉，英語拼作 Nadia，顯然是俄羅斯或烏克蘭一帶的女子所常用的 Натя，實際上她也是一個烏克蘭移民 1967 年生於英格蘭的孩子。雖然她的兩個同胞手足從各方面看都屬於正常兒童，娜嘉卻明顯表現出她不同於一般人的非常態、也就是精神變態的一面。娜嘉在嬰幼兒時掌握了一些詞，可就這麼幾個貧乏的詞彙，也很快便被她忘掉了。她對語言，既不能理解，也不會運用，除了能發少數幾個單字的音之外，像是處在只有 1 歲的正常兒童的發音階段，甚至像一個不會說話的啞巴。她的父母將她安置在一所專為智力遲鈍的兒童開設的學校，但在這所學校裡，她似乎仍然得不到什麼長進。於是，在她 6 歲半那年，母親帶她去一家診所就診，在那裡，她被診斷為患有「自閉症」。

但娜嘉卻具有異常的繪畫天才。

在第一次帶娜嘉去診所時，她母親給英國心理學家洛娜·塞爾夫（Lorna Selfe）看娜嘉用原子筆畫的幾幅畫。見到這些畫，不能不使人感到驚訝：娜嘉以流暢的輪廓線條畫出動物的複雜形體，極具自然主義的逼真性。她的這些作品甚至使人想起文藝復興時期的藝術大師們的素描。如她在 5 歲半那年畫的騎者，就很像李奧納多·達文西為統治義大利近百年的斯福爾扎家族（Sforza Family）紀念碑所畫的速寫。更令人驚奇的是，研究娜嘉的作品，會發現她雖然並沒有受過專業的訓練，在繪

1、繪畫天才

畫的時候卻能按照透視法,正確地畫出對象整體的各個部位;而且能當著證人的面,立即作畫,在極其快速的描繪中將一條線拉長,與另一條線連線,正好在兩線相交之點相接。此外,她在繪畫時,根本不需臨摹練習,直接開始,即能很好地畫出來,第一次與後來畫的同樣逼真,令人難以相信這是一個 3 歲到 6 歲的孩子的繪畫作品。

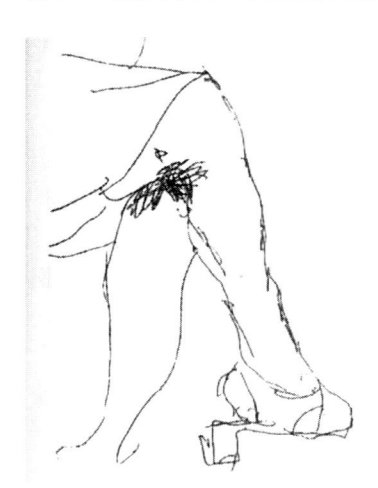

娜嘉的畫

娜嘉的畫

八、各具風采的天才們

洛娜・塞爾夫對娜嘉及其繪畫作了深入研究，寫出了一部篇幅不長的專著：《娜嘉：一個自閉症兒童的非凡繪畫才能》(Nadia; a case of extraordinary drawing ability in an autistic child)，於1977年由倫敦的學院出版社（Academic Press）出版。但是不管是她，還是另外的醫學家和心理學家，都還不能對這種疾病的發生機制及某一方面才能的關係，作出有說服力的解釋。目前看來，自閉症病人的創造性也與其他天才精神病患的創造性一樣，還是一個難解的「謎」。

2、數學天才

一般相信，天才只產生於藝術和哲學領域，其他學科的人才中不會有天才。著名的德國哲學家叔本華在他的鉅著《作為意志和表象的世界》中甚至就「獨立於充分根據律以外的表象」角度，從理論上論證說，理性或抽象的認知、「根據律」及邏輯的處理方法和缺乏藝術美的感受力等，都是「和天才相左」的。他這話的意思是，不僅他所堅信的數學領域不能湧現天才，就連整個自然科學領域都出不了天才。

實際上，天才人物的特性是多方面的，把抽象的認知、邏輯的處理方法和缺乏藝術美的感受劃在天才的疆界之外，並不合乎歷史事實。弗朗西斯・高爾頓的統計學結論認為，一百多萬人中大約只有二百五十人稱得上「優秀」，只有一人稱得上「傑出」，當然都稱不上天才。按叔本華自己的說法：「大自然在無數千萬人中不時產出一、二的天才。」比例更只有幾千萬之一。根據多數學者公認的標準，即那些以其高度的創造性作出傑出且有持久價值的實際成就的人，再按叔本華所提的比例，像軍

事家亞歷山大大帝和拿破崙・波拿巴，化學家羅伯特・波以耳和安托萬・拉瓦錫，航海家克里斯托夫・哥倫布，天文學家尼古拉・哥白尼，生物學家查爾斯・達爾文和路易・巴斯德，物理學家阿爾伯特・愛因斯坦，醫學家威廉・哈維和西格蒙特・佛洛伊德，難道也算不上是天才嗎？就從叔本華所特指的數學領域來說，天才就真是不少呢。

英國數學家伊薩克・牛頓（Sir Issac Newton, 1643–1727）去世後，後人在他的紀念碑上銘刻了這樣一句碑文：「世上的人們，曾有如此一位為人類增光添彩的偉人降生人間，你們應該感到慶幸。」這並不是一句誇大死者功績的讚辭。提出三條運動基本定律，發現萬有引力定律，建立古典力學體系，發明微積分……牛頓被公認是全世界數百上千年才出現一個的科學革命頂尖人物。當他的代表作《自然哲學的數學原理》出版後，有一次，劍橋的一位學生在街上看到他從自己身邊走過，隨意說了一句：「剛剛過去的這個人寫了一本他本人和其他任何人都看不懂的書。」牛頓最優秀的傳記作者之一里查德・韋斯特福爾（Richard Westfall）很看重這位年輕人隨口脫出的話，認為「他發出了王政復辟時期劍橋大學對它擁有的天才的最高謝辭」。的確如此，因為這部著作，恰如當時著名的天文學家愛德蒙・哈雷所評論的，「最醒目地例證了思維能力可達到何種程度，同時展示了什麼是自然哲學的規律，並在此範圍內獲得了結論。他似乎已詳盡地闡述了他的觀點，沒有給繼他之後的人留下什麼餘地。」

可是這位世紀天才，堪稱世上最偉大的科學家，從少年時代開始，直到去世，始終沒有擺脫過躁鬱症這種精神疾病症狀。

八、各具風采的天才們

英國數學天才伊薩克·牛頓

牛頓是一個獨子,生來就特別瘦小,被形容為「一夸脫容量的杯子就可以放得下」,而且身體也特別虛弱,曾被懷疑是否能活下來。他父親、自耕農伊薩克·牛頓在人們的記憶中是「一個胡亂、放肆且又身體虛弱的人。」他雖然在兒子生下的前三個月就已去世,但他這種病態的體質和性情對孩子可能有所遺傳。加上兩歲時母親改嫁巴納巴斯·史密斯,直到九年後死亡。他雖然一直由祖母撫養,與母親基本上沒有來往,也記不起祖母的任何溫情,使他從小就飽受折磨,神經極其敏感,表現出躁鬱症的症狀。有一次,他去看他的母親和繼父時,他心中爆發出一種激烈的憤怒,如他後來所記述的,曾「威脅我的父母史密斯,要燒死他們,讓他們葬身燒毀的房子下」。類似這種憂鬱症的災難感,在一生中的很多日子裡,都一直伴隨著牛頓。

早年時,一位女士回憶說,牛頓就是「一個沉默、有節制和喜歡思索的少年,從沒聽說他與孩子們四處玩耍」。進劍橋的第二年,即1662年,在原罪、現實和想像中,牛頓經歷了一次宗教危機,陷入憂

鬱症。他為自己的靈魂作懺悔，把從童年開始的一條條罪狀用速記和密碼列出，包括小時候「不承認偷了別人的櫻桃小麵包，和後來希望死去……」的自殺思想。專家評論說：「牛頓被一種罪惡感，被疑惑和自我否定壓倒了。」1664 年，他又有過一次精神崩潰。其原因，他自己猜測是連續好多個夜晚觀察慧星過於勞累。專家認為，實際上是由於衰弱和憂鬱症或躁鬱症引起失眠和過度勞累的結果。

憂鬱症使牛頓時而精神亢奮、時而萎靡憂鬱。亢奮之時，他日夜持續他的科學研究工作。曾為他做過五年抄寫員的漢弗萊·牛頓（Humphrey Newton）回憶說，導師很少在兩、三點鐘以前睡覺，有時一直要到五、六點鐘，才在床上躺四、五個小時，他甚至「常常六個星期，不分晝夜，都一直留在實驗室裡……」而並不覺得飢餓，完全忘記了吃東西。漢弗萊到他房裡，發現他食物絲毫未動，提醒他後，他才記起吃飯的事，而總是回答說：「沒吃嗎？」然後到桌子前站著吃一、二口。在這躁鬱症的憂鬱期發作期間，他有時邀請人來喝杯酒，可人來了之後，他又會完全忘掉有客人在等著他。憂鬱症使牛頓長期來都是一個憂鬱的人。一位熟悉他的人回憶說：「他有時候一連十幾分鐘不說一句話，沉思默想，看上去好像是在做禱告一樣……」他極少與人接觸，更少與人作伴和交流。他會敏銳地回答別人的問題，但極少向別人提問題。差不多有二十年，他沒有寫過一封私人信件。漢弗萊說，在他與牛頓相處的五年裡，只聽到他笑過一次。

躁鬱症使牛頓情緒很容易激動和發怒，而且非常急躁。在與德國哲學家和數學家戈特弗里德·威廉·萊布尼茲（Gottfried Wilhelm Lebniz）為微積分研究中的優先權問題發生爭論時，他無法控制自己粗暴的態度，完全忘掉應有的紳士風度，「甚至萊布尼茲去世後，也沒能減輕牛頓的憤怒，而且他繼續窮追敵人，一直追進了萊布尼茲的墳墓。」更具病態的

八、各具風采的天才們

是，日記作家塞繆爾·佩皮斯（Samuel Pepys）和哲學家約翰·洛克（John Locke）兩人原來都是牛頓的好友，但是在1693年9月13至16日的三天裡，他們都毫無先兆地接到牛頓寫給他們的絕交信。在給佩皮斯的信中，牛頓說：

> 米林頓先生傳達了您的訊息之後的某個時候，他要求我下次去倫敦時拜訪您。我是不情願的，但是我還沒有考慮好，就同意了他的要求，……現在我知道我必須中斷與您的交往，再也不會去看您和我的其他朋友，靜靜地離開他們。……

給洛克的信中，牛頓激烈指責他企圖用女人糾纏他，說是：

> 由於您致力於使我捲入痛苦，而且因其他原因我受到極大的影響，當有人告訴我，您病了且活不長時，我回答說，死了才好。……我曾對您看法很壞，認為您在有關觀念的書中主張的原則破壞了道德的根基，而您還想在另一本書中繼續如此……

英國哲學家約翰·洛克

正是這種精神錯亂，使弗蘭克·E·曼紐爾在他1968年出版的《伊薩克·牛頓的畫像》中，把牛頓精神疾病變得嚴重的這段時間稱作「牛頓的

黑色之年」。因躁鬱症而無法控制的脾氣，牛頓在擔任皇家學會會長和造幣廠廠長期間都有異常的表現。

約翰‧佛蘭斯蒂德（John Flamsteed, 1646–1719）是第一任英國皇家天文學家，累積了大量無與倫比的天文資料，但希望在全部完成之後再出版。可是牛頓為自己寫作《自然哲學的數學原理》需要他的這些資料，便以跋扈和充滿優越感的態度，強迫作為皇家學會會員的佛蘭斯蒂德立即出版這些資料。在這種對峙的十年裡，牛頓一次次用各種粗話謾罵佛蘭斯蒂德；佛蘭斯蒂德提醒他控制自己的情緒，不要失去自己身分所應有的氣度，他反而更加惱怒。以致佛蘭斯蒂德不得不對人說：「會長的脾氣變得這麼暴躁，真是有失體面。」

第一任英國皇家天文學家約翰‧佛蘭斯蒂德

在任廠長的幾年裡，牛頓共追查了一百多名造假幣者。曼紐爾教授在他寫的傳記裡認為，他的這種嚴厲做法也與他的精神病態有關，「表現出他自己受到壓抑的好鬥心態」。把這些造假幣者當成他發洩的對象。

不要把牛頓看成是患精神疾病的數學天才的孤證，這種瘋癲的數學天才遠不只他一個。

八、各具風采的天才們

牛頓在晚年時，常喜歡回憶他一生中曾發揮重要作用的各種話題。據記載，至少有三個人分別聽他說起過，他在果園中看見蘋果落地時，找到發現萬有引力的線索。這故事，被法國作家伏爾泰一轉述，幾乎成為人人皆知的故事。匈牙利數學家雅諾什·鮑耶（János Bolyai, 1802–1860）直到晚年都對這個故事深感興趣。

雅諾什·鮑耶是數學家法卡斯·鮑耶（Farkas Bolyai）的兒子。在父親的教導下，他十三歲時就掌握了微積分和分析力學，顯示出他在數學方面無與倫比的天生才賦。父親窮盡畢生經歷，企圖證明古希臘數學家歐幾里得關於平行線不相交的公設，雖被他的密友、大數學家卡爾·F·高斯指出缺陷，仍孜孜不倦。他的熱情深深感動了雅諾什。雅諾什·鮑耶不顧父親的警告，堅持尋求一種證明。最後得出結論：證明也許是不可能的，就開始發展一種不依賴歐幾里得公設的幾何學。1823 年他寄給父親的〈絕對空間的科學〉草稿，這是一個完整的、無矛盾的非歐幾里得幾何系統。在他的著作出版之前，他發現自己所做的工作，大部分實際上高斯已經做過了，這對他是一個沉重的打擊，使他沒有勇氣來發表他的發現。後來，他的這篇論文作為他父親的一部著作之附錄引出，雖在當時沒有受到重視，但今天他已被作為非歐幾里得幾何的創立者之一而載入數學史。

雅諾什·鮑耶這位數學天才的一生，除了埋頭於學術，最給人留下的深刻印象就是他那精神病患所特有的古怪個性。

匈牙利數學家雅諾什・鮑耶

像牛頓一樣,鮑耶也脾氣急躁、十分容易動怒。傳記作家寫到,他先後曾要求與十三位官員進行決鬥,而且並非只是在嘴上說說,而是真的進行了。有趣的是,他在每次決鬥之時,都要拉小提琴,拉他家裡唯一一把已經破損不堪的樂器。他的另一個怪癖是在退休之後,就像不久前剛去世的兩位數學家的古怪做法,為自己製作好棺材,還印好葬禮請柬,只是將死亡的日期空著,等待在哪一天死時填寫上去。六年後,既然沒有來得及死,於是他又重印了一次,以替換原來準備用的那份,日期仍舊空著待填。他十分仰慕牛頓,並由此似乎對蘋果也特別有感情。對蘋果的感情又使他連繫到兩個與蘋果有關的神話人物:一個是《聖經》「創世紀」中偷吃蘋果的人類始祖夏娃,一個是希臘神話中的帕里斯,他被宙斯選定,要以金蘋果來裁判赫拉、雅典娜和阿芙蘿黛蒂這三個女人中誰最美麗。鮑耶還有另一個怪癖便是硬是要他的繼承人於他死後,在他的墳上栽一顆蘋果樹,為的就是紀念夏娃、帕里斯和牛頓這三位與蘋果有關的人。鮑耶就是這麼一位數學家和精神病患。

義大利數學家兼醫生吉羅拉莫・卡爾丹(gerolamo Cardano, 1501-

八、各具風采的天才們

1576)更是一位有多種精神疾病特徵的天才人物。

卡爾丹是一個醫生,但更為人所知的是他被認為是他那個時代最卓越的數學家。

卡爾丹於1526年取得醫學學位,1534年去米蘭,在成為數學講師之前,一直生活在極度貧困之中。1539年,他加入了醫師協會,此後作為醫生,聲譽大增,但是雖多次應邀,仍不願做一名宮廷醫生,而只於1543年在帕維亞接受醫學教授的職位。他是第一個勇於批評一千多年來一直被視為權威的古羅馬醫生蓋倫(Galen);他又不顧畢達哥拉斯學派以來所認定的土、水、氣、火四大物質元素,把火排除在元素之外。

義大利數學家吉羅拉莫・卡爾丹

作為數學家,卡爾丹先是出版了兩本收錄他通俗演講數學的書,其中最重要的是《算術實踐與個體測驗》(*Practica arithmetica et mensurandi singularis*)。當然,他最重要的著作要數六年後,即1545年出版的《大衍術》(*Ars magna*),它是代數史上的奠基石之一,書中有三次方程的解法。他的另一本著作《賭博之書》(*Liber de ludo aleae*),首次系統性地計算了一些機率,比法國數學家布萊斯・帕斯卡和另一位法國大數學家彼埃爾・德・費馬早一個世紀。

2、數學天才

卡爾丹的著作《大衍術》

卡爾丹還是一位占星術士。在1562年起任波隆那大學教授後八年，因召喚女巫而被指控為異端而遭逮捕，數月後獲准私下放棄異端學說，但失去了教職和著作權。

這算得上是一個典型的天才精神病患，同時代人稱他是「最偉大的成人和最愚蠢的孩子」(the greatest of men and the most foolish of children)。

卡爾丹有精神疾病的家族史，他父親是精神病患，兒子是精神病患，表兄弟也是精神病患，他自己更是一個精神病患。

這是一個與眾不同的怪人，他的肌膚不時會分泌出硫磺或蠟燃燒之後發出的氣味。他還曾有四次發現，自己每當月圓之時，就陷入精神錯亂狀態。平常的時候，他的感覺也往往是反常的：在自然狀態下他從沒有感到舒適過，除非受某種肉體的刺激；當得不到刺激的疼痛時，他就要用人為的方法來獲取它，如咬自己的嘴唇或手臂，一直咬到鮮血淋漓才罷休。他解釋說：「我是尋求引起疼痛來享受疼痛終止時的愉悅；因為我發覺，當我感覺不到痛苦時，我就陷入極端煩惱的境地，這要比任何

八、各具風采的天才們

疼痛都糟得多。」

精神病患常有的幻聽和幻視,使卡爾丹成為一名疑病症患者。他懷疑自己曾經患有心悸、腹瀉、遺尿、疝氣和足痛風等多種病症,這些病後來全都自行痊癒了,但完全未經治療,而是基於向聖母瑪利亞祈禱的結果。他還聲稱酗酒、賭博、欺騙、放蕩、妒忌、狡詐、誹謗等惡習,在他身上完全看不到。

卡爾丹曾告訴別人:「從童年時代起我就常常產生奇異的幻覺。」這是真的,他確實不論想的是什麼,都真切地感到有真實的對象出現在眼前:有的時候,他彷彿見到有一隻公雞在用人的聲音跟他說話,有的時候他又清晰地看到有一大片堆滿屍骨的地獄展現在他面前,或者有火焰和幽靈出現在強烈地震的中心地帶。他甚至信誓旦旦地聲言,說他遭到各國政府的迫害,被密密麻麻看不清、道不明的敵人所包圍;並認定他自己已經被為此目的而特地邀請他的帕維亞大學的教授們毒死,只是靠著聖馬丁和聖母瑪利亞這些聖人的幫助才得以逃脫。當然,所有這一切,都完全是他幻覺中的場景,與他在一起的朋友什麼都不覺得、也沒有看到。

卡爾丹像原始人似的,盲目相信自己夢中所出現的情景。他出版過一本非常奇特的書《夢》(*De Somniis*),他就如同這書中所說的,來調整包括婚姻在內的自己的生活和工作。在他看來,他的一切,都是夢中注定了的。在《夢》的第四章,他寫了這麼一段話:

有一天,我覺得我在夢中聽到一道非常甜美的和聲。醒過來之後,我發現我已經解決了有關熱病的問題,這是一個曾經困擾了我二十五年的問題,對有些人來說非常重要,對另外一些人卻不重要。

換句話說,這個「困擾了他二十五年的問題」,注定要由他在夢中獲得解決。

1560年5月，在卡爾丹六十歲那年，他的兒子因投毒被公開判刑。沒有比這更傷害他本來就極敏感的心靈了。他一直以最深切的情感愛著他的兒子，因此，此事使他感到極度悲痛，越來越陷入瘋狂狀態。在幻覺中，卡爾丹看到一雙雙迫害他兒子的手。但是他對此無能為力，只有嘶咬自己，狠狠地抓自己的兩臂和兩腿。但一切都沒有用。他認為，只有睡眠，使他得以從這無限的痛苦逃脫。他曾經這樣描述這個擺脫悲痛的過程：

那是我失眠的第三個晚上，拂曉前大約兩個小時。我覺得，除了去死或者發瘋，我看不到有什麼出路。於是我祈禱上帝讓我從生中解脫出來。隨後，與我的期望相反，我整個兒被睡意纏住了，我聽到有一個人走近我，這人我看不清他的模樣，只聽到他說：「你為何為兒子悲傷？把你的嘴貼到你一直佩戴著、掛在脖子上的寶石上，你就不會想你兒子了。」醒過來後，我問我自己，健忘與一塊綠寶石能有什麼關係……我將綠寶石按到我的嘴邊，接著，有關我兒子的每一件事都從我的記憶中消失了。足足有一年半時間，只有在我就餐和公開演講、我不能使寶石貼在我嘴上的時候，我才返回到我以前的悲痛中。

在卡爾丹看來，這種對悲痛所產生的安慰作用，也是按照夢中的情境得以解決的。事實上，在《夢》中，卡爾丹就已經提到過這異乎尋常擺脫悲痛方法的先驗性：「寶石在夢中象徵了兒子，象徵了意想不到之事，還象徵歡樂，因為義大利文裡的 gioia（寶石）意思是享樂。」

卡爾丹就是這麼個患精神疾病的數學天才。

一般人只知道布萊斯·帕斯卡（Blaise Pascal, 1623–1662）是一個哲學家和散文家，實際上這位數學家之子首先是一位數學家和物理學家，並像他的妹妹一樣，年輕時就顯示出這方面的特異天賦。

帕斯卡首先是一個數學和物理學的天才。據說十一歲時，他從餐刀

八、各具風采的天才們

輕敲餐盤時會發出響聲,但手一按住盤子,聲音就立即消失的現象得到啟發,寫出了〈論聲音〉的論文,討論了震動體發聲的問題。五年後,即1839年,他十六歲,又寫出了一篇〈論圓錐曲線〉的數學論文,提出著名的「帕斯卡六邊形定理」:圓錐曲線若外接一六邊形,則其三對對邊的交點處在同一直線上。他把這叫做「神祕的六邊形」,即圓或橢圓形的任意內接六邊形的三組對應邊的交點,必在一條直線上。〈論圓錐曲線〉一文繼承並發展了前人的工作,引出推論達四百多條。帕斯卡如此年輕,就在數學界取得這麼大的成功,受到人們的讚賞,但也引起一些人妒忌。

但帕斯卡是一個精神病患,患精神疾病的天才。他從二十四歲發作痙攣起,一輩子都陷入恍惚的幻覺和瘋狂之中,伏爾泰在《哲學辭典》裡寫「瘋狂」這個條目時,甚至把他作為瘋狂的典型例子之一,說他「死於瘋病」。同樣,確立「阿基米德定律」、古希臘最著名的數學史阿基米德(Archimedes,西元前290– 前280?)也是一個精神病患,同樣是個瘋子。

法國數學家布萊斯・帕斯卡

3、宗教天才

　　你若獨處密室，須緊閉房門，坐於一角落之中；使你的思想超越於空虛的、短暫的萬物之上，垂下你的頭，將鬍鬚和下頷倚在胸部，兩目注視腹部中間，意守丹田，搜尋心靈的位置、即靈魂的處所。起初，一切都是黑暗，身感不舒適；然而，倘若你晝夜堅持不懈，你將會感到不可言說的快樂；靈魂一經發現心之處所，它就會籠罩在神祕的幽光之中。

　　這是 11 世紀一位著名的修道院院長、也是禁慾苦行大師說的話。英國歷史學大家愛德華‧吉朋（Edward Gibbon, 1737–1794）在他的鉅著《羅馬帝國衰亡史》中引用了這段話之後解釋說：「這幽光是失常的幻覺的產物，是由空虛的身體和空虛的頭腦所生成，寂靜教徒把這幽光認作上帝聖潔而又完美的本體。」（黃宜思等譯）

英國歷史學大家愛德華‧吉朋

　　真是說得太好了，清楚又可信地解釋了宗教中所謂的「神蹟」、「異象」的發生，實際上都不過是虔誠的信徒「空虛的身體和空虛的頭腦」中「失常的幻覺產物」。

八、各具風采的天才們

事情就是這樣。盎格魯-撒克遜神學家和歷史學家尊敬的聖比德（Bede the Venerable, Saint, 672/673–735）在他的《英吉利教會史》中記述了一位叫富爾薩（Fursa 或 Furseus）的「聖人」，他得了一種病，「病中，他被視為配得上享受天使異象的快樂。在異象中，他被告誡滿懷熱忱地加緊他已開始的福音傳播事業，不知疲倦地堅持習慣的儆醒和禱告。」於是，他以最快的速度造起一座修道院。「就在這座修道院裡他因得病被提拿到身外」，於是，「他不僅見到了有福的人享有的更大快樂，而且還見到妖怪之間的劇烈衝突——這些妖怪不停地指責他，企圖阻撓他上天堂，但是由於天使的保護，他們未能得逞。」比德又寫到，在富爾薩被帶著升往天堂的時候，為他引路的天使令他回頭俯視人間。如此，當他轉眼朝下望去時，就「只見下面似乎是一個黑暗深淵。他還在空中看見彼此相隔不遠的四個火體。他問天使這是什麼火。天使告訴他，這些火將要點燃和燒毀人間世界。」（陳維振等譯）比德還寫到這火體如何燒到富爾薩的身邊，天使又如何把火分開保護他，等等。

比德雖然只是說富爾薩「得病」，並沒有講明得了是什麼病，但從種種症狀來看，得的無疑是一種精神疾病；他所謂看到了的那些，也無疑只是他的幻覺——幻視，因為如法國啟蒙思想家伏爾泰在《哲學辭典》「宗教狂熱」這個條目中所言，「凡是神魂嚮往，心有幻象，把夢想當成現實，把想像當成先知」，都是宗教狂熱的表現。可見任何沉湎於宗教狂熱之中的人，他的意識都會被「籠罩在神祕的幽光之中」，以致出現種種神奇的幻象。不過也只有情緒特別容易激動、感覺特別敏銳的人，才容易陷入這種狂熱、出現這種幻覺；智力愚鈍的人，怕是享受不到這種幻覺的快樂的。換句話說，只有天才的宗教家，才可能，或者說容易達到這一境界。很多偉大宗教家的情況大凡都是如此。

16世紀宗教改革和新教創始人馬丁·路德（Martin Luther, 1483–

3、宗教天才

1546）是傳播西方文化和基督教的一個關鍵人物，不論把他視為教育者和修士，或是看作改革家，這位天才的宗教家都是一個非常複雜的人；一本介紹宗教改革的書中斷言，想透過他豐富的生活經歷來了解和認知他這「複雜的個性，並非一件容易的事」。但是有一點是十分突出的，那就是：這位偉人，一生都為精神疾病所困擾。[01]

馬丁·路德出生在現今德國圖林根森林小鎮裡的一個農民和銅礦礦工之家。他天生那「引人注目的眼睛裡充滿活力和智慧，面容像女孩那樣細膩白皙，帶有一種並非兒童式的悲哀」，正與他的乾瘦、蒼白、體弱多病相對比，顯示他從小就擁有的天賦才性，是對「健康的精神寓於健康的軀體」這句一直被尊為箴言的話的反證。事實上，他的天賦很早就表現出來了。十五歲時，他學習飛速，使「教師們都幾乎沒有笑容地說：『用不了多少日子，我們都該向他請教了。』」因此，在十七歲就以第二名取得碩士學位，這在同輩中是極為罕見的事。

路德的精神疾病似乎從小就出現了：最初是輕微的且瞬間的，後來漸漸地變得愈加嚴重而持久。

對宗教的虔誠使路德年幼時就深信「有兩個靈魂占據了我的胸膛！」他指的是上帝和反上帝——魔鬼這麼「兩個靈魂」。他說他經常夢見自己死了，在「最後審判」時幾乎全身赤裸、顫抖不已，在等待著判決。有一天，清晨時分，他去見一個朋友時，發現這位朋友已被土匪殺死。從此，以後很多天裡，他都心緒迷亂，眼前總是看見一片血泊和這位朋友脖子上黑色的傷口。他還常常覺得聽到了魔鬼的聲音。這一切自然都是幻視和幻聽，對他影響很大，甚至他的終生職業——一名宗教人士，也是在這種精神病態中決定下來的。

---

[01] 本節有關馬丁·路德的資料，取自學林出版社 1998 年出版的《宗教精神：路德與加爾文》，梅列日科夫斯基著（楊德友譯）。

八、各具風采的天才們

那是 1505 年的 7 月 2 日。路德去看望他的父母之後返程的路上，見天空烏雲密布。為躲避暴雨，他快步跑了起來。突然，隨著一道閃光，一陣震耳欲聾的雷聲嚇得他立即撲倒在泥地裡。在恐懼中，路德高呼說：「聖安娜救我，我要當一名修士！」奇怪的是，剛說完這句話，他覺得心中的恐懼就全然消失了，於是，他明白自己「得救」了。半個月後，即 1505 年 7 月 17 日，他「不自願地」進了愛爾福特修道院。但是入院後，他的精神病態不但沒有轉好，反而更為加重了。有一次，神父在講道時講到魔鬼時，他忽地大叫一聲「這不是我！不是我！」便像遭到雷擊似地倒在地上，不省人事。後來又不止一次聲稱「魔鬼多次攻擊過我，幾乎把我勒死！」甚至說「有一百多個夜晚，我都全身布滿冷汗……」並覺得自己很快就要墮入地獄，被洶湧的黑浪抓住，要把他投入黑暗。此後，據路德自己說，他曾經受過更多這一類精神病態的體驗。這些「體驗」，路德都曾在著作中作過正式的記述。

在遭受迫害被軟禁在艾森納赫附近瓦爾特堡的一座城堡裡時，有一次，路德讓僮僕幫他買來一袋核桃，吃過幾顆後就把它鎖在一個大箱子裡。可是一天夜裡，他說他剛剛躺下、吹滅蠟燭，就聽見鎖在這個大箱子裡的核桃發出乒乓乓乓的聲響；接著，他甚至看見那個袋子也從箱子裡竄了出來，亂衝亂跳，衝撞屋梁，先是在房裡鬧騰，最後還竄到他的床上。他認定這是魔鬼在搗亂，於是咳嗽一聲，轉過身去。可是剛要睡去，他又聽見樓梯裡轟隆轟隆作響，像是有十二個空空的大木桶滾了下去。他點著蠟燭，起身去察看：根本沒有人，可是大木桶依然在滾落，發出打雷似的聲響。無疑，這些也完全是他的幻覺。

最神祕的是一天夜裡，路德正坐在工作臺旁邊，突然聽到臥室裡傳來一聲深深的嘆息。他慢慢地將目光從書本上移向發出嘆息的方向。這時，只感到有一個強烈粗野的東西在推他的後背，使他不由得恐懼地站

了起來，準備逃跑。但是沒有用，他被那東西推得只好跟跟蹌蹌地向臥室和木床奔去。雖然他緊閉眼瞼、不想看到什麼，他還是看見在他的床上躺著一個女人赤裸著軀體，白而且青。她面容姣好，卻十分蒼白，毫無血色；她雙眼閉合，長長的睫毛低垂著。他回憶起熟悉魔鬼伎倆的人所說的話，說魔鬼有時會從墳地裡偷取剛被掩埋的美麗少女屍體，向她們吹氣，讓人能夠與她們交媾卻不知是屍體。這時，路德覺得自己看到這女人緊閉的雙唇微微張開，逸出一聲深深的嘆息，並把她的一隻手挪開，展示出她下身那被掩蓋的部位；她露出誘人微笑的雙唇和低垂的睫毛間，燃燒起火一般的欲望，使路德頓時熱血沸騰。但是他立刻想到：「一具殭屍！」而驚駭得毛髮都豎了起來。他想抬起手來畫十字，手卻已經麻木；他想禱告，舌頭也已經癱瘓。雖然如此，但他從心裡發出了呼喊：「聖母啊，救救我吧！」於是，驟然之間一切都消失了……路德在著作中記述了這一切之後說：「是聖母的奇蹟救了我。她是為生命存在而報答我的。」後來在回憶自己一生的經歷時，路德把這些都看作是對自己的試探和考驗。

宗教改革和新教的創始人馬丁・路德

八、各具風采的天才們

路德的這一切表明，在一個虔誠的宗教徒的意識中，會出現怎樣「失常的幻覺產物」啊。這些幻覺是那麼的令人心動，以致影響了多少極有智慧的真誠人士，使他們虔誠信仰宗教，為了宗教教義而強迫自己忍受困乏、招致苦難、酷刑和痛苦，甚至不惜以自己的生命來殉教，就是因為德國哲學家黑格爾所言，「感覺到自己是在自己的天國裡享受著協調的、稱心如意的幸福生活。」把自己的這種生活當成是「反映神的經歷的一面鏡子，成為神的永恆歷史一次新的復演。」

一方面是像富爾薩、馬丁·路德等至誠的宗教家，因為「神魂嚮往，心有幻象，把夢想當成現實，把想像當成先知」，才定然會陷入瘋狂；另一方面，也往往只有陷入瘋狂的境地後，才可能被視為至誠的宗教家，甚至被提升到宗教家中的最高地位。伏爾泰在「宗教狂熱」這條目中說到被認為「受神啟示的人」──「先知」時，曾引用過四行詩句：「神明們給那些傳達他們意志的人／送了一份奇異禮品：／若不失去理性／豈能充當先知。」

是的，那些所謂的「先知」，都是自認為或被認為「傳達神明意志」的人，是神的代言人。他們自稱受到神的召喚，接受神的啟示，與神接近，並用神的口氣說話，來預言或告誡眾人。但人們不相信一般理智正常的人能「傳達神明意志」，而如蘇格拉底、柏拉圖等似的，堅信神明總先是要「奪去他們平常的理智」，然後將「神力」依附於他們，使他們成為占卜家和預言家，即先知，來做自己的代言人。

也是伏爾泰，以其一貫犀利的筆法寫道：

您想要榮獲一個偉大姓名，作個創始人、締造者之類的人物嗎？那麼您就得要完全瘋狂，但是又要發的是一種適合於您的時代的瘋狂。您還要在您的瘋狂中具有一種能夠用以指揮您的那些怪誕言行的理性基

礎，而且還要十分頑強。也許您會被人絞死；但是，您若是沒有上絞架，可能就被人奉若神明了。（王燕生譯）

伏爾泰舉了羅耀拉的例子，是很典型的做法。

西班牙神學家聖依納爵‧羅耀拉（Saint Ignatius of Loyola, 1491–1556）在讀 13 世紀熱那亞大主教、沃拉吉納的雅各所著的《聖徒傳》時就神魂顛倒，不能自拔。隨後，他做了聖母騎士，為聖母執行徹夜式。他向人們宣稱，聖母真的對他顯了聖，接受了他這徹夜的守衛儀式，甚至多次來到他面前，並為他引來她的兒子；但是他遭到魔鬼的搗亂，魔鬼打碎他的窗戶玻璃，直到他畫十字將它驅逐。羅耀拉的家人看到他這種精神病態後，希望用飲食控制來治療它，但他逃得不知去向。後來他決定去聖地伯利恆朝聖，一路上越走越瘋狂，總是神經恍惚，說自己經常見到聖母和耶穌，等等。經過這一切之後，眾人相信羅耀拉已經非同一般的常人了，最後他終於成為耶穌會的創始人。

西班牙神學家聖依納爵‧羅耀拉

八、各具風采的天才們

阿拉伯的穆罕默德（Muhammad，約 570–632）的情況也是如此。

穆罕默德是個遺腹子，六歲失去母親，兩年後又失去祖父，由叔父照料長大，並隨他從事經商活動。大約四十歲那年，即西元 610 年，他自稱在沉思中看到一莊嚴的幻象：天使加百列出現在他面前；並聽到有聲音對他說：「你是阿拉的使者。」從此時起，他說又多次接到「啟示」，申明都是真主阿拉直接傳給他的訊息，要他將之宣示給他的同胞和其他阿拉伯人。這些當然也是精神病態的幻覺。但是先是一些人，後來有更多的人相信他是先知了。於是，穆罕默德以意為「順從」的 Isläm（伊斯蘭）為宗教名，即「順從阿拉的旨意」，成立了伊斯蘭教，稱信徒為 Muslins（穆斯林），意為「已順從者」，開始公開傳教。他獲得的啟示，被紀錄下來，於西元 650 年前後彙整為《可蘭經》。自然，穆罕默德在這一過程中也遭到反對，並曾遭密謀暗殺，622 年差點被殺；還在多次戰鬥中屢陷危機。但每次都化險為夷，被認為是上天施與這一地位的明證。就這樣，穆罕默德得以被確立為「先知」，和伊斯蘭教和阿拉伯帝國的創立者。

穆罕默德在麥加的墓

其他宗教家和「先知」的情況，同樣也無不如此。

出身於英格蘭農村一個紡織工人家庭的喬治·福克斯（George Fox, 1624-1691）曾當過牧童，大概沒有受過什麼正規教育。十八歲那年離家出走。他得的躁鬱症經常發作或會持續發作，感到「有一種強烈的誘惑力使我陷於絕望。於是我經常讓自己隱居在我的房內，一個人獨自漫步……去晉見上帝。」一段時間之後，他回到故鄉，心情極其煩惱和憂鬱，許多個深夜都是一個人散步。過了一段時期後，他聲稱自己看到並聽到他認定是上帝的聲音，得到了來自上帝的「內心之光」；還說自己有「辨識女巫」的特殊能力。隨後他去各處講道，慢慢博得人們的相信。他雖然屢遭迫害，多次被捕，僅1649年至1673年就八次入獄，但終於創立了基督教公誼會，一個通稱為貴格會（Quakerism）的宗教組織。

貴格會的創始人喬治·福克斯

印度的蓋沙布·錢德爾·森（Keshub Chunder Sen, 1838-1884）雖然出生在一個種性較低的家族，但受過良好的教育，並在十九歲那年加入梵社。隨後，他將基督教的神學成分引入印度教教義，進行包括組織濟貧運動、創辦學校、主張不同種性通婚、提倡寡婦再嫁等一系列社會改

八、各具風采的天才們

革。1880 年的《兩半球評論》(*Revue des Deux Mondes*) 寫道:「蓋沙布的這些做法都是透過類似於我們在(義大利)摩德納的 B—— (B —— of Modena)身上也會看到的瘋狂形式來進行的。」因為他看到,在印度社會,自古留傳下來的風俗,非常尊重某些瘋癲的人,甚至屬於最高種性的婆羅門也都常常要去請教他。1879 年,蓋沙布宣稱:「我是受到啟示的先知。」這幫助他確立了自己的地位,成立起一個叫「新律社」的組織,並派遣門徒去四出傳教。

蓋沙布・錢德爾・森

像印度這樣崇敬瘋人的風俗,並不是絕無僅有的,尤其是處在原始的社會階段。如在北非沿海的柏柏里諸國(Barbary),人們相信一類叫「Vasli」的瘋子具有先知的能力,商隊、大篷車外出時,都習慣於向他們詢問吉凶。這類瘋子百無禁忌,有些勒死前往清真寺的信徒,卻不受人指責;有些進入公共浴堂侵犯新娘,而跟在新娘身邊的伴娘反而要祝賀新郎,為他慶幸發生了這種事。

在古代鄂圖曼帝國，普遍認為瘋癲的人與神（Deity）有密切關係；各宗教領袖都懷著極大的尊重接待他們造訪家裡，稱他們為「天人」、「神之子」（Eulya, Ullah Deli）。帝國中各個寺院中不同派別的伊斯蘭托缽僧都各有類似於瘋子的傑出人士，其特點可說是他們獨特的祈禱和舞蹈方式，或不如說是種種獨特的痙攣或發瘋方式。他們祈禱時全身痙攣，有的是左右扭動，有的則前後扭動，速度逐漸加快。他們稱這種動作為「添福」或「人神合一」（Mukabdt 或 Ovres Tewhid）。

在大溪地島，有一類瘋子，當他們瘋病發作的時候，失去了意識，不知自己在做什麼，也記不起以前曾經做過些什麼。島上的酋長說他是病人（toato-eno），但一般人都稱他為神靈附體的人（Eu-toa），奉他為「先知」。……這類例子還可以繼續舉下去。由於瘋癲容易被認為是先知的一個表徵，以致歷史上曾有一些天賦極高的人，就利用裝出瘋癲的模樣，讓別人把他當作先知。

弗里德里希·黑格爾曾談到有這樣一類「極度不安穩的人物」：

在他們身上，那種對認知、知識和科學的渴望是以一種洶湧沸騰極為暴烈的方式表現出來的。他們感覺到自己被一種衝動所支配，要去憑自己創造出一個世界，發掘出真理——他們是些爆發性的人物，帶著不安定的和狂放的性格，懷著熱切的心情，而這是不能獲致那種知識的寧靜的。因此在他們身上可以發現偉大的創造性，可是內容卻是極為混亂且不均衡的。

黑格爾特別強調，這類人雖然「由於精神和性格的力量而成為巨人，但在他們身上同時卻存在著精神和性格的極度混亂」，表現得「狂野而不正常」。他舉到的人物包括義大利數學家和醫生吉羅拉莫·卡爾丹和另一個義大利人康帕內拉。

托馬索·康帕內拉（Tommaso Campanella, 1568–1639）於 1583 年加入

八、各具風采的天才們

道明會後,受義大利哲學家、亞里斯多德學派的反對者貝爾納狄諾・特勒肖著作的影響,六年後在那不勒斯發表了《感官表現出來的哲學》。此書使他因異端罪而遭逮捕、審訊和短期囚禁。後來又曾因雞姦和雇人參與基督教信仰的辯論等罪名多次被捕、受審。1598 年,他返回故鄉那不勒斯王國的斯蒂洛,目睹這裡的人民生活在苦難之中,深有感觸,於是提出一種比較有限度的、儘管內容仍然空洞的改革計畫。照此計畫,第二年為了推翻西班牙在義大利卡拉布里亞區的統治,他成為了某次陰謀的精神領袖。陰謀敗露後,他又再次被捕,在拷問下被迫承認在陰謀中的領導地位,從此開始他長達二十七年的囚禁歲月。1626 年獲釋後,曾試圖使天主教會接受他的思想,未能成功;1634 年那次反西班牙陰謀曝光後,他逃亡法國,受到法王路易十三和樞機主教黎塞留歡迎。

義大利宗教家康帕內拉

康帕內拉一生共有三十三年時間被分別關押在五十所監獄裡,特別是在宗教裁判所的監獄,受盡種種不同名稱的酷刑。但他憑著極其堅強的意志,透過裝瘋,使自己得以不被判處死刑,而只被判「終身監禁,不得赦免或縮短刑期」。不過事實上,由於長期遭到殘酷地迫害,也使他

3、宗教天才

的精神受到嚴重創傷,瀕臨或是陷入瘋狂,以致使人分不清他究竟是真瘋還是假裝瘋癲。一部傳記這樣描述他的精神狀態:

……一個被人們傳說為學識淵博、名聲遠播至那不勒斯王國國外的人,現在卻鬍鬚雜長,渾身骯髒,呆呆地瞪著兩隻又黑又大的眼睛,一動也不動地坐在地上。有時候他突然叫喊,呼喚獄吏,要求讓他立刻謁見教皇,而且不要阻止他召集人馬對土耳其人進行十字軍遠征。他有時跳起來,彷彿瞎子一樣向前衝去,一下子撞到牆上,就斷斷續續地喃喃說著什麼。有時候他在牢房當中持續站立好幾個小時,胡亂地摸著衣服,彷彿覺得胸前爬滿了數不清的蝨子,要把它們往地上甩,用腳踩踏,同時他還嗚咽著,抱怨四周有白馬,有許多白馬。

……康帕內拉正在手舞足蹈,古怪地擠眉弄眼,一看到典獄長來了,便彎下身去,匆忙脫鞋。把兩隻鞋的鞋帶繫在一起,然後挺直身子,鄭重其事地大聲宣布他任命唐・阿隆佐(典獄長)為十字軍遠征大尉,並要把鞋掛在他的脖子上……」

如此種種,雖然有人認為康帕內拉是裝瘋,但是「從監獄裡不斷傳來的消息都證明這個囚犯真的瘋了。醫生們也肯定說根本不能是裝瘋,獄吏們也經常報告有關他的瘋癲舉動……」必須作出正確的結論。此情形直到康帕內拉聲稱能以自己所掌握的占星術,使教皇避免星辰預示的命運。

在政治鬥爭中,羅馬教皇烏爾班八世(Urban VIII,1623-1644 在位)的敵人哈布斯堡王朝,不斷地編出占星表,預言教皇將要遭到不幸的猝死;通靈術士、手相術士、占星家和魔法家同時也證實了這一預言;甚至出版了小冊子,推算出準確的時日,使教皇終日憂心忡忡。就在這時,康帕內拉寫出了一部名為《怎樣避免星辰所預示的命運》的書稿。他原想設法將它交給教皇,只因無人勇於幫他這個忙,他只好另覓途徑,使議論他這部書稿的消息傳到教皇耳邊。終於如願以償,教皇命令讓他來見

八、各具風采的天才們

他。會見後,康帕內拉不但沒有否認星辰的位置對教皇家族的威脅,反而補充了幾項更為詳細的觀察結果,強調籠罩在教皇頭上的極大災難;不過他聲稱,掌握著祕訣的人,能夠利用專門的占星治療法,轉化星辰的不祥預兆,保住教皇的性命;只是由於他處在如此嚴格監禁的狀況之下,無法以最大的效果,利用他所知道的方法來拯救教皇。敵人預言教皇必死一次次地失效,使教皇聽信了康帕內拉確實擁有「避免星辰所預示的命運」的能力,先是下令打開他的牢房,允許他在監獄以內的各處自由活動,最後甚至於 1628 年 7 月 27 日命令將他釋放出獄。

教皇烏爾班八世

是所有其他所謂的占星預言完全是騙人的把戲,抑或康帕內拉作為一位天才,確實「有神靈依附」,因而掌握通靈之術,是一個能幫助人避免星辰預示命運的「先知」?卡洛斯·法利蒂 1889 年在義大利都靈出版的《康帕內拉的性格論》(*Del carattere di Fra Tommaso Campanella*),被認為是一部經典之作,其中則說道:「康帕內拉因為如他自己說的,他的顱骨有七處不均勻的隆起,是一位極富才智、情緒很容易激動的人。」這也算是一種解釋。

4、政治天才

德國最偉大的詩人約翰・沃爾夫岡・馮・歌德一次在與他的助手和摯友約翰・彼得・愛克曼談話時說：

拿破崙真了不起！……他一生就像一個邁大步的半神，從戰役走向戰役，從勝利走向勝利。……因此，像他那樣光輝燦爛的經歷是前無古人的，也許還會後無來者。……拿破崙是我們無法模仿的人物啊。

獲得歌德極高評價的拿破崙

對於一個現實世界中的人，大概沒有比這更高的評價了。無需一一舉出拿破崙所取得的成就，這位出身低微的人物以自己的才性表明他是一個偉大的天才政治家。這就說明阿圖爾・叔本華（Arthur Schopenhauer, 1788–1860）從理性或抽象的認知、「根據律」及邏輯的處理方法和缺乏對藝術美的感受力等幾個特點來規範天才，不但對數學家，在政治或其他一些領域也同樣說不通。

理性和「根據律」對政治人物來說，是極其重要的。一個人要在政治

八、各具風采的天才們

領域縱橫馳騁,不能不按照理性和「根據律」行事,不然必將一敗塗地。但德尼·狄德羅相信,政治領域也是存在天才的,只不過,他認為,政治上的天才人物只產生於創立或改變政體或國家的時候,一到政體確立需要管理國家時,這些原來被認為是政治天才的人,就不但發揮不了天才的作用,反而會把國家弄得更糟。這可能是,對政治人物來說,在前一階段,重要的是需要有熱情:在這種破壞舊秩序的一個短暫時期裡,有時候是難以顧到理性和「根據律」的。但是到了後一個階段,再憑著一時的熱情就行不通了,重要的則是非有冷靜和理性不可。狄德羅解釋說:

> 冷靜是治國者必須具備的特質;缺乏這種特質,人們就很難把方法正確應用於實際情況。人們就會反覆無常,缺乏應變的才能;冷靜使心靈的活動服從於理性,它在任何變故中能防止恐懼、狂熱、急躁;這種特質豈不是難以存在於被想像力所左右的人們的身上嗎?這種特質豈不是和天才絕對對立嗎?天才來源於極端的敏感,這種敏感使他能接受大量的新印象,因此他可能背離主要目標,被迫洩漏機密,違反理性法則。並且,因為舉止無常而喪失了他由於具有遠見卓識而可能贏得的威信。有天才的人被迫感受,為自己的愛好所左右,因眾多事物分心;他們猜測過多,而預見太少;他們的願望和希望漫無節制,他們對客觀事物的真相不斷予以增補和刪減,所以在我看來,他們宜於推翻或建立國家,而不適合維持國家;他們宜於重建秩序,而不適合遵守秩序。

> 天才在政務方面不受制於局勢、法律和習俗,正如在美術上不受制於鑑賞的法則,在哲學上不受制於方法一樣。有時候,它拯救祖國,可是,如果它繼續執政,就會斷送祖國。體系在政治上比在哲學上更為危險;想像力使哲學家迷失方向時,他只是造成謬誤而已,而當想像力使政治家迷失方向,他卻會鑄成大錯,為人們帶來不幸。(桂裕芳譯)

狄德羅說得多麼好啊!這些話好像不只是對許多生活在他之前的政治天才的總結,也是對許多生活在他之後的政治天才的預言。

4、政治天才

　　羅馬將軍、獨裁者、政治家尤利烏斯·凱撒（Julius Caesar，西元前 100– 前 44）從最初成為一名會計官，到當選為最高祭司，甚至在西元前 59 年的競選中，連元老院都無法阻止他取得執政官的位置，到後來與龐培、克拉蘇結成強大的同盟，形成「前三頭同盟」，後又打垮了龐培的軍隊，擊潰了政敵，鎮壓了叛亂，的確算得上是一個改變希臘－羅馬世界的歷史程序的偉大人物。《大英百科全書》在用了很長的篇幅敘述他的事蹟之後總結說：「他的政治成就需要才能，這種才能在幾個不同領域——除了較為次要的幕後操縱手腕外還包括行政和指揮才能——事實上相當於天才。」

　　不僅在一般人的心目中，就算是許多史學家和傳記作家，都相信天才人物就處處不同於凡人，因而在描述他的時候往往會竭力神化他。

　　就凱撒來說，首先，他們描述凱撒的外貌是「身材高大，皮膚白皙，四肢勻稱，面部稍胖，一雙黑眼睛炯炯有神。」這就如叔本華說的：「具有天才的人，不僅他的作品會刻上獨特的烙印，他的外貌也會刻上這種烙印。」因為，叔本華解釋說：「一個人，如果天才在他的腔子裡發揮作用，那麼這個人的眼神就很容易把天才表現出來……」

　　其次，他們從戰爭藝術、體力、智力、性格特點、甚至雄辯等各方面對凱撒進行美化，甚至說他的「講話聲音高亢，動作手勢激動，但又不失優雅」，來肯定他非同凡人。他們不僅寫到他似乎時刻都有神助，就連他騎的馬也與眾不同，說這匹馬「四蹄頗像人腳，蹄張開時像人的腳趾。……占卜者預言它的主人將統治世界。」

　　被渲染得最厲害的是凱撒這位天才人物的死，意在說明，像這位由天而降的人物，即使是他的死，也是不同凡人，而是天意使然。普魯塔克的《希臘羅馬名人比較列傳》、狄奧·卡西烏斯的《羅馬史》或者阿庇安的《羅馬史》等古羅馬史學著作，都毫無例外描述了凱撒死前大宇宙的種

八、各具風采的天才們

種變化顯示出「許多不祥的預兆」，如出事前夕天空有大慧星出現，一隻名叫「鳥王」的小鳥被附近叢林飛來的各種鳥撕得粉碎，他的妻子夢見他被刺死在她懷裡，等等，預示將會有使凱撒遭遇厄運的事發生。一千多年後，偉大的威廉·莎士比亞（William Shakespeare）在創作他的著名歷史劇《尤利烏斯·凱撒》時，也透過劇中人物的口，一次次說起這種神祕的異象：

　　我從來沒有經歷過像今晚這樣一場從天上掉下火塊來的狂風暴雨。……我相信它們都是上天的旨意，預兆著將有什麼重大的變故到來。

　　……可是您要是想到究竟為什麼天上會掉下火來，為什麼有這些鬼魂來來去去，為什麼鳥獸都改變了常性，……為什麼一切都脫離了常道，發生那樣妖妄怪異的現象，啊，您要是思索到這一切的真正的原因，您就會明白這是上天假手於它們，警告人們預防著將要到來的非常的鉅變。（朱生豪譯）

　　但是，這個非同常人的人物卻是一個精神病患。古希臘阿庇安（Appian of Alexandria，約 95–165）的鉅著《羅馬史》和古羅馬早期的傳記體歷史學家蓋烏斯·蘇維托尼烏斯·特蘭克維魯斯（Gaius Suetonius Tranquillus，西元 77？／69？–160）的《羅馬十二帝王傳》對他這病都只寫了一句話，後者說：「他有兩次在戰事進行中癲癇發作。」另，對於他放棄遠征帕提亞（Parthia）的計畫，前者認為可能的原因之一是：「……或者希望去治療他的癲癇和痙攣的病症（這個病是他突然得到的……）。」也許以為寫多了會損害這位天才人物的光輝形象，便盡可能地淡化它。另外對那次「當全體元老把許多最莊嚴的決議呈遞給他時，他坐在先祖維納斯神廟前接見他們，竟不站起來。」的情況，特蘭克維魯斯把它歸因為凱撒的傲慢，並說這使他「招來了莫大的仇恨」。但塞扎爾·龍勃羅梭（Cesare Lombroso）根據普魯塔克的描述強調，這是因為凱撒患有精神疾病的緣故。龍勃羅梭在《天才》（*The Man of Genius*）中寫道：

尤利烏斯・凱撒、杜斯妥也夫斯基、佩脫拉克、莫里哀、福樓拜、查理五世、聖保羅和韓德爾似乎都是發作過癲癇的人。戰場上的兩次癲癇眩暈幾乎嚴重影響凱撒的前途。另一次，當元老院授予他特殊的榮譽，卻沒有滿足他元老的願望時，凱撒這時候就坐在那裡，未能起立去迎接全體元老，就像他們全是普通的市民。他們離開時現出不滿的情態。這時凱撒突然恢復了意識，清醒過來，立刻回到家，脫去衣服，伸出脖子，驚叫說，他已經準備好把頸項交給任何要想割它的人。他解釋說，他對元老院的舉止是因為他是一個患病的人；他說，那些患有此病的人都不能在大庭廣眾中站立起來說話，不然他們立刻就會感到頭腦昏暈、手腳麻痺，最後完全失去知覺。

威廉・莎士比亞對凱撒的這一病況，在歷史劇《尤利烏斯・凱撒》的第一幕第二場中，透過凱斯卡和勃魯托斯兩人的對話作了描述，說那次馬克・安東尼要給凱撒獻王冠的時候，因為是在人群眾多的市場上，致使「凱撒一聞到這氣息，便暈了過去倒在地上」，「嘴裡冒著白沫，話都說不出來」。等到恢復意識，甦醒過來後，凱撒表示，「請他們各位原諒他是一個病人」。莎士比亞還特地讓勃魯托斯說了一句：凱撒「素來就有這種倒下去的毛病」——精神疾病中的一種癲癇症。

不管尤利烏斯・凱撒曾經取得過多大的功績，從他西元前46年成為為期十年的獨裁官、兩年後又轉為終身獨裁官之後，執政期間的種種行為表明：他終究是一個精神疾病的犧牲者。愛德華・麥克諾爾，伯恩斯和菲利普・李・雷夫在《世界文明史》中寫道：在羅馬共和國建立之後，需要的不是暴力，而是「大力糾正政治經濟制度的毛病」；在這種時候，凱撒「隨心所欲，凌駕於法律之上」，把政府的其他代理人看作「不過是他的僕從」。作者特別指出：「他的最大錯誤在於濫用獨裁權力，這樣說似乎是無可非議的。由於完全蔑視元老院，因而他破壞了共和國賴以存在

八、各具風采的天才們

的主要支柱。」究其原因，伯恩斯和雷夫引了 W. E. 黑特蘭德的鉅著《羅馬共和國》中的下列敘述：

在生命最後幾個月，凱撒變得比以往更加剛愎自用，心緒變得更加煩躁。這種變化可能是由於這一事實：瘋癲舊病已經發作，他成了真真正正的病人。（羅經國等譯）

像凱撒這樣地位的人，當他成了一個癲狂病人之後，受損害的不僅僅是他本人，更主要的是他所統治的整個國家和全體人民。

另一位政治天才，約瑟夫·史達林（Joseph Stalin, 1879–1953）的病態性格為歷史提供了最驚心動魄、最具戲劇性的事例。

在 1949 年史達林七十歲生日的時候，蘇聯科學院的科學家們送給他一部多達八百頁的鉅著，書的內容全是頌揚他的詞句，說這位領導人是一位「天才的學者」、「天才的理論家」、「天才的思想家」等等。一個相當長的時期裡，不僅在蘇聯國內，凡屬蘇聯所謂的「社會主義陣營」裡的人，都把他看成是無以倫比的天才：曾任南斯拉夫共產黨政治局委員、一度對史達林無比崇拜的作家米洛萬·吉拉斯（Milovan Djilas, 1911–1995）說過，他自己原來一直相信「史達林毫無疑問是天才裡的天才」，代表了這一普遍看法。

說史達林是天才的學者、理論家、思想家當然全屬阿諛奉承之辭，但是在他掌權之時，蘇聯實現了工業化，建起了強大的軍事－工業綜合體，把工業總產量增加到僅次於美國的地位；並使國家進入核子時代，引爆了一顆原子彈，成為世界第二個擁核強國……這一切成就，表明史達林的確算得上是天才，一個政治天才，只是如法國總統夏爾·戴高樂所言，是一個「集伊凡雷帝和彼得大帝於一身」的天才人物。

蘇聯的最高統治者約瑟夫·史達林

如果說彼得大帝（1672-1725）這位俄國沙皇是一位具有開放思想的偉大改革家，那麼，比他早一百多年的伊凡四世（1530-1584）這個俄國第一位沙皇，則像後人為他取的渾名「伊凡雷帝（Иван Грозный）」所顯示的（一個與 Грозовой 同一詞根的 Грозный），充分表達了他雷電般嚴酷、暴烈的性格。

伊凡四世——伊凡雷帝是一個精神病患。他的傳記作者，歷史學博士、蘇聯列寧格勒大學教授 Р. Г. 斯克倫尼科夫寫道：「據目擊者稱，沙皇的病經常發作，一發作『就好像神經錯亂』，口吐白沫。沙皇的勃然大怒和異常多疑，可能與某種神經性疾病有關。」斯克倫尼科夫以大量資料和外國使節等人的描述為例證，概括這位沙皇「經常生活在對假想敵的陰謀的恐懼之中」，「整天提心吊膽，怕遭暗算，甚至連近親和摯友都不敢相信了。」正是出於這種神經質的恐懼心理，他多疑、暴虐、專橫、殺人如麻，搞得社會大亂、國無寧日；大量的事例，使一位作者在 1582 年就為他寫出了題為《伊凡·瓦西里耶維奇的駭人聽聞暴政》的書。

史達林也是像這位沙皇一樣的人。

八、各具風采的天才們

　　除了從小屢遭酗酒父親的毒打造成史達林的心理壓抑，腦部的傷對他的病態性格也有影響。那是在他十歲的那年，他被一輛車撞倒，昏迷了十天；加上傷口當時沒有清洗乾淨，引起血液中毒。由於這傷所導致的腦組織供血不足和周身血液循環不順暢，除了使史達林的左肘一輩子都有些僵硬和生過天花的麻臉出現塊塊紅斑外，也埋下器質性精神病的病根。血管的疾病對大腦的影響不僅使史達林有時會出現頭痛、噁心、嘔吐、耳鳴和眩暈等精神疾病症狀，還在精神上使他成為一個病態的人，並最後死於腦溢血及其併發症。皮埃爾·阿考斯和皮埃爾·朗契尼克在《病夫治國》一書裡指出：「史達林的頭腦，由於動脈硬化——阿爾瓦萊茲病的一種隱密形式——的發展，變得混沌一片。隨之幻象在思想中產生……」（何逸之譯）

　　史達林的「幻象」是他作為精神病患妄想症的顯著、典型症狀。但像多數精神病患一樣，他的精神疾病也不是無時無刻都在發作，他在大部分時間裡，都是完全清醒的。他的妄想症、他的殘暴，是他的本性使然；精神疾病只是最初的起因而已。1929年，有一位蘇聯著名的精神病學家曾斷言他患有妄想型精神分裂症。但據一部敘述KGB歷史的著作說，在1989年的蘇聯著名精神疾病專家會議上，大家推翻了這一原始診斷，「因為與真正的妄想症患者不同的是，史達林始終保持了不說是驚人的，至少也是冷靜的判斷能力。除此之外，他還有著驚人的直覺和時間觀念。當然，也不排除在史達林『多疑症』病態中具有一些妄想症的傾向。」史達林清醒地知道自己作惡多端、樹敵過多，所以才覺得處處都有他的敵人，人人都有間諜的嫌疑。史達林的傳記作者、原蘇軍總政治部副主任德·沃爾科戈夫斯基寫到他的這種妄想症甚至發展到：「他把每一個不小心的手勢、每一個不謹慎的詞、每一個不慎重的想法，都視為一種『訊號』、一種涵義、一種意圖。」如：

40年代末在維捷布希納一個農莊拖拉機站發生過這樣一件事。房子粉刷後,準備在辦公室的牆上重新掛上畫像。一個年輕的拖拉機手從街上進來,無意中碰倒了靠在牆上的史達林畫像,他沒站穩,又踩了領袖的臉。屋裡有好幾個人,出現了難堪的沉默,後來技師尖銳地批評了這個拖拉機手。誰也不知道事態進一步怎樣發展,但是,三天後這個青年人被抓走了,黨的二十大後才回來。區報編輯部一個打字員在打字時把Сталинский взор(史達林的目光)拼成Сталинский вздор(史達林的胡說),多打了一個字母д,犯了錯。而她沒有再犯錯的機會了——她也被抓走了。

並不是只有這麼個別的幾個人是史達林妄想症的犧牲者,還有更多的人,包括很多高級幹部和他的親密同袍。30年代後期所謂的「清黨審查」(即「大清洗」)是他妄想症的最典型發展。

葛利高里・季諾維也夫(1883–1936)和列夫・加米涅夫(1883–1936)等人都是十月革命和蘇維埃政權早期著名的布爾什維克,蘇共領導集團中與列寧密切合作的核心人物。

季諾維也夫

八、各具風采的天才們

只是與史達林有意見分歧,就成為史達林的懷疑對象,沃爾科戈夫斯基說,因為「史達林把一切不贊同、或者有可能不贊同他觀點的人都當作敵人;甚至把不同的想法,就連涉嫌有這種想法也都認為是敵對行為」。於是在1936年8月開始的審判中,兩人被控與另外十多個人一起,跟被史達林放逐國外的原十月革命領導人列夫·托洛茨基合謀組成一個祕密恐怖集團,企圖將史達林趕下臺。

托洛茨基

受KGB領導者亨利希·亞戈達指揮的檢察官還指控這個所謂的「祕密組織」在兩年前刺殺了列寧格勒的黨領導人謝爾蓋·基洛夫,雖然基洛夫實際上是由史達林本人策劃暗殺掉的。法庭在8月24日判決被告有罪,並下令處決。像這樣的「清黨審查」,後來還進行了兩次。1937年的第二次,指控皮亞特科夫、索柯爾尼科夫等蘇維埃政權的著名人物和另外十七名被告組織一個「反蘇的托洛茨基中心」,從事摧毀蘇聯經濟和削弱蘇聯國防力量的陰謀破壞和恐怖行動,1月30日判決四名被告十年徒刑,其他全部處決。1938年第三次審判,指控兩位蘇維埃領導人——馬克思主義理論家和經濟學家尼古拉·布哈林和原政治局委員阿列克賽·李可夫也參加了季諾維也夫—托洛茨基陰謀集團;那個原來一貫專門指控別人的亞戈達,也被控是該集團成員,另外還有三名為政府要人看病的醫生。二十一名被告全被指控從事了大量的破壞行動和間諜行動,企圖

摧毀蘇維埃政權。布哈林還被指控陰謀策劃謀殺列寧。3月13日，除三人外，全部被告都被判處死刑。除了這三次所謂的公開審判，還對一些高級將領進行了一系列祕密審判，處決了許多將領。後來查明，這些被告均屬無辜，所有來自被告的供詞均是KGB為了迎合史達林的妄想心理，對他們連續進行嚴刑拷問逼供的。

希特勒領導的德國非常清楚史達林的這種病態妄想。於是，一部敘述KGB歷史的著作寫道：

蓋世太保決定利用史達林的這種病態恐懼症。他們偽造了一些檔案，裡面說圖哈切夫斯基打算在德國人的幫助下發動軍事政變。……

米哈伊爾·尼古拉耶維奇·圖哈切夫斯基（Михаил Тухачевский, 1893–1937）出身於貴族家庭，第一次世界大戰期間在沙俄軍隊中服役。1918年起成為紅軍軍官，同年指揮保衛莫斯科區的戰鬥，統帥東線部隊；後又指揮第五軍從高爾察克手中收復西伯利亞，還參加過俄波戰爭。內戰結束後，他負責改組軍隊，1931年起受命指導蘇聯重新武裝和理順紅軍的組織結構及技術現代化工作。因成績卓著，多次受到嘉獎，包括榮獲列寧勳章，還先後被任命為紅軍參謀長、陸海軍副人民委員，直至1935年被授予元帥稱號。

尼古拉·布哈林

八、各具風采的天才們

像圖哈切夫斯基這樣一個為蘇聯政府忠誠工作的人會是蘇聯的敵人嗎？但在懷疑一切的史達林眼裡，什麼都可能。因為據尼基塔·赫魯雪夫說，他有一次就親耳聽到史達林自言自語地說：「完了，我不信任任何人，甚至連自己也不信任了。」如果有一點點跡象，即使是圖哈切夫斯基，也是可以懷疑的，尤其像他這樣一個來自敵對階級的人。

納粹的情報部門精心複製了圖哈切夫斯基1926年與一家德國公司在航空領域進行技術合作時在檔案上的簽字，又故意製造了一場大火和檔案被盜的把戲，讓檔案流入布拉格，最後再轉到KGB手中，使史達林對檔案中有關圖哈切夫斯基與德國將軍代表建立祕密連繫、目的是要在蘇聯用暴力推翻史達林的內容信以為真。於是，十分清醒的史達林就命令盡快對這位德高望重的元帥進行祕密審判。

圖哈切夫斯基在1937年5月26日被捕後，6月11日即與另外七名被告一起遭到祕密審判，第二天便全部被判處死刑，於當晚迅速執行。

統計資料表明，在史達林這種恐懼症的驅使下，從1935年到1940年，大約有1,900萬人被捕，其中至少700萬人被處死；特別值得注意的是1934年黨代會上當選中央委員的139人中，就有110人被處死或被判處監禁；革命委員會的80名成員中，有75人被處死；紅軍軍官中有一半以上——大約35,000人被處死或被關進監獄⋯⋯歷史學家和軍事學家指出：史達林在「清黨審判」中處決那些有經驗的軍事將領，是1941年德軍入侵蘇聯初期，蘇軍抵抗不力的主要原因之一。這就是病態的政治天才治國的可怕後果！

5、「政治瘋子」

　　精神病患，不論是屬於器質性的還是功能性的，其行為都與常人不同，因此被認為是非常態的，或者叫「變態的」。對「變態」這個詞的解釋，在一般人看來，就是「異常」或「古怪」的意思，因為他的處事、行為不當，與自己完全不一樣；而從專業醫師的角度來看，它的意思可以稱之為「失調」，即是指病人缺乏行為的整合，或者是指處事能力受損；但對社會學家來說，它的意思則是「越軌」，是指明顯不同於某一社會公認的、特別是統治階級的行為準則。

　　許多天才人物也時時表露出這種一般常人所沒有的精神狀態。

　　但是在肯定精神病患或諸多天才人物都屬「變態」的時候，不能由此反過來斷定，一個在處事、行為方面不同於常人、令人感到「異常」、「古怪」的人，便都是精神病患，甚至都是天才人物。這是因為，生活在文明社會，長期遭受政治、宗教、法律、道德、輿論的壓抑，人在思維、感覺、情感、行為等各個方面都可能會出現不同程度的異常，表現出不同程度的精神病態。因此，這種「異常」的「病態」並不等於精神疾病；只有當這種狀態發展到超越了一個界定的限度，如出現癡呆、緘默、木僵、幻聽、多疑、妄想，甚至萎靡、譫妄、不食不眠、痙攣抽搐、排泄失禁、定向失調、行為紊亂、恐怖性錯覺、驚叫哭鬧，直至狂暴兇殺，而且不是偶爾如此，而是長期持續或持續地反覆發作、循環發作，才可以被鑑別診斷為「精神疾病」。

　　在鑑別種種精神狀態、判斷它們只是一般常人偶爾出現的「變態」行為，還是屬於一個精神病患長期持續的精神病態的時候，不可避免地會受社會價值體系所左右。其中最突出的是人們總是根據自己的價值觀念，把不同於自己心目中應有的行為看成是「非常態」、甚至是精神病態行為。

271

八、各具風采的天才們

因循是人的天性,一般人都喜歡耽溺於原有的生活方式、生活習慣,而被這種生活方式、生活習慣所束縛。像俄國作家安東・契訶夫筆下的那個「套子裡的人」。17世紀法國最卓越的散文家之一布萊斯・帕斯卡說:

習俗之所以為人遵守,就僅僅因為它是習俗,而並非因為它是有道理的或者是正義的;然而人民卻是因為相信它是正義的這個唯一的理由而遵從它。

帕斯卡的意思是,某些習俗儘管沒有道理可言,或者根本屬於非正義,卻仍然「僅僅因為它是習俗」,往往使人不加考察,便「相信它是正義的」,從而順從地「遵守」它。

「凡存在皆合理」,便這樣被人們所信奉;而反對當前的存在也就被認為是「非常態」,甚至是精神病態。而另外還有一些人,本來完全是精神健康的,但僅是由於他的行為不合統治階級的思想和行為規範,而遭受沉重的迫害,最後被迫害成為一個精神病患。許多所謂的「政治瘋子」就是這樣一類人。

生於晚清年代的章炳麟,即章太炎(1869-1936)從小接受傳統的封建教育,自稱讀了清人蔣良驥、王先謙等人摘抄《清實錄》而成的編年體長編著作《東華錄》,又受外祖父——國學基礎深厚的老學者朱有虔,講述明清遺事的影響,「排滿之思想,遂醞釀於胸中」,並孕育出民族主義思想。光緒21年,即西元1895年,日本強迫清政府簽訂了不平等的《馬關條約》後,受到深重的民族危機的激盪,這位原來一直埋頭於「稽古之學」的二十六歲青年,跨出了狹隘封閉的書齋,走向革命。他贊助康有為、梁啟超的維新變法,希望「以革政挽革命」;他上書當時擔任直隸總督的李鴻章,企求他能「轉旋逆流」;他還去武昌幫洋務派首領張之洞創辦《正學報》,希冀藉助於他的實力來推動變法……但是一切都使他失

望。「百日維新」夭折後,大肆搜捕維新派人士,章太炎也遭到通緝,只好避地臺灣、東渡日本。章太炎為清政府在八國聯軍入侵時暴露出來的腐朽無能深受震撼,開始樹起反清的旗幟,並向改良派展開抗爭。他不但針對梁啟超主張君主立憲的〈積弱溯源論〉一文撰寫了〈正仇滿論〉,又作〈駁康有為論革命書〉,還把被改良派奉為神聖的光緒皇帝斥為「載湉小丑」,打擊了改良主義,提升了革命思想。在孫中山的支持下,章太炎還積極籌備在日本舉行的「支那亡國二四二週年紀念會」,他親擬宣言書,並將〈駁康有為論革命書〉和年輕的革命家鄒容的《革命軍》合刊,在鼓吹革命的上海《蘇報》上發表,產生十分重大的影響。因此,章太炎遭到了監禁。但這並沒有挫折他革命的心。在獄中,章太炎宣告「不認野蠻政府」,並撰文力言革命之必要。此後的年月裡,他仍一如既往,參加討伐袁世凱,贊助抗日救亡運動。

章太炎

章太炎不僅是一位革命家和思想家,同時還是中國近代的一位大學者。他的《文始》、《新方言》、《小學答問》、《說問部首韻語》等學術著作,上探語源,下明演變,頗有創見。

自不待言,章太炎是一位天才人物,像許多其他天才人物一樣,他的那些天生才賦甚至少時就已經顯露出來。

八、各具風采的天才們

　　章太炎從六歲開始啟蒙識字,九歲起研讀「小學」等古代典籍,僅三、五年時間,他除了儒家的四書五經,還廣泛「涉獵史傳,瀏覽老莊」;前四史、昭明太子的《文選》、許慎的《說文解字》、顧炎武的《音學五書》、王引之的《經義述聞》、郝懿行的《爾雅義疏》、阮元的《學海堂經解》,以及《九經義疏》、《十三經註疏》等著作都被他誦讀,為他以後的學術研究打下了堅實的國學根底。而且章太炎從小即表現出與眾不同的認知。當外祖父對他講了雍正年間文字獄中的「曾靜案」後,嘆息說:「夷夏之防,同於君臣之義,真是不可不嚴啊!」少年章太炎隨即追問此話以前是否有人說過。外祖父回答說:自然有不少人說過,並特別提到明清之際的著名思想家王夫之,認為他說得尤其透澈。他引王夫之的話說:「歷代亡國,無足輕重,唯南宋之亡,則衣冠文物,亦與之俱亡了」!聽了此話,這個僅十一、二歲的外甥隨即反問:「照這麼說來,明亡於清,反不如亡於李闖了?」何等的機敏和智慧,何等的獨立思考精神。

　　讀章太炎的著作,就更清楚他的思維和敘述是多麼地富有嚴謹的學理和嚴密的邏輯。

　　但是僅僅因為他的反傳統,因為他與人政見不一,就被定為非常態的精神病患,就僅僅是因為這一點,而不是因為他小時候曾經發過癲癇。

　　當張之洞讓兩湖書院院長梁鼎芬先與章太炎交談、來了解他的思想時,章太炎不但承認自己曾經說過「國弒君」之類的話,還直乎清帝的名字,甚至毫不隱晦地聲言,滿洲貴族「蹂躪吾族幾三百年,茹毛飲血,視民如雉兔。今九世之仇縱不能復,乃欲責其忠愛!忠愛則易耳,其俟諸革命以後。」他的這一席話,據記載,使「聞者皆怒,辮髮上指棟」,高呼「章瘋子」、「反叛」。

　　1902年,由蔡元培、章太炎等發起,在上海成立「中國教育社」,創

5、「政治瘋子」

辦「愛國學社」和「愛國女學」，從文化教育著手進行革命宣傳。只因教育會沒有大宗經費資助學社，而學社依靠學員的學費卻能有豐碩收入，使教育會反而要依賴學社而生存，因此學社的某些人士時有不滿情緒，導致章太炎與作為「愛國學社」學監的吳稚暉發生爭執。於是吳稚暉不但口頭上指稱章太炎是「瘋子」，甚至在正式的回憶錄中都稱，儘管自己「向來口若懸河，當者輒靡，但對太炎之瘋頭瘋腦，不得不讓步，默然無語。」

章太炎對這些「瘋子」的稱呼，也真是習以為常了：在革命活動中，把他說成「瘋子」是常有的事，這裡說的不過是其中的兩件。但章太炎並不覺得有什麼不光彩。後來，當他1906年6月29日從監獄出來，半個月後來到日本，在東京神田區的錦輝館由同盟會舉辦的盛大歡迎會上，發表了一場長達六千餘言的演說，其中他在歷述自己走上革命道路的歷程時，激動地說道：他每與朋友談到推翻滿清獨立的革命時，他們「總是搖頭，也有說是瘋癲的，也有說是叛逆的，也有說是自取殺身之禍的。但兄弟是憑他說個瘋癲，我還守我瘋癲的念頭。」不但如此，他甚至還勸說與會者，從事革命，就不要怕被人稱為「瘋癲」、「神經病」。他舉古希臘哲學家蘇格拉底、法國思想家盧梭、回教創始人穆罕默德、德國首相俾斯麥、明朝名將熊廷弼和近代湘軍首領左宗棠等六個他認為患有精神疾病而又成大事業的人為例，說：

大凡非常可怪的議論，不是神經病人，斷不能想，就能想也不能說，說了以後，遇著艱難困苦的時候，不是神經病人，斷不能百折不回，孤行而已。所以古來有大學問、成大業者，必得有神經病才能做到。

因此章太炎樂於「承認我是瘋癲，我是有神經病，而且聽見說我瘋癲，說我有神經病的話，反倒格外高興」。他並且鼓勵在座的諸位說：「兄

八、各具風采的天才們

弟承認自己有神經病,也願諸位同志,人人個個,都有一、兩份的神經病。」並再一次宣稱自己的革命決心:「兄弟在這艱難困苦的盤渦裡頭,卻沒有一絲一毫的懊悔,憑你什麼毒劑,這神經病是治不好的。」

章太炎這些義正詞嚴的話,特別是他強調說自己「這神經病是治不好的」,正好說明他本沒有神經病,本沒有瘋癲。這「瘋癲」和「精神疾病」不過是別人硬加到他身上的名號罷了。

把正常的人說成是「瘋子」不只是由於人們對精神疾病的認知錯誤,而且還是專制政權慣用的伎倆。蘇聯時期的間諜和反間諜組織「國家安全委員會」,即人們常聽說的「KGB」(КГВ, Комитет Государственной Безопасности),其中一項重要任務就是將反抗占統治地位的意識形態、尤其是反對現行制度的正常人說成是精神病患,關進精神病院。

伊凡‧雅希莫維奇是一個樂意為蘇聯共產黨的「崇高事業」而獻身的哲學教授。為了盡社會主義的義務,這位理想主義者自願去拉脫維亞的一個集體農莊工作。他受命擔任農莊主席,卻堅持只領取與工人一樣的最低薪資,並獲得了出色的成就,因而被最高領導人赫魯雪夫譽為「新蘇維埃人」;蘇聯的《共青團真理報》1964年也刊文讚揚,稱他是所有共產黨人學習的榜樣。但是幾年之後,當他看到一些年輕的知識分子僅僅因為政治信念的關係而被逮捕,便於1968年寫信給政治局委員蘇斯洛夫,譴責「用子彈、牢房或流放扼殺」思想的行徑;同年又譴責蘇聯入侵捷克斯洛伐克。結果,他在第二年即遭到逮捕。KGB召開了精神病學委員會會議,診斷他患有「精神分裂症」,將他送進里加的一家精神病院。

若列斯‧密德維傑夫(Zhores Medvedev, 1925-)是蘇聯的生物學家,以二百多篇有關老年醫學、遺傳學和生物化學等方面的論文,特別是對蛋白質生物合成和成熟過程的生理研究,享譽國際。由於受他父親在史達林1938年的「清黨審查」中被捕、三年後死於勞改營的悲劇的激發,

5、「政治瘋子」

使他和他的同卵孿生兄弟、一流的歷史學家羅伊‧密德維傑夫兩人終生關注蘇聯的政治制度和歷史狀況，都成為堅定的持不同政見者。羅伊寫出了《讓歷史判斷》等著作；他除了寫出一部名為《T. D. 李森科盛衰記》的蘇聯科學史在西方出版，揭露受史達林寵信的學術騙子李森科控制蘇聯生物學，使蘇聯生物學數十年間喪失了活力；還因抨擊蘇聯當局，不斷遭到 KGB 迫害，甚至被關進精神病院。1971 年，他出版了《瘋狂問題》(A Question of Madness) 一書，以自己的親身經歷，敘述被強制關進精神病院所遭受的痛苦，還揭示了蘇聯一些所謂的精神病學家如何與 KGB 勾結，診斷持不同政見者患有偏執妄想症、個性分裂和其他精神疾病，會對社會產生極大危害性，為 KGB 對他們的迫害製造藉口。

蘇聯的生物學家密德維傑夫　　　　　密德維傑夫

KGB 做這種事已經形成一個程序：由兩至四名 KGB 官員和一至兩名未必是醫生的「醫生」組成一個小組；將人犯抓來，大多都送往莫斯科一間用鐵門和武裝哨兵保護的謝爾勃斯基精神疾病研究所。這個研究所裡有一個專為蘇聯公民治療所謂政治上不服從病症的「特別診療科」，是由一個叫達尼埃爾‧Л‧倫茨的人領導。此人常穿著 KGB 的上校軍服，但一換上白袍，便又成為醫學博士倫茨了。他幫人的診斷結論一般都是某一類的「精神分裂症」。1969 年，陸軍少將彼得‧格里戈里耶維奇‧格

八、各具風采的天才們

里戈連科因主張蘇聯應從捷克斯洛伐克撤軍而被捕。塔什干精神病院認為少將精神完全正常。被送到倫茨處後，醫生問他：「彼得‧格里戈里耶維奇，您的信念改變了嗎？」將軍回答說：「信念與手套不同，它是不能輕易換掉的。」醫生告訴他：「那麼您還需繼續治療。」倫茨診斷格里戈連科是患了「偏執型分裂症」，精神疾病中的一種。據說，倫茨甚至公然對囚犯說過這樣的話：

我說誰患精神分裂症，那他就是精神分裂症患者；好比我說一個菸灰缸患有精神分裂症，那它就患有精神分裂症一樣。

這就等於是明目張膽地宣稱他可以把任何不合他意的人「診斷」為精神病患。因此，被投入他「診所」裡的人將會得到什麼樣的「治療」也就可想而知了。曾做過情報官員的美國學者約翰‧巴倫在《蘇聯祕密警察的祕密工作》中揭露這種情況：

當局會清楚告訴犯人為什麼拘禁他，並且正確地指點他怎樣才能獲釋。維克托‧法因貝格由於抗議入侵捷克斯洛伐克被宣判為瘋子。人家告訴他：「你的病是思考問題的方法與別人不同。」為了治癒這個「病」，犯人只能對自己信念表示出悔改之意並承認判決正確。也就是說，他要承認自己是在精神失常時才犯了引起KGB關注的思想罪。……

犯人會被定期地賦予新生的機會，讓他拋棄自己的信念和承認精神錯亂。但如果他仍然冥頑不化，便開始進行藥物治療。據報導，他們使用名目繁多的藥品，其中最常被提到的有氯丙嗪、磺胺嘧啶、利血平。氯丙嗪能引起極度的鬱悶和休克反應，長期連續注射或注射過量，會引起身體衰竭、嚴重的皮膚過敏、記憶系統損壞、陣發性喪失肌肉運動控制能力，有時還會引起惡性腫瘤。……一經注射磺胺嘧啶，病人的體溫便上升到攝氏四十度，注射後的七十二小時內，只要稍微動一下，身體便會產生劇痛。對注射過利血平的受害者屍體進行解剖，可以發現嚴重的大腦損傷。（沉思清譯）

5、「政治瘋子」

已經查明，KGB 在蘇聯境內的列寧格勒、喀山、切爾尼亞霍夫斯克、明斯克、第聶伯羅彼得羅夫斯克、奧廖爾、波爾諾瓦、基輔均建有這類專門用來對付「政治患者」的特種病院；此外還有十五所精神病院，表面上不屬 KGB，實際上也開設了關押「政治患者」的特種病房。

數不清有多少高智慧、有思想的正常人，僅是因為反對現行制度而被收進這類特種病房「治療」。

下面是一份資料中的部分「政治病人」：

娜塔莉婭・高爾巴涅芙斯卡婭：三十五歲，詩人。由於報導反對入侵捷克斯洛伐克的示威遊行及審判持不同政見者的情況，被無定期關進精神病院；

奧爾加・伊奧費：十九歲，大學生。由於反對慶祝史達林誕辰，被無定期關進精神病院。

И・雅希莫維奇：四十歲，前集體農莊主席。由於參加抗議入侵捷克之類的反蘇活動，被送入精神病院接受「強制治療」。

В・Н・尼基堅科夫：四十三歲，醫生。由於到美國大使館詢問能否移居美國，被送入精神病院接受「強制治療」。

В・諾沃德沃爾斯卡婭：十九歲，大學生。由於進行「反蘇的煽動和宣傳」，被關進特殊精神疾病治療所。

А・斯塔特基亞維丘斯：三十五歲，國家官員。由於撰寫「反蘇著作」，被送進精神病院「強制治療」。

А・克基洛娃：詩人。因為曾寫信給第 24 次代表大會，抗議地方的生活環境，並宣布放棄蘇聯公民權，被強行拉進精神病院。雖然診斷精神正常，但只要她拒絕簽署一份文件，承認是在「精神處於異常狀態」的情況下寫了請願書，就將繼續關在精神病院。

八、各具風采的天才們

還有海軍軍官格奧爾格·帕拉莫諾夫和三十一名駐愛沙尼亞的海軍，分別因組織「爭取政治權利聯盟」和批評入侵捷克而全被關進精神病院。……這種迫害是那麼地明目張膽，可以說到了無所不為、無以復加的地步，甚至對完全了解此種伎倆內情的原 KGB 成員，也毫無顧忌。

弗拉迪米爾·季托夫（Владимир Титов）起初接受了 KGB 的僱用，從 1956 年到 1962 年間在這個國家安全機構裡工作，被升遷到了中尉。KGB 當然認為他是一個精神正常、智力優秀的人才，才僱用並且升千他。可是由於厭惡每天叫他去做反對自己同胞的事，這個有思想的人辭職不做了。於是，他立刻就被診斷為精神病患，讓他來回在兩個監獄裡受刑：一個勞改營和三個精神疾病研究所中的西切夫卡精神病院，十二年後才獲釋。1981 年，他又被指控「進行反蘇宣傳」，因而再度被捕，被關進西伯利亞地區的一家精神病院，一直被強迫進行「藥物治療」，至今生死不明。

英國有四十四名精神病學家曾經調查了在 KGB 控制下的蘇聯精神病學家對六名持不同政見者所下的診斷，肯定這種診斷「確實是因為他們（囚犯們）要行使基本的自由權利」而作出來的。這種惡劣做法不僅在西方，也引起蘇聯有識之士的強烈關注。被稱為蘇聯「原子彈之父」的核物理學家阿列克賽·薩哈羅夫（Алексей Захаров）曾於 1972 年寫信給共產黨中央委員會，表示：「把精神病學用於政治目的，對社會的影響極其危險，無論如何是不能容忍的。」

薩哈羅夫的家，是許多民權人士的避難所

薩哈羅夫

諾貝爾文學獎得主亞歷山大‧索爾仁尼琴（Александр Солженицын）更是憤慨地控訴說：

把能夠自由思考的人交給精神病院，這是精神虐殺。它是毒氣室的翻版，但比毒氣室還要殘酷。因為在那裡遇害的人們，受到的折磨更加痛苦，拖延的時間也更長。

索爾仁尼琴，1994年

八、各具風采的天才們

很多天才人物是精神病患，但有些並不一定是精神病患。在有些天才人物身上，精神疾病會有助於他們的創造性活動；對沒有精神疾病的天才，用氯丙嗪、磺胺嘧啶、利血平等藥物進行「強制治療」，那是最殘酷、最不人道的行徑。只有一個反動政權到了窮途末路的時刻，才會作出這樣的垂死掙扎。

九、
文學中的瘋癲天才

九、文學中的瘋癲天才

亞歷山大‧謝爾蓋耶維奇‧格里包耶多夫（Александр Сергеевич Грибоедов, 1794-1829）任俄羅斯駐伊朗首都德黑蘭的外交使團祕書，雖然在任期間年僅三十五歲之時，即死於那場使館慘遭波斯暴徒襲擊的事件之中，使他不可能創作出更多作品。但是就算他僅僅擁有《智慧的痛苦》（Горе от Ума）這樣一部詩體喜劇，也足夠使他贏得優秀劇作家和優秀作家的聲譽了。在俄羅斯的文學史上，《智慧的痛苦》算得上是除尼古拉‧果戈里的《欽差大臣》之外最重要的劇作了。

俄羅斯作家亞歷山大‧格里包耶多夫

《智慧的痛苦》的主角、貴族青年恰茨基是才智非凡的人物，屬於當時俄國社會的菁英。他以敏銳的目光，覺察到當前存在的農奴制度已經到了腐朽不堪的地步，熱切渴望進行社會改革；他反對瀰漫於上層社會的盲目崇外風氣，倡導自己本民族的文化。但是不管他如何以犀利的言辭，對現今沒落的社會作出激烈而中肯的批判，仍舊不為人所理解和接受，反而遭到上流社會的詆毀，使他感到「無比地痛苦」，只好希求「走遍全世界，去找一個角落，讓這被侮辱的感情得到安歇」。可是在國外待了三年回來後，恰茨基發現俄羅斯仍舊像原來那般腐敗和黑暗，甚至連他昔日的女友索菲亞也愛上一個卑劣之徒，對他非常冷淡。極度的痛苦使恰茨基瀕臨精

神崩潰，被人視為一個攻擊社會的精神病患，一個「瘋子」。

俄語 Горе от Ума 的意思是「因智慧（而產生）的痛苦」，或者「由於智慧而（帶來的）痛苦」。格里包耶多夫精確的用詞，表明他深入的現實主義觀察，已經接近或者達到這樣的一個哲學思想，即健康是人的生命系統合目的性的能力的展現，疾病是對這合目的性的能力的損害；對正常的、健康的人來說，疾病完全是異己的。但是生活在文明的社會裡，每個人都必然會與客觀現實之間發生衝突，不可能逃脫，並且在這衝突中必然會遭受到種種挫折，因而心靈會受到損害或扭曲，以致發展成為不同程度的精神疾病；特別是那些極富智慧、對事物極具敏感的人，尤其是天才人物，由於他們的思想、行為遠遠超越於時代，一時不可能被時代和社會所理解，因而這種精神病態就更加明顯、更加突出，使他們最後一定會成為或被認為是精神病患和瘋癲的人。

的確，除了先天的或者後天如腦損傷等生理缺陷造成的瘋癲，最易患上精神疾病和瘋癲的就是最易引起心理壓抑的天才人物了。自古以來許多作家都曾憑他們自己的敏感，獲得具體細緻的觀察或真切直覺的感受。德國文學大師約翰・沃爾夫岡・歌德（Johann Wolfgang von Goethe, 1749-1832）從文藝復興末期義大利最偉大的詩人塔索身上看出，塔索和他自己兩人都是深受心理壓抑的天才。

托爾夸托・塔索（Torquato Tasso, 1544-1595）是貝爾納多・塔索的兒子。貝爾納多不但是一位寫過大量詩篇的詩人，還是一名朝臣，並曾為多位貴族效勞。他在那不勒斯宮廷服務時，由於得罪了國王，於1550年遭到放逐。於是，小時候的托爾夸托起先是在家鄉蘇連多（Sorrento）跟母親和妹妹一起生活，兩年後，於1552年隨父親流放。不久，在父親進入烏爾比諾公爵圭多巴爾多二世的宮中服務後，托爾夸托得以與公爵的兒子一同接受教育。1560年，托爾夸托被送到帕多瓦學習法律，但

九、文學中的瘋癲天才

他的興趣卻在文學上。在這段時間裡,他有幸結識了當地文化界的不少名流,在他們的影響和指導下開始研究亞里斯多德的《詩學》並寫作《論詩的藝術》。兩年後,塔索出版了描寫查理大帝貼身武士和加斯科尼國王妹妹相愛的敘事長詩《里納爾多》(*Rinaldo*),使他成了名。1565年,費拉拉公爵阿方索二世的弟弟、大主教洛多元科聘他前往費拉拉,進入宮廷,成為公爵的廷臣,並積極從事詩歌創作,受到公爵和他的姐妹盧克蕾齊亞和列奧諾拉·迪·埃斯泰公主(Princesses Lucrezia and Leonora d'Este)兩位女性的器重。大約在這段時間裡,他寫了許多十四行詩獻給列奧諾拉。不過研究者指出,不能肯定這位列奧諾拉就是公爵的妹妹列奧諾拉·迪·埃斯泰,因為宮廷中的一位侍女也叫列奧諾拉,而且另外一位伯爵夫人也叫列奧諾拉——列奧諾拉·聖維塔勒。另有資料還說道,有一次,塔索曾在感情的驅使下,當著公爵的面,擁抱和親吻了他的妹妹。如此的舉動使公爵相信他一定是瘋了,便下令將他監禁起來。

作為一位偉大詩人,塔索最重要的作品是1574年完成的《耶路撒冷的解放》(*Gerusalemme Liberata*),這部敘事長詩以布永的戈弗雷率領的第一次十字軍東征為主要情節,穿插了一些傳奇愛情故事,是一部偉大的作品,被認為在風格上達到了文藝復興詩歌的顛峰。此外,此作品誕生的前一年,即1573年他亦為宮廷盛典創作了描寫牧人與女神相愛的五幕牧歌劇《阿明塔》(*Aminta*)。

像塔索這樣具有如此創造力的人物,當然是一位偉大的天才。但是像其他受不了壓抑的天才人物一樣,在現實生活中,塔索的心靈也常常陷入深重的痛苦中。

塔索在宮廷裡雖然受到寵遇,可是作為時代的代表人物之一,他的人文主義思想,使他始終與當時傳統的宗教道德觀念發生劇烈衝突;加

上天生憂鬱、多疑的性格，使他與周圍的一些人難以融洽相處。於是，他的心靈畢生都處於憂鬱狀態，並漸漸導致精神病態，最後發展成為癲狂憂鬱症。有一次，他因為在盛怒中無法克制自己向僕人投刀，被關進了修道院。後來，他從修道院裡逃了出來，過了一段漂泊無定的生活。這期間他曾在1578年回費拉拉，不久又逃亡。一年後他回到費拉拉時，正值公爵第三次舉行隆重的婚禮，因未被邀請參加這一盛典，情緒深受刺激，於是癲狂症再次發作，被關進聖安娜精神病院。在七年精神病院的生活中，塔索的天才仍然不時迸發出創作的靈感：他寫了幾篇哲學和道德的對話，還有許多書信和詩篇，被認為是當時最有才華的詩人。他於1586年出院，又在曼圖阿、羅馬、那不勒斯等地四處漂流，同時寫成一部名為《托里斯蒙多王》(*Torramondo*)的悲劇和幾首宗教詩，隨後還花費七年的時間來重寫史詩《耶路撒冷的解放》，改名為《耶路撒冷的征服》(*Gerusalemme Conquistata*)。1595年，塔索應羅馬教皇克萊孟八世之召，前去羅馬接受「桂冠詩人」的封號。可是正當準備在卡皮托爾山上舉行儀式之時，塔索卻於4月25日在聖俄諾夫里修道院病逝。

義大利最偉大的詩人托爾夸托・塔索

九、文學中的瘋癲天才

早在少年時代，歌德便從父親的藏書中讀過一部有關塔索的傳記，還曾讀過《耶路撒冷的解放》的譯文，後來又讀過這部悲劇的原文，對塔索的命運深感同情。這不但是因為塔索這個「任何小煩惱都能在五分鐘內形成索福克勒斯的一個主題」的「詩意人物」，與他自己一樣是一位天才，還因為塔索和他兩人都曾有過境遇相似的經歷。

1775年9月，薩克森-威瑪-埃森納赫公國的統治者安娜・阿瑪利亞的長子卡爾・奧古斯特到了十八歲法定年齡，開始接替母親執掌治國大權。歌德在1774年12月就認識卡爾・奧古斯特公爵（Duke Karl August），當時卡爾・奧古斯特的身分是王儲，他們兩人一起相處過一段時間，「建立了親密無間的關係」，歌德後來回憶說，「他整晚坐在我那裡，推心置腹地暢談藝術和自然的話題，以及其他種種趣事。」幾個月後，卡爾・奧古斯特邀請歌德到威瑪去住一段時間。歌德接受了邀請，便在1775年11月7日來到威瑪。只是到了威瑪後，卡爾・奧古斯特沒有讓他一直閒著。從1776年6月歌德當上樞密顧問官起，卡爾・奧古斯特又一次次往他肩頭堆上一件件公職，使他最後成為這個小邦一位不可缺少的大臣，「忙得不可開交」。最初，歌德把各種事務的壓力看成「對靈魂是一件好事」，但是漸漸地就感到單調乏味了，最後此事甚至成為他的心理危機，「覺得自己像是被亂線纏住的一隻小鳥：我感到我有翅膀，但並不能展翅飛翔。」

除了職務上造成的壓力之外，歌德不時還體驗到與某些政敵之間的矛盾；加上他對夏洛蒂・馮・施泰因（Charlotte von Stein）的愛，「覺得被她束縛住了」。這是一位在智力上可以與歌德相匹敵的女子，她儘管和她的丈夫，一個虛有御馬總管之名、實際卻完全是一介粗俗的壯漢毫無愛情，但她要求歌德自制，表示她寧可作他的妹妹，而不能對他有更多的

什麼，使歌德在落空的愛情中，只能把她當成一位「撫慰者、天使和聖母」。

歌德的這一處境多麼像塔索啊！但痛苦帶給他靈感，歌德就在這樣的情況下創作出了《托爾夸托·塔索》。

歌德在《托爾夸托·塔索》中，生動地再現了主角，一個「天神所賜給你天分」的「天才」的特徵：「他的眼光很少接觸這人世；／他的耳朵聆聽自然的和聲；／凡是歷史的提供，生活的賜於，／他的心胸會立即欣然接受：／他的情感蒐集紛紜永珍，／他的同情給予生命者以生命」；「他總是缺少金錢，缺少細心。有時這裡／丟一件，有時那裡丟一件。每次／出門回來，沒有一次不少掉／三分之一的東西。」……

儘管歌德批評曾經有一段時期，在德國，人們常把天才想像成一個矮小瘦弱的駝子，而聲稱「身體對創造力至少有極大的影響」，把健康的身體和剛強的精神看作是天才的必要條件。但現實主義的生活累積使他在表現塔索時，自覺或不自覺中，仍然把這位天才詩人，寫成一位瘋癲的天才：由於天才的個性，「處於熱情勃發的瞬間，／他對君主，甚至對於公主，／不論對何人，都敢譭謗辱罵，／……一點也控制不住他的口和心」。還由於與總是以「粗暴、陰險的態度」對待他與國務大臣安托尼俄·蒙太卡蒂諾的衝突，和由於對公主的無望的愛，使塔索時時「茫然若失」，「意識到自己，／意識到，卻不知道，自己是否活著」；甚至他人也對他明顯地感到驚奇：「憤慨和猜疑把你逼成這樣？」「竟至於完全／認不清自己和我們？」最後，「是由於迷亂？／是由於瘋狂？」對公主的愛，使塔索「無力抗拒」，失去了自制，竟當著公爵的面投入公主懷中，而且緊緊地抱住了她，表明他真的是瘋了。

九、文學中的瘋癲天才

德國大詩人歌德

威廉‧莎士比亞（William Shakespeare, 1564–1616）同名劇作中的主角哈姆雷特（Hamlet）也是一個被逼成瘋癲的天才。

莎士比亞跨越中世紀的黑暗，懷著對人類和現實世界的強烈的愛，熱情稱頌人有「多麼高貴的理性！多麼偉大的力量！多麼優美的儀表！多麼文雅的舉動！在行為上多麼像一個天使！在智慧上多麼像一個天神！宇宙的精華！萬物的靈長！」「是一件多麼了不起的傑作！」他就把自己這個對完美之人的理想，寄託在他所創造的哈姆雷特的形象上。

哈姆雷特的確不是芸芸眾生中的一個普通人。有如他長有「太陽神的捲髮，天神的前額，像戰神一樣威風凜凜的眼睛」的父親，「真像每一個天神都曾在那上面烙下印記」；父親天賦予他的遺傳，加上德國人文主義中心威登堡的文化薰陶，使哈姆雷特如奧菲莉亞所讚美的，不但有「無比的青春美貌」和「一顆多麼高貴的心」，就算是從整體來說，都稱得上是「時流的明鏡、人倫的雅範」，是「國家所矚望的一朵嬌花」。

可是也如奧菲莉亞所感嘆的，這一顆高貴的心「就這樣隕落了！」

哈姆雷特最純潔的心靈，無法接受極端殘酷的現實。他正直的生父

慘遭叔父的毒手,王位也被篡奪,生母又委身於這個罪犯的懷抱,使他如他自己說明的,「我的理智和情感都被這種不共戴天的大仇所激動」,感到「在我的心裡有一種戰爭,使我不能睡眠……」。後來,他所愛的奧菲莉亞又被離間而陷入瘋狂、溺水而死,他是那麼地愛奧菲莉亞,「四萬個兄弟的愛合起來,還抵不過我對她的愛。」真可以說是,一切的不幸和打擊都落到他的頭上了。「哪一個人的心裡裝載得下這樣沉重的悲傷?」他問。英國浪漫派莎士比亞研究的代表人物、19世紀大詩人塞繆爾·泰勒·柯勒律治(Samuel Taylor Coleridge)說得好:人的心靈健康是由於外在事物所引起的印象和智慧的內在作用之間能經常保持一種平衡,而「在哈姆雷特身上,這種平衡被擾亂了」,使這個遭受「困擾的天才人物」「陷在一種恍惚的狀態中」。事實就是如此,哈姆雷特從鬼魂的傾訴中了解到父親被毒死的真相之後,曾對他的好友霍拉旭說過,他今後也許有時候要故意裝出一副瘋瘋癲癲的樣子,但「無論在外表上或是精神上,他都已經和從前大不相同」,使人們個個都不懷疑他是真的墮入精神病態,是真的瘋了。

這是一種「情感性精神疾病」,突出表現為憂鬱和躁狂的反覆發作和循環發作。如精神病學上說的,憂鬱發作時,憂鬱悲傷,愁容滿面,自責自罪;躁狂發作時,則思維奔逸,興奮多動,戲謔詼諧,與哈姆雷特的一切言談思維和行為舉止,完全符合。像跳入奧菲莉亞的墓中,表示會「跟她活埋在一起」,以及最後的比劍,都表明他真的已經陷入到了極度瘋癲的境地了。

但是不同於一般的瘋癲患者,哈姆雷特是天才的瘋癲,或者說是瘋癲的天才。

波洛涅斯說得對:「瘋狂的人往往能夠說出理智清明的人所說不出來的話。」這當然是有豐富醫學知識的莎士比亞的認知,指的是天才精神

九、文學中的瘋癲天才

病患,而不是任何一個發瘋的人。細細體會這部偉大的劇作,每個讀者和觀眾都會很容易感受到,詩人劇作家總是那麼巧妙地讓主角的臺詞有節奏地顯示出他的天才和瘋癲,在似乎是瘋話中卻隱約閃爍著睿智的光點:「講的都是些很玄妙的話,好像有意思,又好像沒有意思。」而且他的許多舉動,如看出並揭露吉爾登斯吞和羅森格蘭茲兩人是奉命而來,為的是要窺探他的心事;設計讓伶人演出,以察看僭王克勞迪斯的反應;第四幕、第五場與母后的銳利對話,以及「用詭計對付詭計」殺死吉爾登斯吞和羅森格蘭茲,和刺死躲在幕後多管閒事的波洛涅斯,等等,彷彿有些瘋狂,又無不顯示出他的聰慧才性。

哈姆雷特

文學是人學,它的任務是寫人,塑造成功的人物形象。這就要求作家在創作的時候著眼於刻劃人物的性格,而不是熱衷於敘述故事和描寫情節。情節和故事只會讓讀者一時入迷,只有刻劃得深刻的性格,才能真正感動人,使人永生難忘。性格決定情節的發展,性格同時又在人物的衝突中獲得鮮明突出的表現,沒有衝突就沒有性格。但是衝突,不論

> 5、「政治瘋子」

是外在的還是內在的——人與人之間的衝突或者個人與社會之間的衝突，形體力量之間的衝突或者精神力量之間的衝突，都會給主體帶來肉體上和心靈上的損傷，而且衝突越是尖銳、劇烈，人物在心靈和肉體上所受的損傷便也越是明顯、越是嚴重。因此，猶如現代心理學證明，在現實生活裡，那些極富智慧、對事物極具敏感的人，尤其是天才人物，由於超越於時代的思想，使他們無時無刻都會與社會上的一般觀念發生衝突，最後必然會成為精神病患和瘋子；在文學作品中，承受著尖銳、劇烈衝突的人物，也必然會產生精神病症，陷入瘋癲，而且越是被刻劃得完美的人物形象，便越是具有精神疾病和瘋癲的症狀。由此看來，出現歌德的塔索和莎士比亞的哈姆雷特這一類在外顯方面——性格上、和內隱方面——心理上，都無不帶有相當程度精神疾病症狀的天才的瘋癲和瘋癲的天才，不是文學上的偶然現象，而是一個作家們所追求的普遍目標。在中外文學的畫廊上，類似的、成功的、令人難忘的天才精神病患形象還可以舉出很多。

莎士比亞另一部偉大悲劇的主角，屢立戰功的「莫爾族的貴裔」奧奧賽羅羅，不僅有「奇偉的儀表」，還有「高貴的德性」，是一位軍事天才。只是在與人的關係中發生衝突，心理失去了平衡，又得不到排解和發洩。長期無比痛苦的自我折磨，使他的心靈受到慘重的損傷，於是便因陣發性腦神經細胞過度興奮而突然發作精神、意識、感覺和運動障礙，一次次「暈倒」，「發起癲癇」，沉入「昏迷狀態」，最後如洛多元科說的，變成為「神經錯亂」：懷著因為愛她所以要殺她，也就是「我要殺死妳，然後再愛妳」的病態心理，在「再一個吻，再一個吻」中，殺死他無辜的妻子苔絲狄蒙娜，並殺死了自己，說是要讓「自己的生命也在一吻裡終結」。

九、文學中的瘋癲天才

畫家筆下的奧賽羅

在中國，不但現代文學奠基者魯迅創作的第一篇小說〈狂人日記〉，它的主角是一個患被害妄想症的天才人物，中國最著名的小說《紅樓夢》中的男主角賈寶玉，也是一個天才的精神病患。

曹雪芹描寫賈寶玉的外貌時，說他「面若中秋之月，色如春曉之花，鬢若刀裁，眉如墨畫，面如桃瓣，目若秋波。雖怒時而若笑，即瞋視亦有情。」又說：「面如敷粉，唇若施脂；轉盼多情，語言常笑。天然一般風騷，全在眉梢；平生萬種情思，悉堆眼角。」隨後特地加上一句：「看其外貌最是極好。」就像許多學者所曾指出過的，一個天才人物，「在外貌上也會刻上天才的烙印。」

小說緊接這段描寫之後的兩首〈西江月〉詞，被公認是作家以寓褒於貶的手法來揭示寶玉的性格：

賈寶玉出身不凡、聰明靈秀，他具有超乎常人的領悟力和極其敏銳的感受性。他看透了四書五經薰陶出來的老爺、少爺們的虛偽、庸陋，和反自然教育風氣孳育出來的腐朽衰敗，對這一套在感情上就格格不入。這使他「愚頑怕讀文章」，從而被人看作「縱然生得好皮囊，腹內原

來草莽」，和「潦倒不通世務」。

作為一個天才，賈寶玉能理解時代、理解世俗，但不屈從於時代、無視於世俗的利害。他的聰明才智既不能按自然的途徑得以施展，於是就只有向著偏離自然的方向發展，使他成為一個在那個時代、那個社會看來是「天下無能第一，古今不肖無雙」、「於國於家無望」的叛逆者。

不同於那些以功名、利祿、官爵、財產、封建倫理、命定婚姻為生平最高追求的「濁物」，賈寶玉只鍾情於美麗、溫柔、純潔、天真女性的「靈淑之氣」。但是在這裡，他的靈魂也仍然是空虛的、孤獨的，以致常常「行為偏離性乖張」，「有時似傻似狂」。到了最後，唯一的知己黛玉慘死，他的一切都宣告破滅，感到世上只剩下可憎的汙濁了，唯有太虛幻境才是沒有人間桎梏的自由之所。這時的賈寶玉已經沉淪陷於幻覺、幻想之中——完全墮入到瘋癲狂態的境地了。

《紅樓夢》插圖中的賈寶玉

魯迅第一次拿起文學創作的筆，就在〈狂人日記〉中把一個精神分裂症的病人作為主角，並不是偶然的。這不僅是因為他曾親眼目睹大姨母

九、文學中的瘋癲天才

之子阮久蓀這位「被害狂」病人；更主要的是被魯迅認作「吾師」的一位天才人物——章太炎先生的經歷，精神上和肉體上都遭到嚴重的壓抑和摧殘，使魯迅深刻體會到中國「吃人的」封建社會對一個真正的偉人的迫害。〈狂人日記〉中的這位狂人，就是像他那樣受環境迫害而發狂的。

〈狂人日記〉中的這位病人，於任何時間、任何地點都在懷疑他人，認為不論是自家的大哥，還是其他旁人，甚至原來根本與他不相識的，或是單人獨個，或是合夥相聚，那些人都在設法變換手段，立下名目，埋設圈套，想出理由，或明或暗要加害於他，把他吃掉。由於心理紊亂而產生的興奮多動、思維奔逸、聯想廣泛、惶惑多疑，使這位狂人出現一種精神病患所特有的、不合正常人邏輯的思維和推理，都顯示出他那正處於被迫害感覺之下所特有的意識、思想和行為特徵。另外，他相信自己是一個不同於他人的人，相信自己不但能從人們虛假的表面言行上看透他們隱藏在心底的吃人本質，並且要以救世之心去勸轉他們。這也是偏執型精神分裂症不同於其他精神分裂症患者的症狀特點。

〈狂人日記〉插圖：狂人

5、「政治瘋子」

　　魯迅筆下的這位「狂人」的確是一位不同於他人的人物，因為他是一個看透封建社會人際關係的天才。魯迅作為一位偉大的作家，他對封建舊中國的深入觀察和研究，看清了幾千年來的封建思想和封建倫理道德對人的心靈所造成的嚴重創傷，它迫害進步，摧殘理想和銳氣，麻痺靈性和精神，壓抑情感和欲望，結果就如郭沫若在〈「西廂記」藝術上的批判與其作者的性格〉一文中說的，堂堂中華，不過是「一個龐大的病院」，充塞滿了大量的精神神經病患。

天才與瘋癲之間：

靈感燃燒於病態與疾病之中！從希臘三哲到近代藝術家，解析天才與病態的關聯性

作　　者：	余鳳高，馮高
發 行 人：	黃振庭
出 版 者：	沐燁文化事業有限公司
發 行 者：	崧燁文化事業有限公司
E-mail：	sonbookservice@gmail.com
粉 絲 頁：	https://www.facebook.com/sonbookss/
網　　址：	https://sonbook.net/
地　　址：	台北市中正區重慶南路一段61號8樓

8F., No.61, Sec. 1, Chongqing S. Rd., Zhongzheng Dist., Taipei City 100, Taiwan

電　　話：	(02)2370-3310
傳　　真：	(02)2388-1990
印　　刷：	京峯數位服務有限公司
律師顧問：	廣華律師事務所 張珮琦律師

-版權聲明-

本書版權為作者所有授權沐燁文化事業有限公司獨家發行電子書及繁體書繁體字版。若有其他相關權利及授權需求請與本公司連繫。

未經書面許可，不得複製、發行。

定　　價：420元
發行日期：2024年12月第一版
◎本書以POD印製
Design Assets from Freepik.com

國家圖書館出版品預行編目資料

天才與瘋癲之間：靈感燃燒於病態與疾病之中！從希臘三哲到近代藝術家，解析天才與病態的關聯性 / 余鳳高，馮高 著. -- 第一版. -- 臺北市：沐燁文化事業有限公司, 2024.12
面；　公分
POD版
ISBN 978-626-7628-08-9(平裝)

1.CST: 精神分析 2.CST: 人格特質 3.CST: 人格心理學
173.75　　　　113019285

電子書購買

爽讀APP　　　臉書